高等学校交通运输专业"十三五"规划系列教材

交通运输商务管理

主 编 夏立国 朱艳茹

东南大学出版社
SOUTHEAST UNIVERSITY PRESS
·南京·

内容提要

《交通运输商务管理》根据交通运输商务管理的基本活动内容、业务流程及相关法律规范,密切结合交通运输行业最新科技成果的应用,阐述了交通运输企业的商务管理理念与实务,内容主要包括交通运输商务管理概述、货运商务作业程序、仓储商务管理、商务谈判、理货业务、联运业务、运输代理、集装箱运输业务、危险货物运输、货物运输风险与保险、进出口通关业务共11章。

《交通运输商务管理》可作为高等院校交通运输类专业本科生教材,也可作为相关专业机构的培训教材,亦可供交通运输企、事业单位管理干部及业务人员等作为参考。

图书在版编目(CIP)数据

交通运输商务管理 / 夏立国,朱艳茹主编. —南京:东南大学出版社,2018.12
(高等学校交通运输专业系列教材)
ISBN 978-7-5641-8217-5

Ⅰ. ①交… Ⅱ. ①夏… ②朱… Ⅲ. ①交通运输经济—经济管理—高等学校—教材 Ⅳ. ①F506

中国版本图书馆 CIP 数据核字(2018)第 292826 号

交通运输商务管理

主　　编	夏立国　朱艳茹	责任印制	周荣虎
选题总策划	李　玉	封面设计	顾晓阳
责任编辑			

出版发行	东南大学出版社
地　　址	南京四牌楼 2 号
出 版 人	江建中
邮　　编	210096
经　　销	江苏省新华书店
印　　刷	南京京新印刷有限公司
开　　本	700mm×1000mm　1/16
印　　张	15.75　字　数　356 千字
版　　次	2018 年 12 月第 1 版
印　　次	2018 年 12 月第 1 次印刷
印　　数	1—2800 册
书　　号	ISBN 978-7-5641-8217-5
定　　价	49.00 元

* 本社图书若有印装质量问题,请直接与营销部联系,电话:025-83791830。

编审委员会名单

主任委员　李旭宏
副主任委员　毛海军　朱金福　鲁植雄
委　　　员　（按姓氏笔画排序）
　　　　　　丁　波　毛海军　朱金福　李仲兴　李旭宏　吴建华
　　　　　　张孝祖　顾正洪　鲁植雄　蔡伟义

编写委员会名单

主任委员　李旭宏
副主任委员　毛海军　李玉
委　　　员　（按姓氏笔画排序）
　　　　　　丁　波　马金麟　王国林　王振军　毛海军　左付山
　　　　　　卢志滨　吕立亚　朱彦东　朱艳茹　刘兆斌　江浩斌
　　　　　　李　玉　李仲兴　李旭宏　何　杰　何民爱　宋　伟
　　　　　　张　永　张　远　张萌萌　陈大伟　陈松岩　陈昆山
　　　　　　杭　文　周凌云　孟祥茹　赵国柱　侯占峰　顾正洪
　　　　　　徐晓美　常玉林　崔书堂　梁　坤　鲁植雄　赖焕俊
　　　　　　鲍香台　薛金林　魏新军

执行主编　李　玉

编审委员会委员简介

李旭宏	东南大学交通学院	教授、博导
毛海军	东南大学交通学院	教授、博导
朱金福	南京航空航天大学民航学院	教授、博导
鲁植雄	南京农业大学工学院	教授、博导
李仲兴	江苏大学汽车与交通工程学院	教授、博导
张孝祖	江苏大学汽车与交通工程学院	教授、硕导
顾正洪	中国矿业大学矿业工程学院	副教授、博士
吴建华	淮阴工学院	副院长、教授
蔡伟义	南京林业大学机械电子工程学院	教授、硕导
丁　波	黑龙江工程学院	教授、系副主任

出版说明

作为国民经济的重要基础设施和基础产业,交通运输是社会经济发展的重要物质基础,其基本任务是通过提高整个运输业的能力和工作质量,来改善国家各经济区之间的运输联系,进而安全迅速、经济合理地组织旅客和货物运输,保证最大限度地满足社会和国防建设对运输的需求。

改革开放以来,我国加快了交通基础设施建设,交通运输业成为重点扶持的支柱产业之一,尤其是20世纪90年代以来,我国采取了一系列重大举措,增加投资力度,促进了交通运输业的快速发展。但是,我国目前的主要运输装备及核心技术水平与世界先进水平存在较大差距,运输供给能力不足,综合交通体系建设滞后,各种交通方式缺乏综合协调,交通能源消耗与环境污染问题严峻。

展望21世纪,我国交通运输业将在继续大力推进交通基础设施建设的基础上,依靠科技进步,着力解决好交通运输中存在的诸多关键技术问题,包括来自环境、能源、安全等方面的众多挑战,建立起一个可持续性的新型综合交通运输体系,以满足全面建设小康社会对交通运输提出的更高要求。客运高速化、货运物流化、运营管理智能化将成为本世纪我国交通运输发展最明显的几个特征。

  作为国民经济的命脉,交通运输业正面临着重大的战略需求。掌握交通运输技术的人才及其人才的培养自然成为社会各界关注的热点问题。无论是公路运输、铁路运输,还是水路运输、航空运输、管道运输等都需要大量的从事交通运输专业的高级技术与组织管理人才,由他们运用先进的技术来装备交通运输,用科学的方法来组织管理交通运输。

  教材建设是培养交通运输人才的基础建设之一,但目前我国对交通运输专业的教材建设却十分滞后,已经很难满足社会经济发展的需要,为此由东南大学出版社策划,东南大学出版社与国家重点学科东南大学载运工具运用工程专家共同组织有关高校在交通运输专业有多年教学科研经验的教师编写了这套"高等学校交通运输专业'十一五'规划系列教材"。该套教材融入了作者多年的教学实践及相关课题研究成果,注重交通运输实践性强的特点和科学技术不断向交通运输渗透的趋势,在阐述基本理论、基本方法的同时,引入了大量的实际案例,使这套教材有其显著的特点。相信这套教材的出版,将有助于我国交通运输专业人才的培养,有助于交通运输在我国的社会经济与国防建设中发挥出更大的作用。

高等学校交通运输专业"十一五"规划系列教材编写委员会
2007 年 12 月

前 言

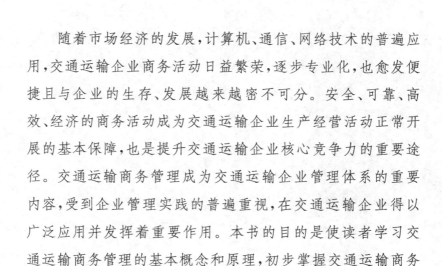

　　随着市场经济的发展,计算机、通信、网络技术的普遍应用,交通运输企业商务活动日益繁荣,逐步专业化,也愈发便捷且与企业的生存、发展越来越密不可分。安全、可靠、高效、经济的商务活动成为交通运输企业生产经营活动正常开展的基本保障,也是提升交通运输企业核心竞争力的重要途径。交通运输商务管理成为交通运输企业管理体系的重要内容,受到企业管理实践的普遍重视,在交通运输企业得以广泛应用并发挥着重要作用。本书的目的是使读者学习交通运输商务管理的基本概念和原理,初步掌握交通运输商务活动的基本流程,熟悉交通运输商务管理的基本理论、具体内容和范围以及商务管理在交通运输企业发展中的重要作用。

　　本书可作为高等院校交通运输及相关专业的教材,亦可以供交通运输企、事业单位管理干部及业务人员等作为参考。

本书共分为11章,其中第1、9、10章由夏立国编写;第2、3章由朱艳茹编写;第4章由胡思涛、宋成举编写;第5章由陈大山编写;第6章由刘贵萍编写;第7章由胡开桥编写;第8章由吴鼎新编写;第11章由白杨编写。本书由夏立国、朱艳茹任主编。

本书在编写过程中,广泛参考了国内外大量文献资料,借鉴了国内外一些专家学者的学术观点和最新研究成果,同时也参阅了媒体报道资料,在此谨向这些文献资料的作者以及出版单位表示我们衷心的谢意和敬意。

由于编者水平所限,书中不妥之处在所难免,衷心欢迎交通运输界的专家、学者、同行以及广大读者批评指正。

编 者
2018年12月

目 录

1 绪论 …………………………………………………………………………（1）

  1.1   商务管理概述 ……………………………………………………………（1）

     1.1.1   商务的概念 …………………………………………………………（1）

     1.1.2   商务活动的产生和发展 ……………………………………………（2）

  1.2   交通运输商务管理概述 …………………………………………………（7）

     1.2.1   交通运输商务管理的概念 …………………………………………（7）

     1.2.2   交通运输商务管理的基本内容和作业流程 ………………………（8）

2 货运商务作业程序 …………………………………………………………（10）

  2.1   托运与承运 ………………………………………………………………（10）

     2.1.1   货物的托运 …………………………………………………………（10）

     2.1.2   受理 ……………………………………………………………………（12）

     2.1.3   制票和承运 …………………………………………………………（14）

  2.2   装卸运输过程中的商务作业 ……………………………………………（15）

     2.2.1   装卸搬运的概念 ……………………………………………………（15）

     2.2.2   装卸搬运的特点和分类 ……………………………………………（16）

     2.2.3   装卸作业的装备与方法 ……………………………………………（16）

     2.2.4   装卸搬运合理化 ……………………………………………………（18）

  2.3   货物的到达与交付 ………………………………………………………（20）

  2.4   货运单据及其流转程序 …………………………………………………（24）

  2.5   货物的分运与补送 ………………………………………………………（26）

3 仓储商务管理 ……………………………………………………（29）

3.1 库场的定义与功能 ………………………………………（29）
3.2 库场堆存计划及堆码标准化 ……………………………（33）
3.3 库场堆存面积的计算 ……………………………………（41）
3.4 库场技术经济指标 ………………………………………（44）

4 商务谈判 ………………………………………………………（48）

4.1 商务谈判概述 ……………………………………………（48）
4.2 谈判程序及商务谈判礼仪、礼节 …………………………（51）
4.2.1 商务谈判的程序 ……………………………………（51）
4.2.2 商务谈判礼仪 ………………………………………（53）
4.2.3 商务谈判礼节 ………………………………………（56）
4.3 商务谈判过程 ……………………………………………（58）
4.3.1 商务谈判开局阶段 …………………………………（58）
4.3.2 谈判磋商阶段 ………………………………………（61）
4.3.3 商务谈判结束阶段 …………………………………（65）

5 理货业务 ………………………………………………………（70）

5.1 概述 ………………………………………………………（70）
5.2 理货业务 …………………………………………………（73）

6 联运业务 ………………………………………………………（91）

6.1 联合运输的概念及作用 …………………………………（91）
6.2 水陆联运 …………………………………………………（96）
6.3 海、江、河联运 ……………………………………………（99）
6.4 国际多式联运 ……………………………………………（101）

7 运输代理 ………………………………………………………（112）

7.1 代理概述 …………………………………………………（112）
7.2 运输代理的产生与发展 …………………………………（117）

8 集装箱运输业务 (133)

8.1 集装箱运输概述 (133)
- 8.1.1 国际海上集装箱运输的发展历程 (133)
- 8.1.2 集装箱运输的特点 (134)
- 8.1.3 集装箱运输的发展趋势 (135)
- 8.1.4 集装箱运输的关系人 (136)

8.2 集装箱标准及其种类 (138)

8.3 集装箱码头作业 (141)
- 8.3.1 集装箱码头 (141)

8.4 集装箱运输生产方式 (147)
- 8.4.1 集装箱货物装载方法 (147)
- 8.4.2 集装箱货物的流转程序 (149)
- 8.4.3 集装箱货物的交接方式 (150)

8.5 集装箱国际多式联运 (151)
- 8.5.1 国际多式联运的基本概念和特征 (151)
- 8.5.2 集装箱的运输方式 (152)

9 危险货物运输 (158)

9.1 危险货物运输概述 (158)
- 9.1.1 危险货物与道路危险货物运输 (158)
- 9.1.2 危险货物运输法规及标准 (160)
- 9.1.3 危险货物的分类 (164)

9.2 道路危险货物运输管理 (165)

10 货物运输风险与保险 (174)

10.1 风险与风险管理 (174)

10.2 保险和保险合同 (179)

10.3 货物运输保险概述 (184)
- 10.3.1 货物运输保险的概念及特点 (184)
- 10.3.2 国内货物运输保险的责任范围 (187)
- 10.3.3 国内货物运输保险的责任期限 (188)

10.4 货物运输保险的种类与业务内容 …………………………………… (188)
  10.4.1 货物运输保险的分类 ………………………………………… (189)
  10.4.2 货物运输保险主要险种的业务内容 ………………………… (189)
10.5 货物运输保险的赔偿处理 …………………………………………… (200)
  10.5.1 检验受损货物 …………………………………………………… (200)
  10.5.2 赔偿处理 ………………………………………………………… (200)

11 进出口通关业务 …………………………………………………………… (207)

11.1 海关管理概述 ………………………………………………………… (207)
  11.1.1 海关的基本概念 ………………………………………………… (207)
  11.1.2 海关监管的范围 ………………………………………………… (208)
  11.1.3 我国海关的职责与权利 ………………………………………… (210)
11.2 报关管理 ……………………………………………………………… (212)
11.3 一般贸易货物通关制度 ……………………………………………… (219)
  11.3.1 进出口货物的通关程序 ………………………………………… (219)
  11.3.2 进出口货物的申报制度 ………………………………………… (221)
  11.3.3 进出口货物的查验制度 ………………………………………… (223)
  11.3.4 进出口货物的征税 ……………………………………………… (224)
  11.3.5 进出口货物的放行制度 ………………………………………… (226)
11.4 保税货物的通关制度 ………………………………………………… (228)
  11.4.1 保税制度概述 …………………………………………………… (229)
  11.4.2 我国保税制度的发展 …………………………………………… (230)
  11.4.3 保税货物的定义与特征 ………………………………………… (231)
  11.4.4 保税货物的通关 ………………………………………………… (232)

参考文献 ……………………………………………………………………… (237)

1 绪论

交通运输商务管理是一门理论与实务相结合的综合性学科,对交通运输生产经营活动具有重要的理论和实际操作指导意义。本章主要介绍商务管理概述和交通运输商务管理概述。

1.1 商务管理概述

商务活动是人类社会的基本活动,商务管理是人们长期商务活动实践经验的总结。本节主要介绍商务的概念、商务活动的产生和发展。

1.1.1 商务的概念

商务活动是人类有史以来的基本活动。在市场经济条件下,生产(包括有形产品和无形产品)需要付出一定的代价,销售(包括有形商品和无形知识、服务)需要收取一定的费用,用于补偿自己所消费并获得盈余。这种获取物质、能量和信息,转让产品或服务的交换活动,就称之为商务活动。

商务(commerce)是指通过货币进行的商品和服务的交换,是以盈利为目的的市场经济主体,通过商品(有形和无形产品)交易(买卖或交换),获取经济资源的各种经济行为的总称。

广义上,与资产买卖或交换有关的一切活动,包括企业组建、企业运行过程中的买卖、企业破产后的资产处理等都可以说是商务活动,即广义的商务是指一切与买卖商品服务相关的商业事务,而狭义的商务概念即指商业或贸易,仅限于商品或服务的交易活动。

商务活动中包含一些不同的角色:购买者——带着钱想要购买产品或者服务的人。销售者——向购买者提供产品和服务的人。一般存在两种不同的形式:直接向消费者销售产品的零售商以及向零售商和其他商人销售产品的批发商或分销商。生产者——生产和创造销售者提供给购买者的产品和服务的人。生产者始终也必然是销售者。生产者将生产的产品销售给批发商、零售商或者直接销售给消费者。

商务的交易流程是企业在具体进行一个商务交易过程中的实际操作步骤和处理过程,由交易前的准备、贸易磋商、合同与执行、支付与清算等环节组成。

(1) 交易前的准备:对于商务交易过程来说,交易前的准备就是供需双方如何宣传或者获取有效的商品信息的过程。商品的供应方的营销策略是通过报纸、电视、户外媒体等各种广告形式宣传自己的商品信息。对于商品的需求者企业和消费者来说,要尽可能得到自己所需要的商品信息,来充实自己的进货渠道。因此,交易前的准备实际上就是一个商品信息的发布、查询和匹配过程。

(2) 贸易磋商过程:在商品的供需双方都了解了有关商品的供需信息后,就开始进入具体的贸易磋商过程,贸易磋商实际上是贸易双方进行口头磋商或纸面贸易单证的传递过程。纸面贸易包括询价、价格磋商、定购合同、发货、运输、发票、收货等等,各种纸面贸易单证反映了商品交易双方的价格意向、营销策略管理要求及详细的商品供需信息。在传统商务活动的贸易磋商过程中使用的工具有电话、传真或邮件等,因为传真件不足以作为法庭仲裁依据,所以各种正式贸易单证的传递主要通过邮寄方式传递。随着电子商务的发展,电子凭证得到越来越普遍的运用。

(3) 合同与执行:在传统商务活动中,贸易磋商过程经常通过口头协议来完成,但在磋商过程完成后,交易双方必须要以书面形式签订具有法律效应的商务合同,来确定磋商的结果和监督执行,并在产生纠纷时通过合同由相应机构进行仲裁。

(4) 支付过程:传统商务中的支付一般有支票和现金两种方式,支票方式多用于企业间的商务过程,用支票方式支付涉及双方单位及其开户银行。现金方式常用于企业对个体消费者的商品销售过程。目前,随着移动支付服务的发展、微信以及支付宝等电子支付平台的不断完善,无纸化货币功能日益强大。

1.1.2 商务活动的产生和发展

1) 商务活动

商务活动,是指企业为实现生产经营目的而从事的各类有关资源、知识、信息交易等活动的总称。

与商务相关的解释就有三种:

(1) 买卖、商业、贸易;

(2) 商店、工商企业;

(3) 营销性的事业。

第一种解释,可以理解为"商业"或"贸易",即买卖商品;

第二种解释,可以理解为"以交换方式实现生产经营目的的厂商行为";

第三种解释,可以理解为"一切以盈利为目的的事业"。

商务的主体是以盈利为目的的微观经济主体,包括自然人和法人。

商务的客体是可供买卖的所有经济资源,不仅包括有形商品和资产,而且包括无形商品和资产,如商品、服务性劳务、知识产权等。

商务的实质是通过买卖方式实现商品所有权的转移,它反映微观经济主体为获得收益的各种以货币为媒介的交易行为。

商务的范围包括直接买卖经济资源和为买卖经济资源服务的全部活动。

2) 商务活动的发展

人类商品交换的发展经历以下几个阶段:

(1) 人类社会最初的商品交换形式:商品—商品。

(2) 以货币为媒介的商品交换:商品—货币—商品。

(3) 出现了专门从事商品交换的经济事业(商贸企业),出现货币—商品—货币的流通形式。

(4) 大量非物质形式的产品如资金、劳务、科技成果、信息等也先后进入交易市场。

(5) 商务活动的高级形式——电子商务。

电子商务将传统商业活动中物流、资金流、信息流的传递方式利用网络技术整合,企业将重要的信息以全球信息网、企业内部网或外部网直接与分布各地的客户、员工、经销商及供应商连接,创造更具竞争力的经营优势。

传统商务的认识:

传统商务的交易流程由交易前的准备、贸易磋商、合同与执行、支付与清算等环节组成。主要通过报纸、电视、户外媒体等各种广告形式宣传自己的商品信息,使用的电话、传真或邮寄等工具进行贸易磋商,签订书面形式的商务合同作为双方权利义务的依据,采用支票和现金两种方式来进行交易的支付。传统商务的主要特点是效率低、成本高、活动范围有限。

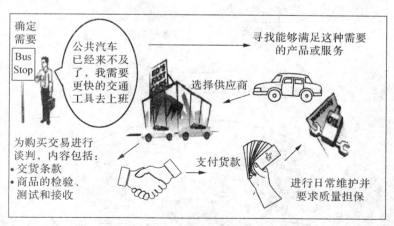

图 1.1 传统商务买方的活动

电子商务是在互联网(Internet)、企业内部网(Intranet)和增值网(VAN,Value Added Network)上以电子交易方式进行交易活动和相关服务的活动,是传统商业活动各环节的电子化、网络化、信息化。电子商务中,询价、报价、订单、单证传输、协议签订付费、报关、纳税等商务活动都通过网络来实现。电子商务分为:ABC(Agents to

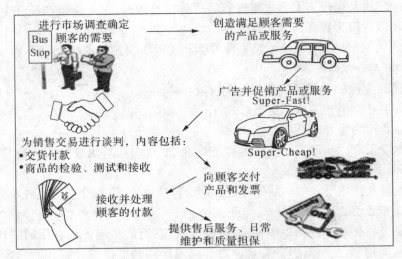

图 1.2　传统商务卖方的活动

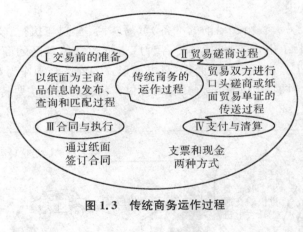

图 1.3　传统商务运作过程

图 1.4　电子商务运作过程

Business to Consumer)、B2B(Business to Business)、B2C(Business to Customer)、C2C(Consumer to Consumer)、B2M(Business to Manager)、M2C(Manager to Consumer)、B2A (Business to Administrations)、C2A(Consumer to Administrations)、O2O(Online to Offline)九类电子商务模式。2015 年,中国电子商务交易额达 18.3 万亿元,其中,B2B 电商交易额 13.9 万亿元,网络零售市场规模 3.8 万亿元。

电子商务基本特征:

① 普遍性

电子商务作为一种新型的交易方式,将生产企业、流通企业以及消费者和政府带入了一个网络经济、数字化生存的新天地。

② 方便性

在电子商务环境中,人们不再受地域的限制,客户能以非常简捷的方式完成过去较为繁杂的商务活动,如通过网络银行能够全天候地存取账户资金、查询信息等,同时使企业对客户的服务质量得以大大提高。

③ 整体性

电子商务能够规范事务处理的工作流程,将人工操作和电子信息处理集成为一个不可分割的整体,这样不仅能提高人力和物力的利用率,也可以提高系统运行的严密性。

④ 安全性

在电子商务中,安全性是一个至关重要的核心问题,它要求网络能提供一种端到端的安全解决方案,如加密机制、签名机制、安全管理、存取控制、防火墙、防病毒保护等等,这与传统的商务活动有着很大的不同。

⑤ 协调性

商务活动本身是一种协调过程,它需要客户与公司内部、生产商、批发商、零售商间的协调,在电子商务环境中,它更要求银行、配送中心、通讯部门、技术服务等多个部门的通力协作,电子商务的全过程往往是一气呵成的。

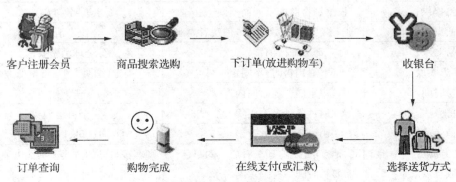

图 1.5　B2C 购物流程

图 1.6　B2C 电子商务管理流程

⑥ 集成性

电子商务以计算机网络为主线,对商务活动的各种功能进行了高度的集成,同时也对参加商务活动的商务主体各方进行了高度的集成。高度的集成性使电子商务进一步提高了效率。

传统商务与电子商务相比较,差别主要体现在以下几个方面:

表 1.1　传统商务与电子商务的比较

项目	传统商务	电子商务
信息提供	根据销售商的不同而不同	透明、准确
流通渠道	企业—批发商—零售商—消费者	企业—消费者
交易对象	部分地区消费者	全球消费者
顾客忠实度	(普通销售时)不固定	固定(购买方便、价格低廉)
交易时间	规定的营业时间内	全天候
销售方法	通过各种关系买卖	完全自由购买
营销活动	销售商的单方营销	双向通讯、PC、一对一
顾客方便度	受时间、地点的限制,还要看店主的眼色	顾客按自己的方式无拘无束地购物
满足顾客需求	需要长时间掌握顾客的需求	能迅速捕捉顾客的需求
销售地点	需要销售空间(店铺)	虚拟空间(CyberSpace)

3) 商务活动的重要性
（1）商务活动是以交换为目的的社会生产的基本活动。
（2）商务活动是面向市场的活动。
（3）商务活动是塑造企业形象的活动。
（4）商务活动是决定营利性组织命运的活动。
4) 现代商务的特点
（1）职能综合化日益明显。策划、定制服务、全供应链式配套服务、租售服务、售后服务综合集成。
（2）流通水平日新月异。实体与电商相结合，连锁服务，平台服务广泛应用。
（3）社会化、专业化、高效化程度逐渐提高。代理服务、网络服务平台日趋完善。

1.2 交通运输商务管理概述

本节主要介绍交通运输商务管理的概念以及交通运输商务管理的基本内容和作业流程。

1.2.1 交通运输商务管理的概念

狭义的交通运输商务是指交通运输企业在经营客货运输业务的过程中，面向运输市场开展的各种经济行为的总称。这些活动一般从交易双方的谈判开始，到签订合同、运输实施、单证的传输与处理、保险理赔、费用结算等过程。国际货物运输商务还涉及运输代理、报关等业务。

广义的交通运输商务不仅包括上述与从事运输产品生产和交换直接相关的各种活动，而且还包括为实现上述过程的前期准备工作。如企业的组建、融资、纳税以及运输市场的调研、营销等工作。此外还包括运输产品的售后服务过程。

交通运输商务管理就是围绕如何安全、快速、准确、及时、高效地完成运输交易过程中所必需的商务活动而开展有效的管理工作，以达到整个运输活动低成本、高效益的目的。

交通运输商务管理是有关运输生产活动中的运输法规与政策的管理、客货运输营业管理、运输费用管理、运输质量管理、运输商务信息管理以及与货运有关的仓储、理货、代理、联运、保险等项业务管理活动的总称。

从运输业的发展来看，运输密切联系着转运、仓储、保险以及对货物零星加工等业务服务。运输商务管理的内容也涉及管理货物的运输、中转、装卸、仓储等事宜，其经营业务包括办理海、陆、空在内的运输。

随着经济的发展和近些年来物流概念的兴起，很多传统的装卸公司、运输部门、仓储公司也纷纷摆脱其局限性，转向或参与物流服务，并有效地使用自己所拥有的设施和条件，从中获取附加价值和附加收益。

运输商务管理能够使交通运输企业通过一系列商业服务活动放大运输系统的功效,进而达到提高运输系统效率的目的。运输商务管理在运输管理中具有十分重要的地位。运输价值的实现,不仅需要有现代化的设备与手段,而且更需要有科学的管理与高效优质的服务。从某种意义上讲,市场经济的竞争,将是管理的竞争、服务的竞争,也就是商务的竞争。随着市场经济的发展,运输市场的竞争也必将向管理竞争与服务的竞争转移。

随着运输市场的逐步开放与发展,运输商务的竞争也将更加激烈。交通运输企业必须改变计划经济条件下的"坐商"观念,积极树立运输商务竞争意识,才能在激烈的运输市场竞争中站稳脚跟。

1.2.2 交通运输商务管理的基本内容和作业流程

企业面对的是一个既错综复杂又变化多端的社会经济环境,如何充分运用本企业所具有的各种资源优势、客货源优势以及销售渠道网络的优势,并且恰当地利用竞争对手的弱点,把握机遇,实现企业自己的战略目标,可以说是运输商务管理的主要内容,也是其根本目的。

1) 基本内容

随着经济技术的发展,运输商务管理的内容在不断地扩展,归纳起来有关的业务主要有:

(1) 选择可靠的承运人,安排合理的运输方式,选择合适的运输路线。为了充分满足旅客和货主的运输需求,经济合理地使用运输技术设备,充分利用运输能力,交通运输商务部门必须建立科学的承运人评价体系,积极开展承运人评价工作,在货物运输业务活动中,选择诚信、可靠的承运人,降低货物运输风险,提高运输经济效益。同时,对运输过程进行科学定量分析,运用运输方式的优化组合和运输线路的合理安排,实现货物运输总体目标的最优。

(2) 为客户提供仓储与分拨的建议。货物运输的远距离、长时间特性以及运输方式的可选择性、运输能力的匹配性等,在货物运输过程中,不可避免要求进行货物的仓储与分拨,运输商务部门必须积极提供优质服务,解决货主后顾之忧。

(3) 安排货物的计重、计量和拼装;办理运输保险。货物运输费用的计收、中转交接和货物交付过程中,都需要对货物进行计重、计量,以分清责任,合理核收运费。在运输过程中,常常会因自然灾害或意外事故而使旅客的生命或财产受到损害或者使货主的货物受到损失,为了在损害或损失后得到足额赔偿,旅客或货主可以选择参加运输保险。

(4) 装运前或在目的地分拨货物之前,根据需要将货物存仓。货物集散离不开仓储服务,配套仓储设施、设备,配备合格仓储工作人员,满足货物仓储需求,是货物运输商务管理的重要内容。

(5) 办理海关和有关单证的手续,代付运费、关税、税收等;监督货物运输进程,使托运人了解货物的去向。运输生产范围广、环节多,随着运输市场的繁荣,代办通关、代付运费、代缴税收等相关运输代理业蓬勃兴起,交通运输企业必须与运输代理人广泛开展合作,保证运输业务高效开展。随着全球定位技术的发展和应用,货物运输可以实现全程实时跟踪,保障货物运输计划的顺利执行,随时满足货主对货物运输信息的需求。

(6) 议定合理的运输费率,安排在合适的时间交货,解决运费账目等问题;提供拼箱服务;提供多式联运服务等。在运输市场中,存在多种运输方式,每种运输方式都有其技术经济特点和市场优势领域。通过将两种或两种以上的运输方式联合起来共同完成运输任务,可以实现运输效益的整体优化。各种运输方式从竞争走向联合,是运输业发展的一个重要趋势。因此,研究多式联运经营人的条件、多式联运单证、多式联运费用等是运输商务工作的一项重要内容。

2) 作业流程

为保证运输生产活动顺利、高效地开展,交通运输商务管理需要完善运输生产作业内容,改进和优化运输生产作业流程。

交通运输商务管理活动一般都要经过:运输市场的调研、交易对象的选择、交易双方的商务谈判、合同签订、合同履行、单证传输、费用的支付和结算、保险和理赔,以及工商登记、税务、商检、报关等一系列的活动。其基本流程如图 1.7 所示。

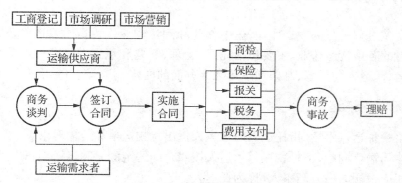

图 1.7 运输商务基本流程图

复习思考题

1. 什么是商务?商务活动的重要性体现在哪些方面?
2. 何谓商务管理?你对商务管理是如何理解的?
3. 什么是交通运输商务管理?交通运输商务管理包括哪些基本内容?
4. 运输商务基本流程是什么?

2 货运商务作业程序

货物运输包括货物包装、托运与承运、搬运、装卸、运输、储存和保管、交付等诸多环节,货运商务作业内容繁多,程序严格,是货物运输生产商务管理的重要组成部分。本章主要介绍托运与承运、装卸运输过程中的商务作业、货物的到达与交付、货运单据及其流转程序、货物的分运与补送等方面的内容。

2.1 托运与承运

运输生产过程可分为发送作业、途中作业和到达作业。货物的发送作业是货物在发站所进行的各项货运作业,主要包括托运、受理、制票和承运等环节。本节主要介绍货物的托运、承运人的受理、制票和承运几个方面的内容。

2.1.1 货物的托运

托运是一种运输手续,指托运人向承运人提出货物运单和运输要求。

在货物运输合同中,将货物托付承运人按照合同约定的时间运送到指定地点,向承运人支付相应报酬的一方当事人,称为托运人。

托运人托运货物应做好以下几项工作:

1) 对货物进行符合运输需求的包装

货物包装:使用适当的材料或容器,并采用一定的技术,对在流通过程中的货物容纳、盛装及加以保护的工具。

包装种类:包括销售包装和运输包装两种。货物运输包装是为了保护货物在流通过程中不受损失,便于搬运、装卸、储存和保管,以保证货物运输安全的包装。

运输包装作用:是保证货物和车辆设备完好无损的重要条件。运输包装的作用主要是为了尽可能地降低运输过程中对产品的损坏,保证产品的安全,并且方便运输货物的装卸。

对包装的要求:对货物正确妥善地包装是托运人应尽的责任。

托运人托运的货物,如有国家包装标准或行业包装标准的,应按国家标准或行业标准进行包装;对于没有统一包装标准的,承运人应会同托运人按照保证货物安全运输的原则,参照相似货物的国家包装标准或行业包装标准,制定货物运输包装暂行标准;对于需要试运的货物运输包装,承运人可与托运人商定条件组织试运;对于不符合运输包装标准的货物,承运人应请托运人改善后,方可承运。

若货物的包装或状态有缺陷,但不致影响货物运输安全,可以由托运人在货物运单内具体注明后予以承运。

中华人民共和国国家质量监督检验检疫总局和中国国家标准化管理委员会于2008年4月1日发布最新的《包装储运图示标志 GB191—2008》,对适用各种货物的运输包装的包装储运图示标志的名称,图形符号,尺寸,颜色及使用方法做了明确的规定。

货物运输包装上应有符合国家标准的包装储运图示标志,如"怕湿""禁止滚翻"标志等,其目的是引起与货物运输作业有关的人员的充分注意,保证货物在保管、装卸中的安全。

图 2.1 包装储运图示标志

2) 在货件上标明清晰明显的标记

货物标记是指托运人托运零担或集装箱货物时,为建立货物与其运输票据的联系而使用的一种标记,也称为货签。货物标记上应记载发站、到站、托运人、收货人、货物品名、件数和运输号码等内容。货物标记的内容必须与货物运单记载的内容相符。

3) 备齐必要的证明文件

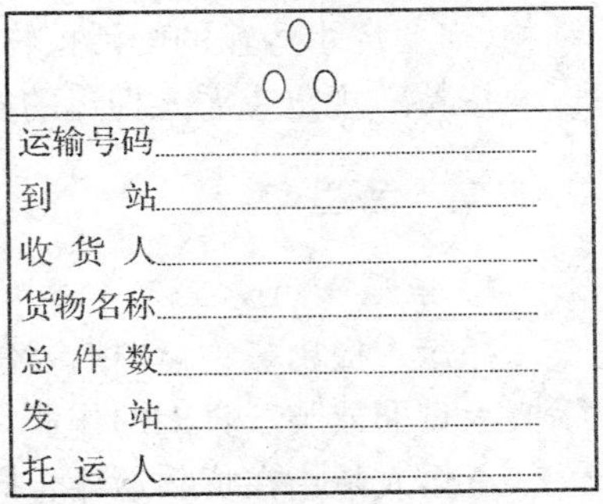

需凭证明文件运输的货物,托运人在托运货物时应将证明文件与货物运单同时提出,并在货物运单托运人记载事项栏注明文件名称和号码。车站应

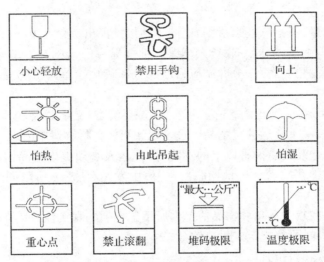

图 2.2 货物标记式样

在证明文件背面注明托运数量,并加盖车站日期戳,然后退还托运人或按规定留发站存查。相关的证明文件包括:

(1) 物资管理方面的(麻醉剂枪支、民用爆炸品,需药证管理部门或公安证明)。

(2) 物资运输归口管理方面的(烟草、酒类,需持有关管理部门证明文件)。

(3) 国家行政管理方面的(进出口货物,需进出口许可证)。

(4) 卫生检疫方面的(种子、苗木、动物,需动植物检疫部门的检疫证明)。

4) 向车站提交货物运单

运单的性质:是托运人和承运人签订的确认运输过程中各方的权利、义务与责任的运输合同。

运单的作用:是托运人向承运人提出货物托运的申请,是承运人承运货物、审核受运费、填制货票的依据,也是货运全过程的一种运送单证,还是编制记录、备查或处理事故赔偿的凭据。它既是收货人取货的凭证,也是托运人、承运人、收货人及铁路内部进行货物交接的凭证。

应填运单份数:托运人托运货物,应向车站按批提出货物运单一份。使用机械冷藏车运输的货物,同一到站、同一收货人可以数批合提一份运单。整车分卸货物,除需提出基本货物运单一份外,每一分卸站应另增加分卸货物运单两份(分卸站、收货人各一份)。

运单填写要求:必须正确、齐全、真实,字迹要清楚,文字要规范。

物品清单:按一批托运的货物品名过多以致不能在货物运单内逐一填记,或托运搬家货物以及同一包装内有两种以上的货物时,托运人必须提出物品清单一式三份。车站在物品清单上加盖站名承运日期戳后,一份由发站存查;一份随同运输票据递交到站;一份退还托运人。

托运人对其在货物运单和物品清单内所填记事项的真实性应负完全责任,匿报、错报货物品名、重量时要按规定支付违约金。

必须派人押运的货物:

对一些因性质特殊需要在运输途中加以特殊防护和照料的货物,或超过铁路正常管理和防护能力的货物,托运人从货物托运时起至到站交付时止应派人随车押运。活动物、需要浇水运输的鲜活植物、需要生火加温运输的货物、挂运的机车和轨道起重机以及按特殊规定应派人押运的货物,托运人必须派人押运。

2.1.2 受理

1) 承运人的受理

托运人提出货物运单后,经承运人审查,若符合运输条件,则在货物运单上签证货物搬入日期或装车日期的作业,称为受理。

承运人是指在货物运输合同中,将承运的货物按合同要求运送到目的地,并向托运人收取相应报酬的一方当事人。

托运人向发站提交货物运单后,车站货运工作人员应对其内容逐项进行认真检查,视其填写是否正确和是否符合运输要求。

发站在审核运单时应注意运输线路和运输部门的业务限制事项,如图2.3所示。

营业办理限制,用符号○表示仅办理;用符号△表示不办理。对不能用符号表示的,另加文字说明。各种营业办理限制,除明定适用于专用线者外,都指站内营业办理范围,集装箱按《铁路集装箱办理站站名表》办理。

 站内及专用线均不办理货运营业

 不办理活牲畜到达

(农) 危险货物办理农药运输(不含剧毒品)

(专) 仅办理专用线、专用铁路整车发到

(路) 仅办理整车路用货物发到

(另) 仅办理零担货物发到

(正) 仅办理整车货物发到

符号中的"正""另"等字作符号用,不是简化字。

图 2.3 营业办理限制符号

2)进货和验收

进货:托运人按承运人受理时签证的货物搬入日期,将货物全部搬入车站,并整齐堆放在指定的货位,完好地交给承运人。车站在指定进货货位时,要考虑便于车辆取送和货物装卸、搬运作业,并保证人身和货物安全。

验收:车站在接收托运人搬入车站的货物时,按运单记载对货物品名、件数、运输包装、重量等进行检查,确认符合运输要求并同意货物进入场、库指定货位的作业。

货物验收完毕堆放入指定货位时,要做到以下几点:

(1)经济合理地使用货位,便于装卸和搬运作业,并能保证人身和货物安全;

(2)货物堆码整齐、稳固,标记和标志向外,以便清点件数和进行交接;

(3)一批货物不得堆放两处,对性质相抵触的货物要隔离堆放,零担货物应按去向堆放,以保证货物安全和顺利装车;

(4)堆放在场库内的货物,距钢轨外侧距离不得小于1.5米,靠马路一侧不得少于0.5米,以保障调车人员及其他作业人员安全;

(5)堆放在露天货位上的怕湿货物,要做好下垫上盖工作,货物堆码要成脊形,以防止货物湿损。

2.1.3 制票和承运

1) 制票

制票系指根据货物运单填制货票。

货票的性质是运输凭证,也是一种财务性质的货运票据。其作用是运输部门清算运输费用、确定货物运到期限、统计完成的运输工作量,确定货运进款和运送里程及计算有关货运工作指标的依据。

货票的种类:分为现付(黑色)和到付(红色)两种。

货票的组成和流转:货票一式四联,甲联留发站存查;乙联为报告联,由发站送交发局,是各项统计工作的依据;丙联为承运证,发站收清运输费用后交托运人报销用;丁联为运输凭证,随同运单和货物递至到站,由到站存查。货票甲、乙、丙、丁四联的格式基本相同。货票是有价证券并带有号码,必须妥善保管,不得遗失。

2) 货物的承运

制票后,货运员应向托运人核收运输费用,在运单及货票上加盖发站承运日期戳,并将领货凭证及货票丙联交给托运人,然后将运单及货票丁联折叠整齐,填记票据移交簿办理移交。托运人应将领货凭证及时交给收货人,收货人据此向到站领取货物。

(1) 承运的概念

零担和集装箱货物在发站验收完毕,整车货物装车完毕,并核收运输费用后,发站在货物运单上加盖承运日期戳记的作业,称为承运。

(2) 承运的意义

货物承运意味着托运人和承运人的运输合同签订完毕,开始生效。承运是运输部门负责运输的开始,也是承运人对托运人履行运输合同的一个重要标志,它表示运输部门开始对托运人托运的货物承担运输义务,并在规定责任范围内对所承运的货物的数量和质量承担责任。工作程序主要包括:根据运单上载明的事项点验货物时品名、规格、件数、重量、检查包装状态,核收运费,在运单上签章或签发货票(提单)等。

(3) 承运人的权利

① 运费请求权;

② 按时起运权;

③ 维持运输工具内部秩序和安全的权利;

④ 享有免责权和责任限制权。

道路运输条例第三十六条规定:客运经营者、危险货物运输经营者应当分别为旅客或者危险货物投保承运人责任险。

整车货物的发送作业程序如图 2.4 所示。

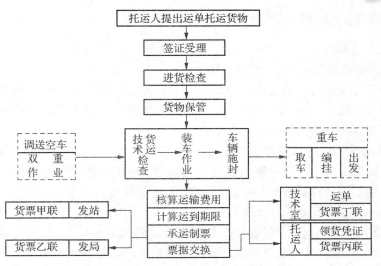

图 2.4　整车货物发送作业程序示意图

2.2　装卸运输过程中的商务作业

装卸过程中的商务作业介绍了装卸搬运的概念、装卸搬运的特点和分类、装卸作业的装备与方法以及装卸搬运合理化等方面的内容。

2.2.1　装卸搬运的概念

1) 装卸搬运

在同一地域范围内(如车站范围、工厂范围、仓库内部等)以改变"物"的存放、支承状态的活动称为装卸,以改变"物"的空间位置的活动称为搬运,两者全称装卸搬运。有时候或在特定场合,单称"装卸"或单称"搬运"也包含了"装卸搬运"的完整含义。

2) 装卸搬运的地位与作用

装卸活动的基本动作包括装车(船)、卸车(船)、堆垛、入库、出库以及联结上述各项动作的短程输送,是随运输和保管等活动而产生的必要活动。

商品装卸是发生频率最高的一项作业,当商品运输或商品储存等作业发生的时候,商品装卸这项作业就会发生。每次装卸活动都要花费很长时间,所以往往成为决定物流速度的关键。装卸活动所消耗的人力也很多,所以装卸费用在物流成本中所占的比重也较高。因此,为了降低物流费用,装卸是个重要环节。

在商品的装卸过程中,还可能因为意外造成商品的损坏,它还会影响到商品的包装成本的大小,装卸质量好坏严重影响着物流成本的高低。

尽管商品装卸本身并不能产生新的效用和价值,但是,作为物流整个过程中的一个不可或缺的环节,它的重要性是毋庸置疑的。

2.2.2 装卸搬运的特点和分类

1) 特点

(1) 装卸搬运是附属性、伴生性的活动

装卸搬运是物流每一项活动开始及结束时必然发生的活动,因而有时常被人忽视,有时被看作其他操作时不可缺少的组成部分。装卸搬运是发生最频繁的物流活动,如一次运输至少伴随着两次装卸搬运活动。

(2) 装卸搬运是支持、保障性的活动

装卸搬运的附属性不能理解成被动的,实际上,装卸搬运对其他物流活动有一定决定性。许多物流活动在有效的装卸搬运支持下,才能实现高水平。

(3) 装卸搬运是衔接性的活动

在任何其他物流活动互相过渡时,都是以装卸搬运来衔接,因而,装卸搬运往往成为整个物流的"瓶颈",是物流各功能之间能否形成有机联系和紧密衔接的关键,而这又是一个系统的关键。

2) 装卸搬运的分类

按装卸搬运施行的物流设施、设备对象分类,可分为仓库装卸、铁路装卸、港口装卸、汽车装卸、飞机装卸等。

按装卸搬运的机械及机械作业方式分类,可分成使用吊车的"吊上吊下"方式,使用叉车的"叉上叉下"方式,使用半挂车或叉车的"滚上滚下"方式,"移上移下"方式及散装方式等。

2.2.3 装卸作业的装备与方法

1) 装卸作业的装备

(1) 决定装卸作业方式

根据"物"的种类、体积、重量、到货批量、运输车辆或其他设施状况确定装卸作业方式,确定装卸设备及设备能力的选用。

(2) 决定装卸场地

预先规划好装卸地点及卸后货物的摆放位置及放置状态,预先确定站台及车辆靠接位置等。

(3) 准备吊具、索具等附属工具

配合装卸方式,选择和准备有效的吊索具,是提高装卸效率、加快装卸速度及减少装卸损耗的重要一环。

2) 装卸作业方法

(1) 单件装卸

单件装卸指的是非集装按件计的货物逐个进行装卸操作的作业方法。单件作业对机械、装备、装卸条件要求不高,因而机动性较强。单件作业可采取人力装卸、半机械化装卸及机械装卸。单件作业的装卸对象主要是包装杂货,多种类、少批量货物及单件大型、笨重货物。

（2）集装作业

集装作业是对集装货载进行装卸搬运作业方法。每装卸一次是一个经组合之后的集货货载,在装卸时对集装体逐个进行装卸操作的作业方法,和单件装卸主要异同在于,都是按件处理,但集装作业"件"的单位大大高于单件作业每件的大小。集装作业机动性较差,但一次作业装卸量大,装卸速度快,且在装卸时并不逐个接触货体,而仅对集装体进行作业,因而货损较小,货差也小。

集装作业的对象范围较广,一般除特大、重、长的货物和粉、粒、液、气状货物外,都可进行集装。粉、粒、液、气状货物经一定包装后,也可集合成大的集装货载;特大、重、长的货物,经适当分解处置后,也可采用集装方式进行装卸。

集装作业有以下几种方法：

（1）托盘装卸

托盘是一种用于机械化装卸搬运和堆存货物的集装工具,一般由上下两层板中间夹以纵梁(或垫块)或单层铺板下设纵梁(或垫块、支腿)所组成。利用叉车对托盘货载进行装卸,属于"叉上叉下"方式。由于叉车本身有行走机构,所以,在装卸同时可以完成小搬运,无须落地过渡,因而有水平装卸的特点。托盘装卸常需叉车与其他设备、工具配合,以有效完成全部装卸过程。

（2）集装箱装卸

集装箱装卸主要用港口岸壁吊车、龙门吊车等各种垂直起吊设备进行"吊上吊下"式的装卸,同时,各种吊车还都可以做短距离水平运动。因此可以同时完成小范围的搬运。如需有一定距离的搬运,则还需与搬运车相配合。小型集装箱也可以和托盘一样采用叉车进行装卸。

（3）货捆装卸

主要采用各种类型起重机进行装卸,货捆的捆具可与吊具、索具有效配套进行"吊上吊下"式装卸。货捆装卸适于长尺寸货物、块条状货物、强度较高无须保护的货物。

（4）集装网袋装卸

主要采用各种类型吊车进行"吊上吊下"作业,也可与各种搬运车配合进行吊车所不能及的搬运。

货捆装卸与集装网袋装卸有一个共同的突出优点,即货捆的捆具及集装袋、集装网本身重量轻,又可折叠,因而无效装卸少,装卸作业效率高。而且相对货物而言,货捆捆具与集装袋、网成本较低,装卸后又易返运,因而装卸上有优势。

（5）挂车装卸

利用挂车的可行走机构,连同车上组合成的货物一起拖运到火车车皮上或船上的装卸方式,属水平装卸,是所谓"滚上滚下"的装卸方式。

其他集装装卸方式还有滑板装卸、无托盘集装装卸、集装罐装卸等。

3) 散装作业

散装作业指对大批量粉状、粒状货物进行无包装散装、散卸的装卸方法。装卸可连续进行，也可采取间断的装卸方式。但是都需采用机械化设施、设备。在特定情况下，且批量不大时，也可采用人力装卸。散装作业方法主要有以下几种：

（1）气力输送装卸

主要设备是管道及气力输送设备，以气力运动裹挟粉状、粒状物沿管道运动而达到装、搬、卸之目的，也可采用负压抽取方法，使散货沿管道运动。管道装卸密封性好，装卸能力高，容易实现机械化、自动化。

（2）重力装卸

利用散货本身重量进行装卸的方法，这种方法必须与其他方法配合，首先将散货提升到一定高度，具有一定势能之后，才能利用本身重力进行下一步装卸。

（3）机械装卸

利用能承载粉粒货物的各种机械进行装卸，有两种主要方式：用吊车、叉车改换不同机具或用专用装载机，进行抓、铲、舀等形式作业，完成装卸及一定的搬运作业；用皮带、刮板等各种输送设备，进行一定距离的搬运卸货作业，并与其他设备配合实现装货。

2.2.4 装卸搬运合理化

1) 装卸搬运合理化的标志

装卸搬运合理化是通过采用装卸搬运机械化、现代化的手段，改判装卸搬运活动，从而提高物流活动总体功能的措施。装卸搬运合理化的主要目标是节省时间、节约劳动力和装卸费用。

装卸搬运合理化的主要目标是节省时间、节约劳动力和装卸费用。装卸搬运合理化的标志：

（1）装卸搬运次数最少。

（2）装卸搬运距离最短。

（3）各作业环节衔接要好。

（4）库存物品的装卸搬运活性指数较高、可移动性强。

2) 装卸搬运合理化的主要措施

实现装卸搬运合理化的主要措施是：

（1）防止无效装卸

无效装卸具体反映在以下几方面：过多的装卸次数、过大的包装装卸、无效物质的装卸。装卸搬运如能防止上述无效装卸，则大大节约装卸劳动，使装卸合理化。

（2）充分利用重力和消除重力影响，进行少消耗的装卸

在装卸时考虑重力因素，可以利用货物本身的重量，进行有一定落差的装卸，以减少或根本不消耗装卸的动力，这是合理化装卸的重要方式。在装卸时尽量消除或削弱重力的影响，也会求得减轻体力劳动及其他劳动消耗的合理性。人力装卸时如果能配

合简单机具,做到"持物不步行",则可以大大减轻劳动量,做到合理化。

(3) 充分利用机械,实现规模装卸

主要表现在一次装卸量或连续装卸量要达到充分发挥机械最优效率的水准。为了更多降低单位装卸工作量的成本,对装卸机械来讲,也有规模问题,装卸机械的能力达到一定规模,才会有最优效果。追求规模效益的方法,主要是通过各种集装实现间断装卸时一次操作的最合理装卸量,从而使单位装卸成本降低,也通过散装实现连续装卸的规模效益。

(4) 提高物的装卸搬运活性

装卸搬运活性的含义是,从物的静止状态转变为装卸搬运运动状态的难易程度。如果很容易转变为下一步的装卸搬运而不需过多做装卸搬运前的准备工作,则活性就高;如果难于转变为下一步的装卸搬运,则活性低。

"活性指数"是为了对活性有所区别,使每一步(四项作业:集中、搬起、升起、运走)装卸搬运都能按一定活性要求进行操作,对于不同放置状态的货物做了不同的活性规定,这就是"活性指数",分为0—4共5个等级。

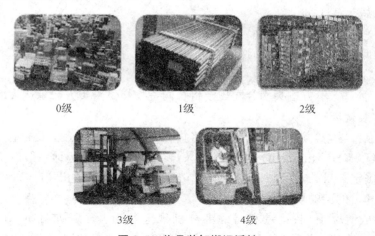

图 2.5 物品装卸搬运活性

散乱堆放在地面上的货物,不能立即实现装卸或装卸速度很慢,这种全无预先处置的散堆状态,定为"0"级活性;将货物包装好或捆扎好,然后放置于地面,在下一步装卸时可直接对整体货载进行操作,因而活性有所提高,但操作时需支起、穿绳、挂索,或支垫入叉,因而装卸搬运前预操作要占用时间。不能取得很快的装卸搬运速度,活性仍然不高,定为"1"级活性;将货物形成集装箱或托盘的集装状态,或对已组合成捆、堆或捆扎好的货物,进行预垫或预挂,装卸机具能立刻起吊或入叉,活性有所提高,定为"2"级活性;将货物预置在搬运车、台车或其他可移动挂车上,动力车辆能随时将车、货拖走,这种活性更高,定为"3"级;如果货物就预置在动力车辆或传送带上,即刻进入运动状态,而不需做任何预先准备,活性最高,定为"4"级。

2.3 货物的到达与交付

本节主要介绍货物到达、货物的交付过程中的商务作业内容。

1) 货物到达

(1) 重车和票据的接收

重车到站后,车站应按规定接收重车及票据。车站有关人员检查核对无误后,将到达票据交货运室。

(2) 卸车作业

车站及时组织货物卸车作业,提高运输车辆周转速度。

(3) 货物的催领和保管

承运人组织卸车的货物,到站应不迟于卸车完成了的次日内,用电话、电报、书信的通知方式,向收货人发出催领通知。在收货人未领取货物之前,负责到达货物的保管工作。

2) 货物的交付(Delivery)

货物的交付就意味着风险和权力的转移。

货物交付涉及的内容:交货时间、交货地点、交付方式、移交的单据。

(1) 交货时间和地点

交货时间:是指卖方按买卖合同规定将合同货物交付给买方或承运人的期限,又称"交货期"或"装运期"。

交货地点:是指卖方按买卖合同规定将货物交付给买方或承运人的地点。

装运港(Port of Shipment)是指货物起始装运的港口。装运地一般由卖方提出,经买方同意后确定。目的港(Port of Destination)是指最终卸货的港口。

装运港和目的港的规定方法:

① 在一般情况下,装运港和目的港分别规定各为一个。如:Port of Shipment:Shanghai(装运港:上海),Port of Destination:New York(目的港:纽约)。

② 有时按实际业务需要,也可分规定两个或两个以上。Port of Shipment:Shanghai/Ningbo(装运港:上海/宁波),Port of Destination:Osaka/Kobe(目的港:大阪/神户)。

③ 必要时可作笼统规定。如:Port of Shipment(装运港):Chinese Ports(中国港口),European Main Ports(欧洲主要港口),Japanese Main Ports(日本主要港口)。

在出口业务中对目的港(地)应考虑的问题:出口业务中应考虑运输便利,仓储费用及其他基础设施状况;大宗货物或货源分散,应争取多个装运地;选择许可外轮进入的港口;多式联运应选择多式联运经营人的收货站。

目的港选择一般由买方提出,经卖方同意后确定。但不得以我国政府不允许贸易往来的国家和地区的港口作为目的港;对目的港或目的地的规定应力求明确具体;非集装箱的一般海上散货方式交运的,或无直达班轮或航次较少,应规定允许转运。

择港运输(Optional Ports),接受外国客户选择港要求时,应注意:合同规定的"选择港"数目一般不超过三个;备选的港口必须在同一条班轮航线上,且为班轮停靠的港口;应按备选港口中最高费率和附加费计算,并在合同中说明费用的负担方。

(2) 装运时间的规定方法
① 规定某月装运;
② 规定跨月装运;
③ 规定在某月月底或某日前装运;
④ 规定在收到信用证后若干天内装运。必须同时规定有关信用证开到的期限;
⑤ 笼统规定近期装运。

用"立即装运"(Immediate Shipment)、"即刻装运"(Prompt Shipment)、"尽速装运"(Shipment as soon as possible)等词语表示。采用此方法时应当慎重。

《联合国国际货物销售合同公约》第33条

卖方必须按以下规定的日期交付货物:(a) 如果合同规定有日期,或从合同可以确定日期,应该在该日期交货;(b) 如果合同规定有一段时间,或从合同可以确定一段时间,除非情况表明应由买方选定一个日期外,应该在该段时间内任何时候交货;(c) 在其他情况下,应在订立合同后一段合理时间内交货。

(3) 分批装运和转运

分批装运和转运条款,直接关系到买卖双方的权益,因此,能否分批装运和转运,应在买卖合同中订明。

所谓分批装运(Partial Shipment)是指一个合同项下的货物先后分若干期或若干批装运。但同一船只、同一航次中多次装运货物,即使提单表示不同的装船日期及(或)不同装货港口,也不作为分批装运论处。

在进出口合同中规定分批装运的方法:
① 只原则规定允许分批装运,对于分批的具体时间、批次和数量均不做规定。
② 在规定分批装运条款时,具体订明每批装运的时间和数量。

转运(transhipment)的本意是指从装运港或装运地至卸货港或目的地的货运过程中进行转装或重装,包括从一运输工具或船只移至另一同类运输方式的运输工具或船只,或由一种运输方式转为另一种运输方式的行为。

《跟单信用证统一惯例》对"转运"的解释及规定:运输单据可以表明货物将要或可能被转运,只要全程运输由同一运输单据涵盖,即使信用证禁止转运,注明将要或者可能发生转运的运输单据仍可接受。

【案例】海上货物运输中托运人退运请求的法律界定
原告:浙江某建筑涂料有限公司
被告:上海某船务公司

2016年6月5日,被告接受原告委托,承运1 000桶涂料自上海港至吉隆坡,并签发了一式三份的正本提单交于原告。提单载明,托运人是原告,收货人是新加坡A建设有限公司。货物运抵吉隆坡后,因原告的贸易对家未付款赎单,原告于2016年6月5日致函要求被告立即将货物退运回上海港,未果。同年9月15日,原告向被告发出索赔函,要求其赔偿货物损失。同年10月10日,被告告知原告,该事件已交由新加坡警察局调查处理,调查结果将通知原告,但未予理赔。

案件受理后,被告向法院提供了其与日本汽船株式会社的委托代理协议,以证明被告系日本汽船株式会社的签单代理人而非承运人。

裁判:

上海海事法院一审认为,原告以海上货物运输合同退运纠纷提起诉讼,应当适用《中华人民共和国海商法》。原告没有证据证明货物确已灭失以及货物的实际损失,其诉请缺乏事实和法律的依据。据此判决对原告的诉讼请求不予支持。原告不服一审判决,提起上诉。上海市高级人民法院经审理认为,被告在本案中应对外承担承运人的法律责任,但适用调整海上运输关系的《海商法》之规定,原告作为托运人在涉案货物已运抵目的港后,无权单方面变更合同,据此判决驳回上诉,维持原判。

评析:

本案是一起典型的海上货物运输合同退运纠纷案件。由于在海上货物运输中无单放货及货物灭失的举证责任在托运人一方,而托运人在得不到收货人协助的情况下,往往无法获得目的港的关键证据,因此,要求承运人退运是托运人逼迫承运人自认货物已失去控制的"取巧"之举。但是,出于对海上货物运输行业风险性的特殊保护,《海商法》对退运纠纷做出了不同于《合同法》的规定。

1) 托运人退运请求的法律属性

托运人的退运请求究竟是属于行使合同解除权、合同变更权或为新合同订立发出的要约,对确定退运纠纷中托运人与承运人的权利与义务有极为重要的作用。在海上运输中,退运要求的提出通常发生于运输环节其中的一节,即开航前、开航后交货前、到达目的港并构成交付后。三种退运要求在运输合同履行中,则会产生三种不同的合同权利义务。其中开航前的退运,无论是否货已装船,均可视为托运人对合同的任意解除;开航后交付前提出退运的,可视为托运人行使合同变更请求;到港构成交付后提出退运的,在行业中又称"回运",则仅可视为托运人提出新要约的缔约邀请。之所以如此,是因为,首先,运输合同作为一种继续性合同,其合同的履行在一定的持续时间内完成,承运人以提供运输服务作为标的,在货物出运后,托运人已经实际享受到的该标的效益是不能返还的,也无法恢复原状,而合同解除也不发生溯及既往的效力。其次,托运人退运请求是否属于行使合同变更权应根据原合同的履行情况确定。在海上货物运输中,承运人对集装箱货物的责任期间是自装货港接收货物时起至卸货港交付货物时止。因此,承运人即使将货物运抵目的港,只要其尚未按运输合同的约定交付货物,其运送货物的主义务并未履行完毕,托运人在合理期间内提出的退运请求可以视为对运输合同目的地的变更请求,而原运输合同的其他部分如运输方式等仍然具有合同效力,若货方和承运方协商一致,可以变更合同。在非集装箱货物运输中,货物在卸货港卸货完成后,通常已完成交付,承运人的合同义务履行完毕,托运人的退运请求只能作为向承运人发出的新合同要约,已不属于法律规定或合同约定的托运人可单方面行使原合同变更权。本案是属于海上货物运输中的集装箱运输合同,在涉案货物抵达目的港尚未交付时,托运人提出的退运请求是行使合同变更权的一种表现,但此种权利的实现必须建立在货、船双方达成一致,协商变更原运输合同的基础上。

2)海上货物运输合同退运纠纷的法律适用

我国《合同法》中有关运输合同的规定是对所有运输方面的合同做出规范。《海商法》调整的有关海上运输关系是指海江之间、江海之间的海上货物运输和海上旅客运输,显然《海商法》相对于《合同法》而言是调整海上货物运输合同的特别法,《合同法》是普通法。本案中,被告向原告签发了涉案提单,双方当事人之间形成了海上货物运输合同法律关系,依据特别法优于普通法的法律适用原则,本案应适用《海商法》。而且,如前文所述,海上集装箱货物运输中托运人的退运请求在货物尚未交付之时,可以基于合同变更权而提出,托运人与承运人对退运事宜所达成的协议只能作为原运输合同的变更或补充,并不能改变原合同的基本性质。因此,即使双方约定的退运协议采用非海运方式,仍然属于《海商法》调整范围内的多式联运合同,并不影响法律适用的选择。

3)《海商法》与《合同法》中对运输合同退运条款的区别

《合同法》第三百零八条规定"在承运人将货物交付收货人之前,托运人可以要求承运人中止运输、返还货物、变更到达地或者将货物交给其他收货人,但应当赔偿承运人因此受到的损失。"本条款实际上是赋予托运人对在运货物尚未交付的前提下,可单方面提出变更或解除合同的权利,而退运请求正是基于此权利而产生。在一般运输合同履行过程中,对托运人的退运请求,承运人通常无理由予以拒绝,也无权过问相对方退运的原因,只要托运人提出退运要求是合理可行的,承运人必须按照要求执行,否则将承担法律责任。《海商法》第八十九条规定"船舶在装货港开航前,托运人可以要求解除合同。但是,除合同另有约定外,托运人应当向承运人支付约定运费的一半;货物已经装船的,并应当负担装货、卸货和其他与此有关的费用。"比较而言,《合同法》所设定的托运人享有对运输合同的变更权和解除权的条件相对宽泛,对解除合同与变更合同也未作区分。而《海商法》规定托运人解除合同的条件更为严格和具体化,但其仅对合同解除性的退运作了明确规定,而对货物运输已基本完成但货物尚未交付或已经构成交付之时,托运人提出变更合同回运货物的请求如何处理,并未作明确规定,对此应当参照适用《合同法》第三百零八条的规定进行处理。根据上述两法精神,作为变更合同方式的退运请求在海上货物运输中,托运人并无单方面的决定权。作为缔结新合同要约的退运请求在海上货物运输中,更需要托运人与承运人达成合意方可实现。本案中,原告在涉案货物已运抵目的港且可以交付的情况下,未就有关退运事宜与被告达成相关协议,因此无权单方面变更合同以使被告负有货物回运的合同义务,亦无权依法追究被告未回运货物的法定责任。

《合同法》与《海商法》对运输合同中退运事宜的法律规定有着较大差异,因此在海上货物运输合同退运纠纷案件的审理中,必须分析托运人退运请求的法律性质,以确定法律适用。在海上货物运输中,在涉案货物抵达目的港尚未构成交付的情况下,托运人无权单方要求承运人承担退运责任或赔偿没有退运所造成的损失。

2.4 货运单据及其流转程序

货运单据及其流转程序主要介绍运输单据、运输单据的种类及用途、运输单据的流转程序几个方面的内容。

1) 运输单据

运输单据通常是指代表运输中的货物或证明货物已经付运的单据。它们具体反映了同货物运输有关的当事人(如发货人、承运人、收货人等)的责任与权利,是货物运输业务中最重要的文件,也是结汇的主要单据。

2) 运输单据的种类及用途

(1) 海运提单(Ocean Bill of Lading)

提单是承运人或其代理人收到货物后,签发给托运人的一种单证。提单是承运人或其代理人签发的货物收据,是货物所有权的凭证,是运输契约或其证明。

(2) 海运单(Sea Waybill)

海运单的形式与作用同海运提单相似,其主要特点在于收货人已明确指定。收货人并不需要提交正本单据,而仅需证明自己是海运单载明的收货人即可提取货物。因此,海运单实质上是不可以转让的,它的应用范围比较窄,主要用于跨国公司成员之间的货物运输。

(3) 铁路运单(Railway Bill)

由铁路运输承运人签发的货运单据。它是收、发货人同铁路之间的运输契约。其正本在签发后与货物同行,副本签发给托运人用于贸易双方结算货款。在货物发生损失时,还可以用于向铁路进行索赔。

(4) 空运单(Air Waybill)

由空运承运人或其代理人签发的货运单据。它是承运人收到货物的收据,也是托运人同承运人之间的运输契约,但不具有物权凭证的性质,因此空运单也是不可以转让的。

(5) 装船通知(Shipping Advice)

货物离开起运地后,由出口商发送给进口商通知后者一定数量的货物已经起运的通知文件。在 FOB 或 CFR 条件下,进口商需要根据装船通知来为进口货物办理保险,因此一般要求出口商在货物离开起运地后两个工作日内向进口商发出装船通知。

(6) 提货单(Delivery Order)

进口商(收货人)在货物到达目的地后,凭海运提单等运输单据向承运人的代理人换取的提货凭证,用于办理进口报关、提货等手续。

3) 运输单据流转程序

(1) 托运人向船公司在装货港的代理(也可直接向船公司或其营业所)提出货物托运申请,递交托运单,填写装货单;

(2) 船公司接受托运申请后,其代理指定船名,核对 S/O(付货通知单、装货单,Shipping/Order)与托运单上的内容无误后,签发 S/O,将留底联留下后其余退还给托运人,要求托运人及时将货物送至指定的码头仓库;

(3) 托运人持 S/O 及有关单据向海关办理货物出口报关、验货放行手续,海关在 S/O 上加盖放行图章后,货物准予装船出口;

(4) 船公司在装货港的代理,根据留底联编制装货清单(L/L)送交船公司及理货公司或装卸公司;

(5) 大副根据 L/L 编制货物积载计划交代理分送理货公司或装卸公司等按计划装船;

(6) 托运人将经过检验检疫的货物送至指定的码头仓库准备装船;

(7) 货物装船后,理货员将 S/O 交给大副,大副核实无误后留下 S/O 并签发收货单(M/R);

(8) 理货员将大副签发的 M/R 转交给托运人;

(9) 托运人持 M/R 到船公司在装货港的代理处付清运费(预付运费情况下),换取正本已装船提单(B/L);

(10) 船公司在装货港的代理审核无误后,留下 M/R,签发 B/L 给托运人;

(11) 托运人持 B/L 及有关单据到银行结汇,取得货款,结汇银行将 B/L 及有关单据寄送国外银行;

(12) 货物装船完毕后,船公司在装货港的代理编妥出口载货清单(M/F)送船长签字后,向海关办理船舶出口手续,并将 M/F 交船随带,船舶启航;

(13) 船公司在装货港的代理,根据 B/L 副本(或 M/R)编制出口载货运费清单(F/M),连同 B/L 副本、M/R 送交船公司结算代收运费,并将卸货港需要的单据寄给船公司在卸货港的代理;

(14) 船公司在卸货港的代理接到船舶抵港电讯后,通知收货人船舶到港日期,做好提货准备;

(15) 收货人到当地银行付清货款赎回 B/L;

(16) 卸货港船公司的代理,根据装货港船公司的代理寄来的货运单据,编制进口载货清单及有关船舶进口报关和卸货所需的单据,指定装卸公司或理货公司,联系安排泊位,做好接船及卸货准备工作;

(17) 船舶抵港后,船公司在卸货港的代理随即办理船舶进口手续,船舶靠泊后即开始卸货；

（18）收货人持正本 B/L 向船公司在卸货港的代理处办理提货手续,付清应付的费用后,换取代理签发的提货单(D/O)；

（19）收货人办理货物进口手续,支付进口关税；

（20）收货人持 D/O 到码头仓库或船边提取货物。

2.5 货物的分运与补送

本节主要介绍货物的分运、货物的补送方面的内容。

1）分运（partial shipment）

分运即分批装运、分期装运,是指一个合同项下的货物分若干批或若干期装运。在大宗货物或成交数量较大的交易中,买卖双方根据交货数量、运输条件和市场销售等因素,可在合同中规定分批装运条款。

联运货物在换装港换装过程中,从一种运输工具换装到另一种运输工具,由于不同运输工具之间在装运能力及技术条件上的差异,可能产生一批（票）货物一次转运有困难,必须分批换装的情况,这样就产生了货物的分运。

分运情况下的商务处理：换装港对整批（票）运进且需分批转运出去的联运货物,按每一批实际分运的数量填制分运运单。分运运单的作用在于使分运的货物与原运单之间建立起联系。

UCP600 号规定"除非信用证另有规定,分批支款及装运均被允许。"

是否允许分批运输应在合同中明确规定。

需要注意的是,根据《跟单信用证统一惯例》的规定,如信用证规定在指定时期内分批装运,其中任何一批未按批装运（按时按量）,信用证对该批和以后各批货物均告失效。

一笔成交的货物,在不同时间和地点分别装在同一航次、同一条船上,即使签发了若干不同内容的提单,也不能按分批装运论处,因为该笔成交的货物是同时到达目的港。

合同中关于分批运输的规定方法：

（1）只是原则地规定允许分批运输,对分批的时间、批次和批量均不做规定；

（2）具体订明每批装运的时间、批次和数量,如：

During Oct. /Nov. /Dec. 2000 in three monthly shipments.

During October 500 metric tons；

During November 750 metric tons；

During December 1500 metric tons.

（3）规定不许分批装运。

2) 货物补送

货物补送是对一张运单中的未装、漏装部分货物进行的补充发送。

补充发送的主要原因是起运港或换装港因退装或漏装使一票货物中的一部分未能与基本部分同船装出,而必须对未装的部分货物进行补充发货,或者由于发现误送、错转应进行更正而需要将货物进行补送。

货物的补送一般是承运人的责任造成的运输事故,因而补送大多不涉及托运人的义务和责任。倘若由于补送而引起部分货物的运距变化(如错运到达地区),对托运人来说,不再发生新的运输费用。若因补送导致货物运输时间过长,使货物变质、损坏,承运部门应承担赔偿责任。

补送情况下的商务处理:补送时要填制补送运单。《国内水路货物运输规则》规定:"退装或漏装的货物,港口应尽快填补送运单,并尽快安排补送"。与分运运单一样,补送运单在货运业务过程中也起着使补送货物与原运单建立起联系的作用。补送运单要注明原运单号码、原船名航次、原收货人、原发件数、重量等,以便于到达港凭以办理交付。交付补充货物时,若承运方在交付该票货物的基本部分时已出具承认短少货物的货运记录,应同时向收货人收回记录。

违规运输造成货物重量超过使用的货车容许载重量的应进行换装或将部分卸下。对卸下的货物,处理站应编制货运记录,凭记录将货物补送到站,到站应按规定核收运输费用和违约金。

【案例】物流发错货,补寄一个,物流又将原先寄出的货物送过去,客人不还货,怎么办?

2017年8月初,卖了一票货,到上海的。宁波到上海理论上一天就到了,想不到某通快递居然把货送到北京去了。上海客人来投诉,凶得狠,没办法立即给他补发了一个。联系某通快递退回原先寄送的货物。某通快递居然又把货送上海去了。8月12日另外一个上海客人又买了这个货,可是这个颜色我们只有一个了,就等着原来的退回再邮寄,今天都19号了,第一个上海客人就是不退货,某通快递员去了3趟都说没空,我们让他顺丰到付,也不给办理。第二个上海客人,居然等了一个星期,就非要那个颜色,我们建议他换颜色,他说等2周,再不来再考虑。这个事情咋办呢?

问题所在:1.某通快递不负责任;2.客户不讲信用。

解决办法:1.直接电联客户,说明您这边的情况而且特急。请帮忙发回。2.催促某通快递公司赶紧处理这事。

总结:如果客户不给退回这些货,就只能找某通快递公司赔偿了。而自己也要对这样的客户提高警惕了!

复习思考题

1. 托运人托运货物应做好哪几项工作?
2. 货物运输包装上应有符合国家标准的什么标志?其目的是什么?
3. 什么是货签?有何主要作用?
4. 运单的性质是什么?
5. 托运人托运货物时应向车站提出几份运单?
6. 如何实现装卸搬运合理化?
7. 货运单据有哪些?其流转程序是什么?

3 仓储商务管理

仓储是货物运输必不可少的重要环节,仓储商务管理对保障货物安全、顺利完成运输任务、控制运输成本、提高仓储作业效率具有十分重要的意义。本章主要介绍库场的定义与功能、库场堆存计划及堆码标准化、库场堆存面积的计算、库场技术经济指标等内容。

3.1 库场的定义与功能

本节主要介绍库场的定义、库场的功能、库场的类型、库场管理的主要内容以及库场管理制度等方面的内容。

1) 港口库场的定义

"仓"也称为仓库,是存放、保管储存物品的建筑物和场地,可以为房屋建筑物、大型容器、洞穴或者特定的场地等,具有存放和保护物品的功能。"储"表示储存对象收存以备使用,具有收存、保护、管理、贮藏物品、交付使用的意思,也称为储存。仓储就是根据市场和客户的要求,为确保货物的不损耗、变质和丢失以及为调节生产、销售和消费活动,确保社会生产、生活的连续性,而在库场内对货物进行储存、保管、装卸搬运、分拣组合、包装刷唛、流通加工等一系列作业活动。仓储伴随人类生产、生活的需要而发展。原始社会,随着生产工具的改进,劳动生产率大幅度提升,食物出现剩余,另外,农作物生产具有季节性,为保证物品的使用价值,满足均衡消费或跨区域消费的需要,寻找放置的地方。如何保管好这些劳动成果便成为人们探索实践的重要内容。西安半坡村仰韶文化遗址发现仓储雏形,五千多年前出现了"窖穴库"。我国仓储的发展经历了从仓廪(古代存放谷和米的场所)、邸店(寄存、旅店)、塌房(专门储存)、堆栈(堆存与保管)、仓储公司的发展过程。

运输过程中的仓储环节与生产、销售过程中的仓储相比具有品种繁多、进出量大、周转速度快、专业化水平高等特点。

在公路、铁路、水陆、航空等运输方式中,港口库场颇具代表性,我们结合港口库场来阐述库场的定义、功能、类型、管理以及计划的编制。

港口库场是指港口为保证货物换装作业正常进行,防止进、出口货物灭失、损坏而提供的用于贮存与保管货物的仓库、堆场、货囤和其他工作物的总称。

港口库场与泊位、装卸、疏运能力共同构成港口生产能力设施,库场是港口的极其重要的组成部分之一,是水路运输过程中不可缺少的重要设施,库场仓储是运输生产活动必不可缺的重要环节。

不同类型的港口库场建筑的类型和需要的面积不同,集装箱码头、液体或气体货物运输码头、散货运输码头等所需的库场建筑类型差异较大,港口年吞吐能力以及与其他运输方式的衔接状况决定港口库场的规模。

2) 库场的功能

库场是运输生产作业的重要场所,主要功能体现在以下几个方面:

(1) 货物的集散功能。港口库场是物流网络体系中的重要结点,是货物、信息、资金、交通等汇聚的场所,通过库场把分散的货物聚集在一起,运用各种运输方式,把库场集聚的货物分散运送至各个地方。

(2) 调节与缓冲功能。库场巨大的堆存能力可以调节与缓冲库场货物的运输,缓解运输压力,提高运输效率。

(3) 实施货运作业的功能。港口库场给货物装卸、理货、包装等提供了重要的场所,同时也配备有完善的设备,可以安全、高效地实施相关货运作业。

(4) 保管货物的功能。港口根据货物的不同属性建有堆场、货物仓库等库场,可以安全、经济的存放不同类型的货物。

3) 库场的类型

(1) 按库场所处位置分:

① 码头前沿。码头前沿是从码头线至第一排仓库(或堆场)的前缘线之间的场地。它是货物装卸、转运和临时堆存的场所。一般设有装卸、运输设备;有供流动机械,运输车辆操作运行的地带;有的还有供直取作业的铁路轨道。前沿作业地带的宽度没有统一的标准,主要根据码头作业性质,码头前的设备装卸工艺流程等因素确定。我国沿海港口、件杂货码头前沿作业地带的宽度在 25～40 米。

图 3.1 码头前沿

② 前方库场。前方库场建在码头前沿的近旁,供进港货物暂时存放和出港货物在装船前临时集中之用,以缩短货物的搬运距离,加快装卸船速度。前方库场的进港货物应迅速转运,避免码头堵塞,或转移到后方库场,腾出前方库场供集中出港货物或供下一艘船卸货之用。前方仓库一般为单层结构,如果码头的纵深较浅而需要仓库面积又较大,也可以建造双层仓库或多层仓库。多层仓库内柱子多,堆货的有效面积小,机械

运转不便,楼层的负荷能力较小,相对堆存量不大。

③ 后方库场。堆放不直接影响装卸船效率的货物、堆存期较长的货物。

④ 月台库场。月台通常指进入火车站后方便旅客上火车的一段与铁轨平行的平台。现代工业月台是指装卸货场所修建的装卸货平台,借助月台,搬运叉车能够安全、快速地进出运输车辆进行装卸货作业。月台库场就是与现代工业月台相连的货物堆存场所。

(2) 按保管货物的技术和方法分:

① 露天货场。露天货场是指用于堆放货物的场地。它比库房、货棚用料省、建造快、花钱少、容量大,只要平整地(可以是自然地面、一般加工地面、砌石地面、混凝土地面等)有围墙,有管理人员住房,就可存放商品,但对自然条件的适应能力差,储存的商品有一定局限性,一般用于堆存适于露天保管、不怕风尘、不怕日晒、不怕湿的散装物、粗杂品、集装箱和长大笨重货物。

② 货棚。也称雨棚,是为了避免货物受自然条件影响而在堆货场或货物站台上修建的有顶棚的建筑物,用来存放怕湿怕晒的货物,可用于临时性或短期的堆存货物,并广泛用于零担货物的中转作业。按与装卸线的布置形式,分为一般货棚和跨线货棚。

③ 仓库。存放怕受自然条件影响的货物、危险货物和贵重货物而修建的封闭式建筑物。按层数分有单层、双层和多层仓库;按与铁路装卸线的配置分有库外布置装卸线和跨线仓库。仓库的宽度应根据货运量、货物种类、作业性质及采用的装卸机械类型等因素确定。仓库的宽度既要满足存放货物的需要,又要为装卸机械化作业创造方便条件,以提高装卸作业效率。仓库的总长度可根据仓库的需要面积和采用的宽度加以确定。

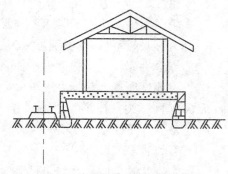

图 3.2　库外布置装卸线仓库

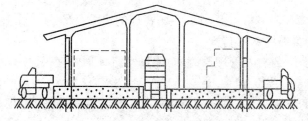

图 3.3　跨线仓库

④ 水上仓库。又称货趸、货屯,是一种水上仓储场所,有铁质的或水泥制成的有顶盖的平板驳船,也有用废旧船舶改建成的,既可以停靠船舶进行装卸,也可以在舱面及

舱内堆存货物。在一些水位差较大的港口,为组织船舶货物快装快卸,设于水上临时堆存货物的仓库。

图 3.4 水上仓库

(3) 大型港口可以分为:

① 进口库场。专为进口货物及卸船服务。

② 出口库场。专为出口货物及装船服务。

③ 中转库场。主要为联运换装服务。

(4) 按照保管货物的类别可分为:

① 综合性库场。是指办理多种品类货物作业的库场。

② 专业性库场。是指办理单一品类货物作业的库场,如专办危险货物、煤、木材、砂石等的库场,冷藏库场等。

4) 港口库场管理的主要内容

(1) 港口库场管理的任务

① 负责货物的收发、承担货物的保管。货物的收发、保管属于库场的日常工作内容,保障库场日常工作的顺利开展是港口库场管理的基本任务。

② 加强库场的疏运、确保库场通畅。通过提高库场周转效率,确保库场保管货物的质量,提高港口库场经营效益是港口库场管理的根本目的。

(2) 港口库场管理的基本目标

① 建立切合实际的有效管理制度,对库场实行计划管理,标准化管理,使整个库场处于良好的管理状态。

② 使用科学的管理方法,以充分利用库场的堆存能力,加速库场周转,扩大库场的通过能力,确保进出口货物畅通无阻。

③ 完善库场的货运作业,按照货运规章的要求,正确处理有关票证和单证,做好信息储存,查询和统计工作。

④ 采取正确的技术措施,完善库场的护货设施,以保证入库货物的完好无损。

（3）库场管理的基本工作

库场管理的基本工作主要包括以下几个方面的内容：

① 库场堆存定额指标管理。定额指标的确定，指标的考核、分析、改善。

② 库场计划管理。库场计划的制定、计划的实施、计划的检查和修订完善。

③ 货物入库作业管理。包括收货准备、货物验收以及单据处理工作。

④ 堆码管理。库场货物堆码技术培训、考核，堆码标准化工作。

⑤ 库场货物的保管。主要做好防止盗窃破坏事件发生、做好消防工作、做好防汛防台等工作，健全货账制度，定期进行库存货物盘点。

⑥ 货物出库作业管理。包括发货前准备、发货与交接、单据处理工作。

⑦ 库场的安全管理。安全责任制度的建立、执行、监督管理。

⑧ 其他方面的管理。如物流金融、物流信息管理等。

5）库场管理制度

库场重地，管理要求严格，管理责任重大，相关管理制度必须建立健全，库场主要的管理制度包括：

① 包线、包区、包库（场）安全负责制。

② 货物承运、交付、检查负责制。

③ 货物堆码、货位管理负责制。

④ 货运检查负责制。

⑤ 库场理货员监督装卸、装卸工组负责制。

⑥ 人员、货物出入库场检查负责制。

⑦ 库场清扫、消防、保卫负责制。

⑧ 库场装卸机具、货运设备和篷布的使用、保管、检修负责制。

⑨ 票据、交接、残货对照和物资部门自理装卸交接负责制。

⑩ 货运事故检查、分析处理负责制。

3.2 库场堆存计划及堆码标准化

库场堆存计划及堆码标准化的主要内容包括库场规划、库场堆存计划编制、堆码标准化。

1）库场规划

（1）库场规划方法

① 按泊位规划

据泊位作业的货物进行规划设计，配备相应的设施与设备。其中常常将与泊位相连的库场作为该泊位的配套设施，堆存该泊位作业的货物。按码头泊位规划就是为了使泊位装卸作业的货物靠近泊位存放，具有方便作业、路线最短的特点。

② 按"三线"规划

从码头前沿起,将库场分为三线。靠近前沿的前方库场规划为一线库场,用于存放即将装船和装驳的货物;其后的库场规划为二线库场,用于存放卸船走陆地的货物;后方堆场作为三线库场,用于存放需要长期保管和市内分批车提的货物。

③ 按船舶航线规划

将某些库场专用于堆放特定航线货物的规划方式。以班轮挂靠为主的港口,对航班密度较大的班轮航线,规划出专用库场。为了针对外贸货物需要特殊保管能力的要求,许多港口多采用外贸货物专用区或专用库的规划方式。

④ 按企业管理原则规划

企业的生产单位和机构设定时,遵循以任务为目标、专业分工、管理幅度和管理层次合理的原则。将此原则运用到库场管理之中,则以专业分区(如按货种)进行规划,库场分段、分区、分片,并设立相应的库场管理机构。

(2)货位设置

货位是货物在库场堆放的标准位置。将库场合理划分出通道和堆货位置并将堆货位置依次编号,可以提高库场进、出货物的效率,缩短收货、发货作业时间,减少差错。

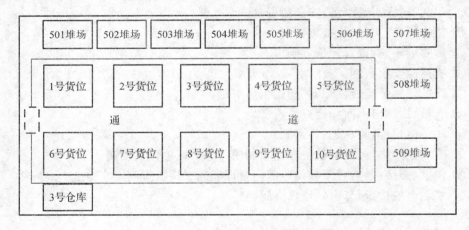

图 3.5　港口货位图

为便于管理和查找货物,把仓库和堆场内可以堆存货物的位置进行划分、编号或标注定位,并绘制成货位图。只要说明货物在库场中存放位置的货位编号,就能知道货物存放的具体位置。

2)库场堆存计划编制

(1)货物进出库作业

库场的货物堆存作业的组成:

① 入库作业包括:入库前准备,货物入库验收,货物堆码,单据处理;

② 出库作业包括:发货前准备,发货与交接,单据处理;

③ 货物保管作业:防盗、防火、防汛、健全制度。

（2）货物入库程序

① 收货准备

a. 根据库场昼夜作业计划或港口作业委托单（入库联）、运单、交接清单等资料，了解入库货物的名称、规格、包装、标志、总数量、收/发货人或流向；

b. 明确货物入库方法、时间和进度安排；

c. 确定货物的堆存货位；

d. 与船方商定理货方法；

e. 申请港口调度安排库场作业机械和人员。

② 理货

a. 按约定的理货方法，清点、理算货物，做好理货现场记录，收留保管好交接小票或者筹码；

b. 根据货物资料辨认和确定要接受的货物，认真检查货物状态；

c. 根据要求做好分标志、分规格、分堆码垛；

d. 对入货物，每车要司机签署理货单或入库单。

③ 指挥码垛作业

a. 确定货垛形状，指挥垫好垛垫，开好垛头；

b. 指挥作业人员做好码垛作业，确保码垛质量；

c. 作业中随时清扫地脚货、散落货并及时归位上垛；

d. 堆场货物及时苫盖。

图3.6　堆场货物苫盖

④ 货物入库善后处理

a. 对卸船货物，检查船舱、作业线路、作业设备，防止遗漏；

b. 汇总、统计理货单，与船方核对、相互签单；

c. 填制货垛牌并张挂，或做好简易货垛标志；

d. 处理好地脚货和残损货；

e. 将理货单、现场理货记录、车辆交接记录交给交接组,填报货账。

(3) 库场堆存计划编制

堆存计划是对月度、旬度及昼夜入库货物在时间、数量和货位方面的安排。在货源相对稳定的情况下,库场使用计划可以按年度、月度进行编制,通过计划的编制,把港口的库场堆存能力同生产计划有机地结合起来。在具体安排堆存计划时,应满足最佳搬运路线、最短的距离、最少的搬运和装卸、进出方便、便于理货和符合安全要求、充分利用仓库容量和库场设备的要求。

① 月、旬堆存计划编制

按如下步骤编制月、旬堆存计划。

a. 首先掌握港口计划期内的库场堆存能力;

b. 根据下月(或下旬)将在本港靠泊的船舶到港计划表,估计出非直取方式的运量;

c. 根据下月(或下旬)将在本港出口的货运计划,估计出需预先进入库场集中待运的货运量;

d. 进行需求与堆存能力的平衡,包括总入库量应与总堆存能力的适应、各种货类入库量与相应库场堆存能力的适应;

e. 最后对每个货物堆存区做出堆存计划。

② 日常堆存计划编制

日常堆存计划中,件杂货码头堆存计划的编制是最复杂的,下面仅讨论杂货码头堆存计划的编制。

编制堆存计划主要确定三个方面的内容:一是获取为即将到达的卸货船舶和装货船舶制订堆存计划的相应资料、货物属性、入库量;二是做出进、出口货物堆存库场的方案,确定货物的入库和出库路线;三是计算堆存面积,确定各票货物的堆存货位。

当一艘船的泊位确定后,编制堆存计划便可按以下步骤进行:

a. 掌握卸船货物的堆存信息

a) 可使用的库场位置以及可堆货的面积;

b) 船舶卸货量以及直取货物所占的比重;

c) 入库货物的品种;

d) 入库货物的数量及批量大小;

e) 货物在船上的舱口号码;

f) 换装接运工具及货物的流向。

b. 掌握装船货物的堆存信息

a) 承、托双方约定的货物集中日期;

b) 该船将受载的货物品种和数量,其中船边直接装船所占比重;

c) 每票入库货物所需的库场面积;

d) 各票货物装船的舱口号码。

c. 做出货物堆存库场的初步方案,确定入库和出库路线

确定入、出库路线时,可视泊位和库场的布局条件等做出以下不同的堆存方案:

a) 进出合一的堆存方案

进、出口货物堆存于同一个库场。

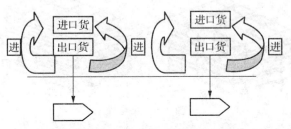

图 3.7　进出合一的堆存方案

b) 进出分开的堆存方案

进、出口货物分别堆存于进口库场和出口库场。

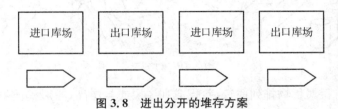

图 3.8　进出分开的堆存方案

3) 堆码标准化

(1) 货物码垛作业

① 货物码垛的基本要求

货物合理地堆放不仅能充分利用库场容量,保证货物安全,而且使库场内货物堆码井然有序,便于货物计数、识别和检查保管,方便装卸、搬运作业。

货垛是为便于保管、装卸、运输,按一定要求分门别类堆放在一起的一批物品。库场货物码垛必须遵照以下标准和要求:

a. 码垛要整齐牢固、成行成线,做到标准化;

b. 货物定量上垛,成组货物能点清关数,不成组货物能点清件数;按单堆码,标志朝外,箭头朝上;

c. 重货不压轻货,木箱不压纸箱,残损货物另堆;

d. 露天堆放的怕湿货物,要垫盖良好,不露不漏,捆绑牢固;

e. 堆垛不超过库场的荷重定额,留出通道和其他必要的距离。

② 垛形及其大小

a. 垛形及其标准化

垛形是依据货物类别、数量、包装特性、库场条件、作业需要来确定。货垛的大小则

要根据货量、货位大小来确定。为了规范管理、便于理货和确保库场作业质量,对各种货物的货垛做出标准化规定,包括选用堆垛方法、堆垛形式、堆垛质量以及数量要求等。图 3.9～图 3.14 为常见的标准化垛形。

图 3.9 平台垛

平台垛呈长(正)方体,垛顶呈平面,每层件数相同。

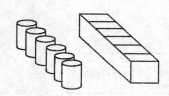 

图 3.10 行列垛

行列垛是将每票货物排列成行,每行或列一层或数层高,垛形呈长条形。

优点:便于记数,堆垛作业方便。

缺点:库场利用率较低。

适用范围:适用于一票货物件数不多、包装形式各异的零星的小票零担货物。

起脊垛先按平台垛堆码,待堆到一定层数后再开始压缝起脊(两面逐步收),直到顶部收尖成屋脊形。

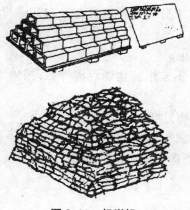 

图 3.11 起脊垛　　　　图 3.12 宝塔形垛

宝塔形垛将底层货件整齐排列后,从垛底向上每层四面减数压缝堆码,即上层的每件货物压住下层的四件货物,使货垛呈现出下大上小的宝塔形状。

梅花形垛适用于包装规格单一的大批量货物,包装形状规则,能够垂直叠放的箱装货物、大袋货物、规则的软袋成组货物、托盘成组货物。

优点:垛形整齐,便于清点,占地面积小,堆垛作业方便。

缺点:垛形稳定性较差。

适用范围:库内或库外不怕雨淋货物。

梯形垛将底层货件整齐排列后,从垛底向上每层四面减数压缝堆码,即将上层的每件货物压在下层的两件货物之间,即收长不收宽或收宽不收长,货垛两面呈梯形或三角形。梯形垛用于包装松软的袋装货物和上层面非平面而无法垂直叠码的货物的堆码,如横放的桶装、卷形、捆包货物。立体梯形垛极为稳固,可以堆放的较高,库场利用率较低。

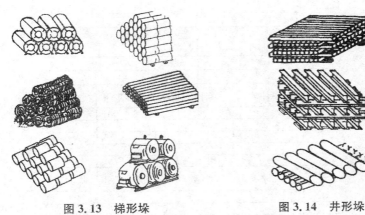

图 3.13　梯形垛　　　　图 3.14　井形垛

井形垛将货件一层横一层纵地堆码,每层件数相同或每两层件数相同,从垛顶俯视成井字状。井形垛垛形稳固,便于清点计数,但层边货物容易滚落,需要捆绑、使用木契卡住或者向内收进。井形垛的作业较为不便,需要不断改变作业方向。

此外还有成组垛的堆码形式。成组垛是利用货盘、托盘、网络、集装袋等成组工具,将货物组成定量、定形的货组单元,进行货物码垛。根据货物的特点成组垛可以堆积成平台垛或者在堆场堆成起脊垛。成组垛的最大的优点是装卸堆垛方便,直接利用了成组运输的优越条件,在库场堆垛时无须分件操作,并且便于堆高,节省仓容,垛形稳固。

b. 货垛的长度和宽度

货垛延伸到通道方向的尺寸称为长度,与通道平行方向的尺寸称为宽度。为了防止货围货现象,每一货垛都要延伸到作业通道。因此,对于只有一端与通道相连的货位,其长度就是货位的长度,货垛的大小只是确定垛形的宽度。对于两端都与通道相连的货位,可以先按货位的宽度确定货垛宽度,再根据货物量确定货垛长度。

c. 垛形大小的表示

垛形的大小以货垛底部的长、宽和货垛的高度来表示。除散装货物外,为了操作的明确,件杂货货垛长、宽、高的计量单位均以货物作业单位表示,长、宽、高的数量以货物件数表示。例如:桶装货垛以桶为单位,如垛长 20 桶、垛宽 12 桶、垛高 7 桶;成组垛以关(成组)为单位,如 3 关(盘)宽、6 关(盘)高,每个货关(成组)的货物件数用"货关件数"表示;散装货物则以度量单位表示,如长 20 米、宽 10 米、高 5 米。

③ 货垛牌

a. 货垛牌及其内容

货垛牌是库场内为货垛做的标签,记载的信息主要有:货位号、货物名称、规格、标志、数量、运单号码、载运船名、航次、入库日期、收货人等有关信息,是区别货物的重要文件。货垛牌格式如图 3.15 所示。

货垛牌示意图

货位:			货　　垛　　牌					
船名			航次			到验		
收货日期				运单号				
				入库单号				
标志				规格				
货名				原件数				
入库								
月	日	时	件数	累计数	破损情况	工组	收货人	
出　　库								
出库								
月	日	时	件数	累计数	破损情况	工组	收货人	

图 3.15　货垛牌示意图

b. 货垛牌的填制

货垛牌是在货物进入场堆垛完毕,管理员检查合格后,由库场管理员(理货员)填制货垛牌一式两份,并张挂或摆放在货垛两端的显眼位置。

④ 货垛苫垫

苫垫是对货垛苫盖和垫垛的统称,是库场货物码垛和保管中防止货物损坏的重要措施。

除了矿石、原木等天然产品和部分密封桶装货物外,堆场堆放的货物都要采取相应的苫垫措施,防止货物受风雨和日晒以及地面积水或潮气的危害。

仓库内堆存的货物则根据需要采取相应苫垫措施,防止货物受损。

a. 垫垛

垫垛是在货垛底部使用衬垫物料进行铺垫,然后在衬垫物上堆放货物,使货物不直接接触地面的措施。

b. 苫盖

指对货垛的表面进行遮盖的货物保管措施。其目的是防止雨水湿损货物和避免尘埃污货、减少日晒的危害。

(2) 堆码标准化

① 堆码标准化的作用

标准化的堆码形式能合理利用仓容,便于理货,便于快速装卸,并能保证货物的安全。

② 对货物堆码标准化的基本要求

a. 合理;

b. 稳固;

c. 定量;

d. 整齐;

e. 方便;

f. 节约。

3.3 库场堆存面积的计算

本节主要介绍货物允许的堆高、积载因素、库场堆存面积的计算等内容。

1) 货物允许的堆高

各种货物的允许堆高都有一定的限度,例如,有些货物堆放的高度超过一定的限度就会被压坏;松散货物堆得过高就容易发生事故(如倒塌);人力码垛从安全出发也不宜堆得过高。再如,进口货物的票数多、批量少,就不可能将货物堆放得很高。在货物积载因素相同的情况下,货物堆放高度,应由库场地面允许的承载能力决定。

对积载因素相同的货物,其堆高与堆存面积成反比,即堆存高度越高,其所需堆存面积越少。例如,将一票货物由堆存 2 米高变成堆存 4 米高,则堆存面积的使用率可提高 1 倍。为此,要根据本库场规定的堆码标准,根据每票货物的品种、数量、包装等正确地确定出允许的堆高。

2) 积载因素

① 积载及积载因素

积载就是根据货物特点和船舶承受能力,将已装上船的货物谨慎而适当地堆放的作业行为。

积载因素是指某种货物每一吨重量所具有的体积或在船舶正常装载时所占用的容积。

积载因素包括理论积载因素和实际积载,理论积载因素是指不包括亏舱的货物积载因素;实际积载因素是指包括亏舱的货物积载因素;亏舱是指船舶容积未被所装货物充分利用的那部分容积。亏舱的原因主要有货物间的不正常空隙、货物需留出通风通道的空间、货物衬隔材料所占用的空间、货物与货舱舷侧和围壁间无法利用的空间等因素。

② 亏舱系数的计算

亏舱的多少通常用亏舱率(亏舱系数)来表示,是指货舱容积未被货物充分利用的空间占整个货舱容积的百分数。

$$\beta = (W - V)/W \times 100\%$$

式中:β——亏舱率

W——货物占用货舱的容积(m^3 或 ft^3)

V——货物的体积(m^3 或 ft^3)。

③ 积载因素的计算

a. 理论积载因素的计算

$$S.F. = V/Q$$

式中:$S.F.$——货物理论积载因素(m^3/t 或 ft^3/t)

V——货物体积(m^3 或 ft^3)

Q——货物的重量(t)。

b. 实际积载因素的计算

$$S.F.' = W/Q$$

式中:$S.F.'$——实际积载因素(m^3/t 或 ft^3/t)

W——货物占用货舱的容积(m^3 或 ft^3)

Q——货物的重量(t)。

c. 理论积载因素与实际积载因素的换算:

$$S.F.' = S.F./(1-\beta)$$

例1 某轮装运出口箱装柴油机,每箱尺寸 215 cm×100 cm×180 cm,重量 4 000 kg,装船时亏舱率 15%,装船后该货物积载因素是多少?

解 $V = 215 \text{ cm} \times 100 \text{ cm} \times 180 \text{ cm} = 3\,870\,000 \text{ cm}^3 = 3.78 \text{ m}^3$

$Q = 4\,000 \text{ kg} = 4 \text{ t}$

理论积载因素:

$S.F. = V/Q = 3.78/4 = 0.967\,5 \approx 0.97$

$\beta = 15\%$

实际积载因素:

$S.F.' = S.F./(1-\beta) = 0.97/(1-0.15) \approx 1.14$

例2 某船Ⅰ舱计划配装出口箱装肥皂 80 t,积载因数为 1.42 m^3/t,亏舱系数为 10%,问配载时需要安排多少仓容?

解 $Q = 80$ t

$S.F.' = 1.42 \text{ m}^3/t$

$\beta = 10\%$

$V = S.F. \times Q = S.F.' \times (1-\beta) \times Q$
$\quad = 1.42 \times (1-0.1) \times 80$
$\quad = 102.24 (\text{m}^3)$

配载时需要安排 102.24 m³ 仓容。

例3 已知某船Ⅱ舱容积为 2 800 m³，现计划全部配装布袋东北砂糖，每袋净重 100 kg，皮重 0.5 kg，亏舱系数 5%，问该舱能装多少袋砂糖？（查表可得袋装白砂糖积载因数 $S.F.'$ 为 52 ft³/t～53 ft³/t）

解 依据实际情况取 $S.F.' = 53$ ft³/t
$W = 2\,800 \text{ m}^3 = 98\,882 \text{ ft}^3$
$Q = W/S.F.' = 98\,882 \div 53 = 1\,865.698(\text{t})$
装白砂糖袋数 $= 1\,865.698 \div [(100+0.5) \div 1\,000] = 18\,564(袋)$

例4 某船装运 100 t 袋装大米，实际占用舱容 163.25 m³，袋装大米的理论积载因数为 1.55 m³/t，问该批袋装大米的亏舱率是多少？（保留两位小数）

解 因为 $S.F. = V/Q$
$V = S.F. * Q = 1.55 \times 100 = 155 (\text{m}^3)$
$\beta = (W-V)/W \times 100\%$
$\quad = (163.25-155)/163.25 \times 100\%$
$\quad = 5.05\%$

该批袋装大米的亏舱率是 5.05%。

④ 仓库堆存多种货物时，平均积载因素的计算

a. 各种货物入库量相同情况下平均积载因素的计算

$$\text{平均积载因素} = \frac{\sum_{i=1}^{n} \text{积载因素}}{n}$$

例5 某仓库堆存甲、乙、丙 3 种货物，3 种货物入库量相同，已知甲、乙、丙货物积载因素分别为 2.85 m³/t、1.6 m³/t、3.5 m³/t，求仓库的平均积载因素。

解 仓库平均积载因素 $= (2.85+1.6+3.5)/3$
$\quad = 2.65 \text{ m}^3/\text{t}$

b. 各种货物入库量不同情况下平均积载因素的计算

在多数情况下，各种货物的入库量都是不同的，即各种货物的入库量占总入库量的比例不同，就不能用上述公式计算平均积载因素，而应采用下列公式计算：

$$\text{平均积载因素} = \sum_{i=1}^{n} \text{积载因素} \times \text{各种货物占总入库量的百分比}$$

c. 仓库堆存多种货物时，亏损系数的计算

$$\text{按理论计算的堆存面积} = \frac{\text{计划堆存货物的重量} \times \text{平均积载因素}}{\text{允许堆高}}$$

$$\text{亏损百分比} = \frac{\text{少堆放货物的体积}}{\text{计划堆存货物的重量} \times \text{该货物积载因素}}$$

例6 某仓库计划堆存3种货物1 000 t,仓库允许的堆高为3.5 m,仓库平均积载因素为2.71 m³/t,求货物的理论堆存面积。

解:3种货物按理论计算的堆存面积=1 000×2.71/3.5=774.3(m²)

货物的理论堆存面积为774.3 m²。

d. 货物实际堆存面积的计算

$$\text{货物实际堆存面积} = \frac{\text{计划堆存货物重量} \times \text{货物平均积载因素} \times (1+\text{亏损百分比})}{\text{允许堆高}}$$

3.4 库场技术经济指标

为提高库场运营经济效益,提升库场管理技术和操作水平,需要进行认真的经济核算工作,进行核算就要有明确的经济技术指标体系。本节主要介绍库场堆存能力指标、库场运用指标的构成及其计算。

1) 库场堆存能力指标

(1) 总面积

库场总面积是指库场内所拥有的内部面积。仓库的内部面积不包括墙厚及柱面积,堆场面积不包括场外道路。

(2) 有效面积

库场堆放货物的实际可用面积为有效面积。是从总面积中减去办公室、通道、库场内固定设施以及消防和安全要求不能堆放货物的面积。

(3) 堆存技术定额

库场堆存技术定额是指库场设计任务书中规定的每平方米有效面积能堆放货物的最大承载重量。单位为 t/m²

(4) 堆存使用定额

库场堆存使用定额是指在能够保证安全和货物完整无损的条件下,单位面积允许堆存的货物重量。

库场堆存使用定额不仅取决于堆存技术定额,而且取决于货物的理化特性、包装形式及强度、堆码形式和安全技术条件等。堆存使用定额的最大值不能超过堆存技术定额。

(5) 仓容量

是指库场一次安全堆存货物的最大吨数,其单位为 t。同一仓库堆存不同的货物时有不同的仓容量值。

2) 库场运用指标

(1) 堆存量

库场堆存量报告期内使用港口库场堆存货物的吨数即为堆存量。

堆存量＝上期末结存货物吨数＋本期每日入库货物的累计数

（2）货物堆存吨天

亦称为保管吨天，是指货物进入库场后的堆存吨天的累计数。

货物堆存吨天＝（∑每日结存的货物吨数＋∑每日出库的货物吨数）×1天

库场货物堆存吨天表示港区库场实际完成的堆存工作量的指标，是评价库场完成工作量大小的依据。

（3）平均堆存期

平均堆存期＝货物堆存吨天数/对存量

（4）库场周转次数

库场周转次数＝堆存量/平均仓容量

库场周转次数是反映库场使用情况的重要指标。

（5）仓容量利用率

仓容量利用率＝货物堆存吨天/仓容量×日历天数×100％

（6）入库系数

经港口吞吐的货物，只有一部分需要通过港口库场。入库系数是指经港口库场堆存的货物数量与该港口货物总自然吨的比值。

入库系数＝某港口各库场总入库量/该港口货物总自然吨

（7）入库不平衡系数

最大月份的货物入库量与平均每月入库量之比为入库不平衡系数，反映了货物入库的不平衡程度。

入库不平衡系数＝最大月份入库货物数量/平均每月入库货物数量

（8）库场通过能力

是指一定时期（年、季、月）内库场允许通过的货物最大数量。

库场通过能力＝库场容量×库场运营期/平均堆存期

【案例】物流运输仓储解决方案

迅捷物流公司是一家有十余年历史的传统运输企业，拥有四轴集装箱运输卡车10辆。近年来，集装箱卡车的运费不断下跌，而油价却不断上涨，再加上面临众多的同业竞争，公司利润每况愈下。新到任的总经理决定改变公司的经营策略和市场定位。

张总从坡特的竞争优势理论分析入手，认为传统的运输市场面临恶性竞争，企业应该走一条差异化发展道路。

他调查了本地和周边的市场环境以及不同行业的物流利润等情况，发现绝大部分化工产品的生产存在高进入门槛，由此形成化工类产品价格较高，利润相对较高的局面。而且化工危险品运输业有较高的技术和政策门槛。高利润行业才能承担对高的物流费用，高进入门槛才不容易陷入价格的恶性竞争。张总决定将公司发展定位在化工危险品运输行业。

张总的团队开发成功的第一个客户是附近的AA油漆厂，该厂生产集装箱专用防锈底漆和面漆,每年 18 000 吨产品销往位于广州港附近的 DM 集装箱制造厂,全部通过集装箱卡车运输。DM 公司向 AA 厂采购的油漆有 15 种,每年的采购旺季是 4—11 月,12 月至来年 3 月是淡季。DM 集装箱制造厂平均 10 天向 AA 厂下一次订单,为防止生产断料,厂内还保有较多 AA 油漆厂的各种产品库存,年平均库存达 3 000 吨。

AA 油漆厂对迅捷物流公司的要求是:满足 DM 工厂 5 天到货、连续供货的要求。卡车核定吨位为 28 吨,综合运费是每吨 1 100 元。而到广州用集装箱船运输的门到门总运费是每吨 400 元,但船期超过 10 天。

张总分析了上面的情况,从第三方物流企业延伸服务考虑,为工厂设计了物流仓储解决方案。

问:

（1）物流企业实施差异化战略会对企业的经营产生什么有利的影响?

（2）采用汽运比采用海运,AA 厂一年要多支付多少运费? 海运费用低,但为什么 AA 厂不采用海运而采用汽运?

（3）以目前客户的要求,迅捷物流公司需要多少辆车(一年按 360 天计算,满载运输)? 目前公司的车辆数量是否够用,如果不够,怎么解决才能达到客户的要求?

（4）在满足 AA 油漆厂要求的前提下,结合目前先进的物流模式,你认为迅捷物流公司可以通过哪些措施为客户提供更多的价值?

分析:

（1）① 回避传统渠道的恶性价格竞争;

② 形成企业与众不同的经营特点;

③ 铸造企业与客户的合作忠诚;

④ 获得较高的利润水平。

（2）① AA 厂多支付运费:18 000 (1 100－400)＝12 600 000(元)

② AA 厂采用汽运是因为海运时间长,不能满足 DM 厂要求。

（3）① DM 厂一年要向 AA 厂下订单:360/10＝36(次),迅捷公司一次要运输:18 000/36＝500(吨),迅捷需要车辆:500/28＝17.9,即 18 辆车。

② 迅捷目前不能满足客户要求。

③ 解决办法:a. 寻找外部资源;b. 购买新车辆;c. DM 厂缩小订单间隔时间,减少一次运输量。

（4）① 广州 DM 工厂附近租赁仓库,将油漆用海运送到广州仓库,满足 AA 油漆厂的降低成本需求,满足 DM 工厂降低库存资金占压和不间断送货的需求。

② 以 VMI 管理的模式,将 AA 工厂内的油漆库存直接转存入 DM 工厂的仓库。

③ 派驻人员参与 DM 集装箱厂库存管理,实现仓库管理外包。

④ 实现 AA 和 DM 工厂双方的库存和生产信息共享和协调,实现两个工厂的不间断生产和供货。

⑤ 替双方工厂引进银行等金融机构,为双方企业提供金融机构,为双方企业提供金融服务支持。

复习思考题

1. 港口库场有何作用?
2. 库场可以划分为哪些类型?
3. 库场规划方法有哪些?
4. 什么是库场堆存计划?编制库场堆存计划有何要求?
5. 什么是堆码标准化?堆码标准化有何作用?
6. 某船装运 200 t 袋装大米,实际占用舱容 326.50 m^3,袋装大米的不包括亏舱的积载因数为 1.55 m^3/t,问该批袋装大米的亏舱率是多少?(保留两位小数)

4 商务谈判

商务谈判是买卖双方为了促成交易而进行的活动,或是为了解决买卖双方的争端,并取得各自的经济利益的一种方法和手段。本章主要介绍商务谈判概述、谈判程序及商务谈判礼仪与礼节、商务谈判过程等内容。

4.1 商务谈判概述

商务谈判概述这一节主要介绍商务谈判的概念、商务谈判的特点、商务谈判构成要素以及商务谈判的原则。

1) 商务谈判的概念

商务谈判(Business Negotiations),是不同的经济实体为了各自的经济利益,通过沟通、协商、妥协、合作、策略等各种方式,把可能的商机确定下来的活动过程。商务谈判是在商品经济条件下产生和发展起来的,它已经成为现代社会经济生活必不可少的组成部分。可以说,没有商务谈判,经济活动便无法进行,小到生活中的讨价还价,大到企业法人之间的合作、国家与国家之间的经济技术交流,都离不开商务谈判。常见的商务谈判有商品买卖、运输服务、劳务合作、工程承包、技术转让、融资谈判等等。

2) 商务谈判的特点

(1) 谈判的一般特点:

① 谈判不是单纯追求自身利益需要的过程,而是双方通过不断调整各自的需要而相互接近,最终达成一致意见的过程。

② 谈判不是"合作"与"冲突"的单一选择,而是"合作"与"冲突"的矛盾统一。

③ 谈判不是无限制地满足自己的利益,而是有一定的利益界限的。

④ 判定一切谈判是否成功,不是以实现某一方的预定目标为唯一标准,而是有一系列具体综合的价值评判标准的。

⑤ 谈判不能单纯地强调"科学性",而要体现科学性与艺术性的有机结合。

(2) 商务谈判除具有上述特点以外,还有以下特征:

① 商务谈判以获得经济利益为基本目的。

不同的谈判者参加谈判的目的是不同的,外交谈判涉及的是国家利益;政治谈判关心的是政党、团体的根本利益;军事谈判主要是关系敌对双方的安全利益。虽然这些谈判都不可避免地涉及经济利益,但是常常是围绕着某一种基本利益进行的,其重点不一定是经济利益。而商务谈判则十分明确,谈判者以获取经济利益为基本目的,在满足经济利益的前提下才涉及其他非经济利益。虽然,在商务谈判过程中,谈判者可以调动和运用各种因素,而各种非经济利益的因素,也会影响谈判的结果,但其最终目标仍是经济利益。与其他谈判相比,商务谈判更加重视谈判的经济效益。在商务谈判中,谈判者都比较注意谈判所涉及的重要技术的成本、效率和效益。所以,人们通常以获取经济效益的好坏来评价一项商务谈判的成功与否。不讲求经济效益的商务谈判就失去了价值和意义。

② 以价值谈判为核心。

商务谈判涉及的因素很多,谈判者的需求和利益表现在众多方面,但价值则几乎是所有商务谈判的核心内容。这是因为在商务谈判中价值的表现形式——价格最直接地反映了谈判双方的利益。谈判双方在其他利益上的得与失,在很多情况下或多或少都可以折算为一定的价格,并通过价格升降而得到体现。需要指出的是,在商务谈判中,我们一方面要以价格为中心,坚持自己的利益,另一方面又不能仅仅局限于价格,应该拓宽思路,设法从其他利益因素上争取应得的利益。因为,与其在价格上与对手争执不休,还不如在其他利益因素上使对方在不知不觉中让步。这是从事商务谈判的人需要注意的。

③ 特别注重合同条款的严密性与准确性。

商务谈判的结果是由双方协商一致的协议或合同来体现的。合同条款实质上反映了各方的权利和义务,合同条款的严密性与准确性是保障谈判获得各种利益的重要前提。有些谈判者在商务谈判中花了很大气力,好不容易为自己获得了较有利的结果,对方为了得到合同,也迫不得已做了许多让步,这时谈判者似乎已经获得了这场谈判的胜利,但如果在拟订合同条款时,掉以轻心,不注意合同条款的完整、严密、准确、合理、合法,其结果会被谈判对手在条款措辞或表述技巧上,引你掉进陷阱,这不仅会把到手的利益丧失殆尽,而且还要为此付出惨重的代价,这种例子在商务谈判中屡见不鲜。因此,在商务谈判中,谈判者不仅要重视口头上的承诺,更要重视合同条款的准确和严密。

3) 商务谈判构成要素

谈判作为一种协调往来关系的沟通交际活动,它是一个有机联系的整体。为了完整地认识和把握谈判活动,很有必要较为深入地分析谈判的构成要素。一般地说,谈判由四个基本要素所构成,这就是谈判主体、谈判议题、谈判方式和谈判约束条件。

(1) 谈判主体

谈判主体就是指参加谈判活动的双方人员。谈判活动归根到底是谈判人员为立足各自的利益或者需要而进行的一场语言心理战。古今中外,成功的谈判不胜枚举,失败的谈判也数不胜数。有的谈判在轻松的气氛中就达成了互惠互利的协议,有的谈判则是在紧张压抑的状态中马拉松式地拖延着……所有这些,一方面固然与谈判议题有关,但另一方面,这与谈判人员的素质和修养也是息息相关的。或许很多人都经历过谈判,但成功的谈判家毕竟为数不多,在现代社会生活中,为了实现成功圆满的谈判,谈判人员应当具备多方面的良好素质与修养,比如,充满自信,刚毅果断,有理有节,精明机智,豁达大度,深谙专业,知识广博,能言善辩,如此等等,都是每个优秀的谈判人员所需要具备的。

在谈判中通过主动了解对方并影响对方,从而企图使对方理解或接受自己的观点、基本利益和行为方式的一个方面,表现出充分的能动性和创造性。

（2）谈判议题

谈判议题,就是指在谈判中双方所要协商解决的问题。这种问题,可以是立场观点方面的,也可以是基本利益方面的,还可以是行为方面的。

一个问题要成为谈判议题,大致上需要具备如下条件:一是它对于双方的共同性,亦即这一问题是双方共同关心并希望得到解决的,如果不具备这一点,就构不成谈判议题。二是它要具备可谈性,也就是说,谈判的时机要成熟。在现实生活中,本该坐下来谈判的事,一直未能真正去做,这主要就是因为谈判的条件尚未成熟。谈判时机的成熟是谈判各方得以沟通的前提,当然,成熟的时机也是人们经过努力而可以逐步达到的。三是谈判议题必然涉及双方或多方的利害关系,谈判就是围绕利益展开的,是对各方利益的权衡、协调。

（3）谈判方式

谈判方式是指谈判人员之间对解决谈判议题所持的态度或方法。谈判的方式很多,依据不同的标准,可以划分出不同的分类。

如果以心理倾向性为标准,谈判方式可划分为常规式（多用于固定客户之间的交易）、利导式（通常使用将计就计、投其所好的谋略）、迂回式（利用某些外在条件间接地作用于对手）和冲激式（使用强硬手段给对方施加压力）。

如果以谈判者所取的策略、态度为依据,则谈判方式可有软弱型、强硬型和原则式谈判三种。软弱的谈判者希望避免冲突,随时准备为达成协议而让步,他希望圆满达成协议,却总是为遭受对方的剥削而深感其苦。强硬的谈判者对己方提出的每一项条件都坚守不让,他们采取的寸利必争的策略,以获得最大利益的满足。原则式谈判方式是根据价值来取得协议,根据公平的标准来做决定,采取灵活变通的方法,以寻求谈判双方各得其利、均有所益的最佳方案。正因为如此,现代谈判学认为,原则谈判法是一种理想的、广泛适用的策略。

（4）谈判背景

谈判背景是指谈判所处的环境,也就是进行谈判的客观条件。任何谈判都不可能孤立地进行,而必然处在一定的客观条件之下并受其制约。因此,谈判背景对谈判的发生、发展、结局均有重要的影响,是谈判不可忽视的要件。

4）商务谈判的原则

市场经济条件下,商务谈判活动应遵循以下原则:

① 双赢原则。建立在双方有共同利益的基础之上,通过合作,双方都实现了共同利益,并使各自利益最大化。

② 平等原则。合同当事人的法律地位一律平等;合同当事人必须就合同条款充分协商;合同中的权利义务对等。

③ 合法原则。在商务谈判及签订合同的过程中,要遵守国家的法律、法规,符合国家政策的要求,涉外谈判则要求既符合国际法则,又尊重双方国家的有关法律法规。商务谈判的合法原则具体体现在三个方面:一是谈判主体合法,即参与谈判的企业、公司、机构或谈判人员具有合法资格。二是谈判议题或标的合法,即谈判的内容、交易项目具有合法性。三是谈判手段合法,即应通过合理的手段达到谈判的目的,而不能采取行贿受贿、暴力威胁等不正当的方式。在谈判中遵循合法原则,首先要分析不同的法律环境。其次,要在法律允许的范围内进行谈判。最后,由于对方违约给己方造成损害时,要积极寻求法律保护。

④ 时效性原则。保证谈判的效率和效益的统一,不搞马拉松式的谈判,尽量避免不必要的拖延,在谈判中抓住一切有利的机会,迅速达成协议。

⑤ 最低目标原则。在谈判中,遵循最低目标原则是谈判获得成功的基本前提。也就是说,谈判双方在不违背总体经济利益的原则下,按照双方的意愿各自可作适当地让步。从心理学角度看,初次接触与合作,人们最忌讳的是过高的要求和苛刻的条件。只有在相互交往、加深了解之后,信任程度才会逐步加深,才能引发出诱人的合作前景。所以,谈判只要达到了最低目标就是成功的。

4.2 谈判程序及商务谈判礼仪、礼节

商务谈判是一项技术性和技巧性要求高的活动,需要遵循一定的商务谈判的程序,讲究商务谈判的礼仪、礼节。

4.2.1 商务谈判的程序

商务谈判是一项比较复杂的活动,易于受各种主、客观因素的影响,因此,谈判桌上往往风云变幻、跌宕起伏。同时,各种商务谈判的具体谈判内容不同,当事各方的目标、实力、风格、策略等也不同,所以,各种商务谈判千差万别、多姿多彩。当然,一般比较正式的商务谈判,总是依照一定的程序进行的。商务谈判的程序或步骤,大体上可以分为三个阶段:

1）准备阶段

商务谈判直接影响组织的交易活动目标的实现,并关系到组织的经济利益和生存与发展。而谈判前的准备阶段的工作做得如何,对谈判的顺利进行和取得成功

至关重要。

商务谈判前的准备阶段,主要包括以下各项工作:

(1) 选择谈判对象。选择对象即选择谈判的对手。当己方决定争取实现某项交易目标而需进行商务谈判时,首先要做的准备工作就是选择谈判对象。选择谈判对象应根据交易目标之必要和相互间商务依赖关系之可能,通过直接的或间接的先期探询即相互寻找、了解交易对象的活动,在若干候选对象中进行分析、比较和谈判的可行性研究,找到己方目标与对象条件的最佳结合点,以实现优化选择。

(2) 谈判背景调查。在确定谈判对象的基础上,应以"知己知彼"为原则,对谈判背景进行认真的调查研究。调查的内容应包括环境背景、组织背景和人员背景等方面。背景调查实际上是谈判准备阶段的信息准备,要注重从多种渠道获取信息,建立谈判对象档案,并以动态的观点分析问题。

(3) 组建谈判班子。商务谈判是一项有目标、有计划、有组织的活动,必须依靠具体的谈判人员去实现。组建好谈判班子,是谈判取得成功的组织保证。一般来说,优秀的谈判班子的组建及运作,要抓好三个环节:一是人员个体素质优化,即按照一定的职业道德、知识能力等识、学、才要求,做好对谈判人员的遴选。二是班子规模结构适当,应从组织、业务、性格、年龄等构成方面,使谈判班子结构合理、珠联璧合。三是实现队伍有效管理,即通过谈判班子负责人的挑选履行其职责,通过确定谈判方针和高层领导适当干预,实现对谈判队伍间接或直接的有效管理。

(4) 制订谈判计划。谈判计划是谈判前预先对谈判目标、谈判方略和相关事项所做的设想及其书面安排。它既是谈判前各项主要准备的提纲挈领,又是正式谈判阶段的行动指南。其主要内容一般包括:谈判各层次目标的确定、谈判各种策略的部署、谈判议程模式的安排、谈判所在地点的选择以及必要的说明及附件等。

(5) 模拟谈判。模拟谈判是正式谈判前的"彩排"。它是将谈判班子的全体成员分为两部分,一部分人员扮演对方角色,模拟对方的立场、观点和风格,与另一部分己方人员对阵,预演谈判过程。模拟谈判可以帮助己方谈判人员从中发现问题,对既定的谈判计划进行修改和加以完善,使谈判计划更为实用和有效,同时,能使谈判人员获得谈判经验,锻炼谈判能力,从而提高谈判的成功率。

2) 谈判阶段

谈判前准备阶段的各项工作完成后,便可以按照谈判计划的时间和地点进入正式的谈判阶段。这个阶段就是谈判当事人为实现预定的交易目标,就交易条件与对方协商的阶段。它是全部谈判程序的中心和关键。

谈判阶段依照活动过程可以分为若干相互联结的环节或步骤。为了简明,这里划分为以下三个环节:

(1) 开局。开局是指谈判当事人各方从见面开始,到进入交易条件的正式磋商之前的这段过程。开局的主要工作有三项:① 营造气氛,即通过相互致意、寒暄、交谈等,营造一种和谐、融洽、合作的谈判气氛,使谈判有一个良好的开端。② 协商通则,即根据谈判议题先对谈判目的、计划、进度等非实质性的安排进行协商,并相互介绍谈判人员。③ 开场陈述,即分别简介各自对谈判议题的原则性态度、看法和各方的共同利益。各方陈述后,有时需要做出一种能把各方引向寻求共同利益的进一步陈述,这就是倡议。同时,通过对对方陈述的分析,也可大体了解对方对谈判的需要、诚意和意向,这就是探测。开场陈述之后,谈判即导入实质性的磋商。

(2) 磋商。磋商即按照已达成一致的谈判通则,开始就实现交易目标的各项交易条件进行具体协商、讨价还价。它是谈判阶段的核心和最具有实质意义的步骤。磋商过程又包括:① 明示和报价。明示,即谈判各方通过各种信息传递方式,明确地表示各自的立场和意见,暴露出分歧点,以便展开讨论。报价,不仅指在价格方面的要价,而且泛指谈判一方向对方提出的所有要求。② 交锋。交锋,即谈判各方在已掌握的各种谈判信息的基础上,为了实现各自的谈判目标和利益,针锋相对、据理力争、反驳论辩、说服对方这样一个沟通交流的过程。③ 妥协。妥协,就是经过激烈的交锋,为了突破谈判僵局,防止谈判破裂和实现谈判目标所做出的让步。为了寻求都可以接受的条件和共同利益,适时、适当的妥协是完全必要的。

(3) 协议。协议即协商议订,就是谈判各方经过磋商,特别是经过交锋和妥协,达到了共同利益和预期目标,从而拟订协议书并签字生效。协议标志谈判的结束,之前谈判席上唇枪舌剑的对手,顿时亲密无间、互致祝贺。

3) 履约阶段

经过谈判阶段,多数会达成协议。而谈判破裂者,有一部分还会重开谈判,最终言归于好。达成协议是谈判各方反复磋商取得的共识。达成协议只是交易合作的开始,许多合同内容如交货、支付等都只能是后续工作,因此,从实现交易目标的角度,达成协议绝不是大功告成。完整的商务谈判程序,必须包括履约阶段。

履约阶段的主要工作是检查协议的履行情况,做好沟通并认真总结。其中,如对方违约,应按照协议索赔;出现争议,需按照协议仲裁。只有在整个合同期协议的全部条款得到了落实,谈判各方的交易目标及交易合作才真正实现,谈判才画上了圆满的句号。

4.2.2　商务谈判礼仪

商务谈判,是有关各方相互交往的重要活动,谈判双方都渴求获得对方的尊重和理解。因此,懂得并掌握必要的礼仪与礼节,是商务谈判人员必须具备的基本素养。

1) 迎送礼仪

迎来送往是常见的社交活动,也是商务谈判中的一项基本礼仪。在商务谈判中,对应邀前来参加谈判的人,无论是官方人士、专业代表团,还是民间团体、友好人士,在他们抵达或离开时,一般都要安排相应身份的人员前往迎送。重要的客商或初次来的客商,要专人迎接,一般的客商,常来的客商也可不接。

（1）确定迎送的规格

迎送规格,应当依据前来谈判人员的身份和目的,我方与来者之间的关系以及惯例决定。主要迎送人员的身份和地位,通常以对口对等为原则,也可适当变通。当我方与对方关系特别密切,或出于特殊需要,也可以破格接待。除此之外,均按常规接待。

（2）掌握抵达或离开的时间

迎候人员应当准确掌握对方抵达的时间,提前到达机场、车站或码头,以示尊重对方。只能由你去等候客人,绝对不能让客人等你,如果你迟到了,不论什么原因,都很难使对方改变对你的印象。

同样,送别人员也应当事先了解对方离开的准确时间,提前到达来宾住宿的地方,陪同来宾一同前往机场、车站或码头,也可以直接前往机场、车站或码头,恭候来宾,与来宾道别。

（3）做好接待的准备工作

在得知来宾的抵达日期后,首先考虑来宾的住宿安排。对方尚未启程前,应先问清楚对方是否已经自己联系好住宿,如未联系,可代为预订好旅馆房间。客人到达后,通常只需稍加寒暄,即应陪客人前往旅馆,在行车途中或在旅馆简单介绍一下情况,征询对方的意见,即可告退。客人到达的当天,一般只谈第二天的安排,以后的日程安排在见面后再详细讨论。

2) 会见礼仪

会见是谈判过程中的一项重要活动,相关礼仪及注意事项如下:

（1）会见前的准备工作

如果一方要求拜会另一方,应提前将自己的姓名、职务以及要求会见什么人,为何会见,通知对方。接到要求的一方,应尽早答复。因故不能会见,应向对方做出解释。

如果接到要求的一方,同意对方的请求,应主动将会见的时间、地点、参加人员告诉对方。礼节性会见以半小时为宜。

会见一般安排在会客室或办公室进行。主人应在会见前到达,以迎候客人。

（2）会见时介绍的礼仪

在与来宾见面时,通常有两种介绍方式:一种是第三者做介绍(由负责陪同的人员或负责联系的人员介绍);一种是自我介绍,自我介绍时,应先将自己的姓名、职务告诉来宾。

介绍顺序:应先将来宾介绍给我方人员,然后将我方人员介绍给对方。介绍顺序各国的情况不太一样,在公事场合,一般是职位高者在先。介绍时,应将姓名、职务说清楚,介绍到具体人时,应有礼貌地以手示意,不要用手指指,更不要用手拍打别人。

（3）会见过程中应注意的问题

礼节性会见,要控制时间和话题。主谈人交谈时,其他人应认真听,不得交头接耳。会见时,东道主应准备好茶水或饮料。会见结束时,主人应将客人送至门口或车前,握手话别。

3) 洽谈礼仪

任何成功的谈判,无非是一定方式下的圆满洽谈。当然,在谈判中,遵守洽谈礼仪,不一定能使谈判成功,但违背了洽谈礼仪,却会使谈判破裂。因此,在洽谈活动中,除了遵守会谈礼仪的一般原则外,还必须讲究和严格遵守洽谈活动中的礼仪。

(1) 洽谈中座次安排的礼仪

座次安排是洽谈礼仪中一个非常重要的方面。座次安排的基本要求是:以右为尊,右高左低(这里的高低是指谈判者身份地位的高低)。业务洽谈,通常使用长方形或椭圆形桌子,宾主相对而坐,各占一边。

谈判桌横对入口时,来宾对门而坐,东道主背门而坐。谈判桌一端对着入口时,以进入正门的方向为准,来宾居右而坐,东道主居左而坐。主宾和主人居中相对而坐,其他人按职位高低和礼宾顺序分坐左右。原则是以右为尊,再加就近主人位置。翻译在主人右侧。

(2) 注意事项

① 尊重对方,谅解对方。

② 及时肯定对方。

在谈判过程中,当双方的观点相似或基本一致时,应抓住机会,及时加以肯定,如有可能,还要想办法加以补充,发展双方一致的观点。

在对方赞同我方意见和观点时,我方应以动作语言如:点头、微笑等,表示感谢。这种有来有往的相互交流,易于使双方谈判人员感情沟通,从而为达成一致奠定基础。

③ 态度和气,语言表达自然得体。

交谈时要自然,充满自信,要注意语速、语调和语气的运用,同时,要注意说话手势不要过多、过大,不要用手指指别人,谈话距离要适当。

4) 赴宴礼仪

(1) 宴请的形式

宴请的形式主要有宴会、冷餐招待会、酒会、茶会、工作餐等。

(2) 赴宴礼仪

作为宴会主办单位,应事先确定举办宴会的目的、名义、参加者及时间、地点等。正式宴请一般需要发出请柬,事先口头约定也应补发请柬。请柬一般应提前1~2周,以便有所准备。请柬应注明时间、地点、席次号,并注明请被邀请者答复是否出席。

赴宴者在接到请柬后,应看清宴会日期和时间、地点,一般在宴会开始前15分钟到达即可。如不能赴宴,必须提前通知对方,并表示感谢和惋惜。出席宴会前,最好稍做梳洗打扮,注意自己的衣着和精神。

应当事先准备好名片。被介绍给他人时,用双手捧着名片相赠,切不要随便丢在桌上。接名片时也应双手去接,接到后,要认真看一下,可有意识重复对方的姓名和职务,以示尊敬和仰慕,不要漫不经心、随手塞进口袋。

进餐前,应自由地与其他客人交谈,交谈的面可以宽一些,可以找老朋友,也可以找新朋友。进餐时,举止要文明。祝酒一般由主人和主宾先碰杯,再由主人和其他人碰杯,人多的话,也可同时举杯示意。在主人或主宾致辞或祝酒时,其他人应暂停进餐,停止交谈,注意倾听。

饮酒应控制在自己酒量的$\frac{1}{3}$,以免饮酒过量。对外宾的敬酒要适度,不能劝酒。

宴席上,可以用公用餐具给客人添菜,不能用自己的餐具让菜。

如果有事要早退,应事先向主人说明,到时再告别,悄悄离去,不必惊动太多的人,以免影响整个宴会气氛。

(3) 注意事项

在酒席上一般不要谈及生意,尤其是涉外谈判;谈话不要涉及他人隐私,对政治宗教问题也要慎重,要注意尊重主人的民族习惯。

5) 参观与馈赠礼品的礼仪

(1) 参观的礼仪

安排的参观日程,可根据接待计划,客人的要求,有针对性地安排,客人的合理要求,只要允许,应尽可能满足,如有困难,应做好解释。

参观日程一旦确定,应通知有关单位加以落实,接待单位一般应准备好相应的情况介绍,介绍材料力求简明扼要,实事求是,体现本单位的特点。

陪同参观的人员不宜过多,但应有懂行的人员参加。引导来宾参观的人,要走在宾客的前方,上、下楼梯时,引导的人,要靠楼梯走,而让外宾靠墙走。

(2) 馈赠礼品的礼仪

商务谈判人员在交往中,相互馈赠一些礼品,主要是表示友好,以便进一步增进友谊。因此,选择适当的时机,针对不同的对象,选择不同的礼品馈赠,便成为一门很强的学问。

一般而言,西方社会较重视礼物的意义和感情价值,而不是值多少钱,因此我们在选择时,要注重礼物的纪念价值,实用性和民族特点,而无须太贵重。

4.2.3 商务谈判礼节

1) 日常交往中的礼节

(1) 遵守时间,不得失约。

(2) 尊重老人和妇女

(3) 尊重各国、各民族的风俗习惯。

(4) 举止得体。

2) 见面时的礼节

(1) 介绍

合适的时间,力求简洁,落落大方,真实客观。

(2) 握手

① 握手的主动和被动

一般情况下,主动与对方握手,表示友好、感激或尊重。

在别人前来拜访时,主人应先伸手,表示欢迎。离别时,客人应先伸手,表示感谢和再见。

主、客双方在别人介绍或引见时,一般是主人身份较高或年龄较大的人先伸手,表示对客人的欢迎和尊重。

握手时,身体微欠,面带微笑。在异性之间,男性一般不宜主动向女方伸手。

② 握手的时间长和短

握手时间以 3~5 秒为宜。时间太短,表示完全出于客套、应酬,态度冷淡。时间太长,尤其是第一次见面,则易被视为热情过度。

③ 握手的力度与握手者之间的距离。

双方握手时用力的大小,常表示感情深浅的程度。握得有力,表示握手者充满热情、诚意,信任和感激。握手者的身体不宜靠得太近,但也不能太远。

④ 握手的面部表情与身体的弯度。

握手时,双方应面对面的对视,面部表情要流露出发自内心的喜悦和表达真诚的笑容,切忌表情冷淡,心不在焉。

3) 电话联系的礼节

打电话前,要做好准备,打好腹稿,选择好表达的方式和声调。如果你是打电话的,应以客气的语言请对方某某接电话。如果你是接电话的,应先通报自己的单位和姓名,然后再交谈。

4) 出席文体活动的礼节

如果主人邀请你参加文体活动,你接受了邀请,要准时出席。文体活动的要求不一样,着装也不一样。活动结束后,要表示感谢。

5) 日常卫生方面的礼节

(1) 注意个人形象

注意个人头发、胡须、内衣、皮鞋、服装等方面要得体,不吃有特殊气味的食品,不要带病参加外事活动,不要当着他人的面擦鼻涕、掏鼻孔、打哈欠等。

(2) 保持环境卫生

保持环境干净、整洁,抽烟要用烟灰缸,吐痰入盂。

(3) 讲究室内布置

营造良好工作氛围,着力打造干净整洁却不失温馨的办公场所,凸显文化底蕴与素养,适当摆放盆景、盆栽净化空气改善办公室环境。

6) 服饰方面的礼节

(1) 符合身份

一般强调男女之别,长幼之别,职业之别,身份之别,国际交流中还要加上一个民族之别。

(2) 扬长避短

每个人身材方面都有自身的优点,也都有缺点,穿着打扮要尽量扬长避短。

(3) 区分场合

公务场合,庄重保守;社交场合,时尚个性;休闲场合,舒适自然。

(4) 合乎常规

约定俗成的规矩必须要讲究。

7) 称呼方面的礼节

日常生活中,称呼别人的基本要求:

(1) 要采用常规称呼。常规称呼,也就是人们平时约定俗成的较为规范的称呼。

(2) 要区分具体场合。在不同的场合,称呼应区别对待。

(3) 坚持入乡随俗。要了解并尊重当地风俗。

(4) 尊重个人习惯。

在工作和交际场合,常规性称呼大体上由以下五种:

(1) 行政职务。较为正式的官方活动,如政府活动、公司活动、学术活动中使用。

(2) 技术职称。如"张总工程师""王会计师"等。

(3) 学术头衔。如两院院士、"千人计划"国家特聘专家、国家重大科学研究计划首席科学家等。

(4) 行业称呼。如"警察先生""护士小姐""解放军同志"等。

(5) 泛尊称。是对社会各界人士在较为广泛的社交面中可以使用的表示尊重的称呼,比如"小姐""夫人""先生""同志"等。

4.3 商务谈判过程

谈判双方在做了各种准备工作之后,就要开始面对面地进行谈判工作。谈判过程可能是多轮次的,也可能要经过多次的反复。一般来说,不论谈判过程时间长短,谈判双方都要各自提出自己的交易条件和意愿,然后就各自希望实现的目标和相互间的分歧进行磋商,最后消除分歧达成一致。这个过程依次是谈判开局阶段、谈判磋商阶段、谈判结束阶段。掌握各个阶段的策略,完成每一个环节的任务,顺利实现双方满意的结果,是谈判过程的重要任务。

4.3.1 商务谈判开局阶段

谈判开局阶段要为整个谈判过程奠定良好的基础,创造各种条件,从某种意义上说,良好的开局将促进谈判顺利达到双方期望的目标。要实现良好的开局必须做好三项工作:第一,谈判双方互相接触、互相了解,并对谈判目标、谈判内容、谈判程序、时间进度以及双方人员情况进行沟通,使谈判双方在共同认可的目标、原则、程序、时间内展开谈判,这体现了谈判的规范性、严肃性和平等性。第二,谈判双方要营造适合的谈判气氛,谈判气氛对人的心理、思维和行为都有重要影响,轻松愉快、热情友好、平等和谐、积极进取无疑是比较理想的谈判气氛。第三,谈判双方要分别进行开局陈述,表明己方的利益原则、对谈判对手的理解和期望,双方进行摸底,确定下一步谈判的策略和方式。

1) 开局阶段的基本任务

这一阶段的目标主要是对谈判程序和相关问题达成共识;双方人员互相交流,创造友好合作的气氛;分别表明己方的意愿和交易条件,摸清对方的情况和态度,为实质性磋商阶段打下基础。为达到以上目标,开局阶段主要有三项基本任务:

(1) 谈判通则的协商

所谓谈判通则的协商主要包括"4P",即成员(Personalities)、目的(Purpose)、计划(Plan)及进度(Pace)四个方面内容。

谈判双方初次见面,要互相介绍参加谈判的人员,包括姓名、职务、谈判角色等情况。然后双方进一步明确谈判要达到的目标,这个目标应该是双方共同追求的合作目标。同时,双方还要磋商确定谈判的大体议程和进度以及需要共同遵守的纪律和共同履行的义务等问题。

(2) 营造适当的谈判气氛

谈判气氛会影响谈判者的情绪和行为方式,进而影响到谈判的发展。谈判气氛的形成一般是通过双方相互介绍、寒暄以及双方接触时的表情、姿态、动作和说话的语气等方面。谈判气氛的营造既表达双方谈判者对谈判的期望,也表达出谈判的策略特点,因此也是双方互相摸底的重要信息。

(3) 开场陈述和报价

① 双方各自陈述己方的观点和愿望,并提出倡议。陈述己方对问题的理解,己方希望取得的利益和谈判的立场。双方各自提出各种设想和解决问题的方案,并观察双方合作的可靠程度,设想在符合商业准则的基础上寻求实现双方共同利益的最佳途径。

② 在陈述的基础上进行报价。报价就是双方各自提出自己的交易条件,报价是各自立场和利益需求的具体体现。报价既要考虑对己方最为有利,又要考虑成功的可能性,报价要准确清楚,双方不受对方报价的影响,可以按自己的意图进行报价。

2) 谈判开局气氛的营造

谈判气氛的营造应该服务于谈判的方针和策略,服务于谈判各阶段的任务,应该有利于谈判目标的实现。根据开局阶段的性质、地位以及进一步磋商的需要,开局气氛应该有以下几个特点:

(1) 礼貌尊重的气氛

谈判双方在开局阶段要营造出一种尊重对方、彬彬有礼的气氛。出席开局阶段谈判可以有高层领导参加,以示对对方的尊重。谈判人员服饰仪表要整洁大方,无论是表情、动作还是说话语气都应该表现出尊重、礼貌。

(2) 自然轻松的气氛

开局初期常被称为"破冰"期。谈判双方抱着各自的立场和目标坐到一起谈判，极易出现冲突和僵持。谈判人员在开局阶段首先要营造一种平和、自然、轻松的气氛。例如，随意谈一些题外的轻松话题，松弛一下紧绷着的神经，不要过早与对方发生争论。语气要自然平和，表情要轻松亲切，尽量谈论中性话题，不要过早刺激对方。

(3) 友好合作的气氛

开局阶段要使双方有一种"有缘相知"的感觉，双方都愿意友好合作，都愿意在合作中共同受益。尽管随着谈判的进行会出现激烈的争辩或者矛盾冲突，但是双方是在友好合作的气氛中去争辩，不是越辩越远，而是越辩越近。因此，要求谈判者真诚地表达对对方的友好愿望和对合作成功的期望。此外，热情的握手、热烈的掌声、信任的目光、自然的微笑都是营造友好合作气氛的手段。

(4) 积极进取的气氛

谈判毕竟不是社交沙龙，谈判者都肩负着重要的使命，要付出巨大的努力去完成各项重要任务，双方都应该在积极进取的气氛中认真工作。谈判者要准时到达谈判场所，仪表要端庄整洁，精力要充沛，充满自信，坐姿要端正，发言要响亮有力，要表现出追求进取、追求效率、追求成功的决心，不论有多大分歧，有多少困难，相信一定会获得双方都满意的结果。谈判就在这样一种积极进取、紧张有序、追求效率的气氛中开始。

3) 商务谈判开局策略

谈判开局策略是谈判者谋求谈判开局有利形势和实现对谈判开局的控制而采取的行动方式或手段，一般包括以下几个方面：

(1) 协商式开局策略

协商式开局策略是指以协商、肯定的语言进行陈述，使对方对己方产生好感，创造双方对谈判的理解充满"一致性"的感觉，从而使谈判双方在友好、愉快的气氛中展开谈判工作。

协商式开局策略比较适用于谈判双方实力比较接近，双方过去没有商务往来的经历，第一次接触，都希望有一个好的开端。要多用外交礼节性语言，谈论中性话题，使双方在平等、合作的气氛中开局。

(2) 坦诚式开局策略

坦诚式开局策略是指以开诚布公的方式向谈判对手陈述自己的观点或意愿，尽快打开谈判局面。

坦诚式开局策略比较适合双方过去有过商务往来，而且关系很好，互相比较了解，将这种友好关系作为谈判的基础。在陈述中可以真诚、热情地畅谈双方过去的友好合作关系，适当地称赞对方在商务往来中的良好信誉。由于双方关系比较密切，可以省去一些礼节性的外交辞令，坦率地陈述己方的观点以及对对方的期望，使对方产生信任感。

（3）慎重式开局策略

慎重式开局策略是指以严谨、凝重的语言进行陈述，表达出对谈判的高度重视和鲜明的态度，目的在于使对方放弃某些不适当的意图，以达到把握谈判的目的。

慎重式开局策略适用于谈判双方过去有过商务往来，但对方曾有过不太令人满意的表现，己方要通过严谨、慎重的态度，引起对方对某些问题的重视。

（4）进攻式开局策略

进攻式开局策略是指通过语言或行为来表达己方强硬的姿态，从而获得谈判对手必要的尊重，并借以制造心理优势，使谈判顺利进行下去。这种进攻式开局策略只有在特殊情况下使用。要切中问题要害，对事不对人，既表现出己方的自尊、自信和认真的态度，又不能过于咄咄逼人，使谈判气氛过于紧张，一旦问题表达清楚，对方也有所改观，就应及时调节一下气氛，使双方重新建立起一种友好、轻松的谈判气氛。

4.3.2 谈判磋商阶段

谈判磋商阶段又称实质性谈判阶段。在这个阶段双方要针对谈判所涉及的各方面议题进行多次的磋商和争辩，最后经过一定的妥协，确定一个双方都能接受的交易条件。磋商阶段首先是一个论证己方交易条件合理性的过程，双方都站在己方立场上为获取己方所需要的利益而努力说服对方接受自己的条件；磋商阶段又是一个双方认真听取对方的意愿、方针和条件，努力为对方着想，主动做出让步的过程，没有让步就不会有成功。

1）商务谈判磋商准则

（1）把握气氛准则

进入磋商阶段之后，谈判双方要针对对方的报价讨价还价。双方之间难免要出现提问和解释、置疑和表白、指责和反击、请求和拒绝、建议和反对、进攻和防守，甚至会发生激烈的辩论和无声的冷场。因此，在磋商阶段仍然要把握好谈判气氛，开局阶段可能已经营造出友好、合作的气氛，进入磋商阶段后仍然要保持这种气氛。

（2）次序逻辑准则

次序逻辑准则是指把握磋商议题内含的客观次序逻辑，确定谈判目标启动的先后次序与谈判进展的层次。

双方要通过磋商确定几个重要的谈判议题，按照其内在逻辑关系排列先后次序，然后逐题磋商。可以先磋商对后面议题有决定性影响的议题，此议题达成共识后再讨论后面的问题。也可以先对双方容易达成共识的议题进行磋商，将双方认识差距较大、问题比较复杂的议题放到后面去磋商。

（3）掌握节奏准则

磋商阶段的谈判节奏要稳健，不可过于急促。因为这个阶段是解决分歧的关键时期，双方对各自观点要进行充分的论证，许多认识有分歧的地方要经过多次交流和争辩。而且某些关键问题一轮谈判不一定能达成共识，要多次的重复谈判才能完全解决。

谈判者要善于掌握节奏,不可急躁,稳扎稳打,步步为营。一旦出现转机,要抓住有利时机不放,加快谈判节奏,不失时机地消除分歧争取达成一致意见。

（4）沟通说服准则

磋商阶段实质上是谈判双方相互沟通、相互说服、自我说服的过程,要充满信心去说服对方,让对方感觉到你非常感谢他的协作,而且你也非常乐意努力帮助对方解决困难。让对方了解你并非是"取",而是"给",要让对方真正感觉到赞成你是最好的决定。说服的准则是从"求同"开始,解决分歧,达到最后的"求同","求同"既是起点,又是终点。

2) 商务谈判让步策略

在商务谈判磋商阶段,对己方条件做一定的让步是双方必然的行为。如果谈判双方都坚持自己的阵线不后退半步的话,谈判永远也达不成协议,谈判追求的目标也就无法实现。

（1）让步的原则和要求

① 维护整体利益。整体利益不能因为局部利益的损失而造成损害,相反,局部利益的损失是为了更好地维护整体利益。谈判者必须十分清楚什么是局部利益,什么是整体利益。以最小让步换取谈判的成功,以局部利益换取整体利益是让步的出发点。

② 明确让步条件。让步必须是有条件的,绝对没有无缘无故的让步。让步可能是为了己方全局利益,为了今后长远的目标,或是为了尽快成交而不至于错过有利的市场形势等等。无论如何,让步的代价一定要小于让步所得到的利益。

③ 选择好让步时机。让步时机要恰到好处,不到需要让步的时候绝对不要做出让步的许诺。让步之前必须经过充分的磋商,时机要成熟,使让步成为画龙点睛之笔,而不要变成画蛇添足。

④ 确定适当的让步幅度。让步可能是分几次进行的,每次让步都要让出己方一部分利益。让步的幅度要适当,一次让步的幅度不宜过大,让步的节奏也不宜过快。

⑤ 不要承诺做出与对方同等幅度的让步。即使双方让步幅度相当,但是双方由此得到的利益却不一定相同。不能单纯从数字上追求相同的幅度,可以让对方感到己方也做出了相应的努力,以同样的诚意做出让步,但是并不等于幅度是对等的。

⑥ 不要轻易向对方让步。商务谈判中双方做出让步是为了达成协议而必须承担的义务,但是必须让对方懂得,己方每次做出的让步都是重大的让步,使对方感到必须付出重大努力之后才能得到一次让步,这样才会提高让步的价值,也才能为获得对方的更大让步打下心理基础。

⑦ 在让步中讲究策略。在关键性问题上力争使对方先做出让步,而在一些不重要的问题上己方可以考虑主动做出让步姿态,促使对方态度发生变化,争取他的让步。

⑧ 每次让步后要检验效果。己方做出让步之后要观察对方的反应。对方相应表现出的态度和行动是否与己方的让步有直接关系,己方的让步对对方产生多大的影响和说服力,对方是否也做出相应的让步。如果己方先做了让步,那么在对方做出相应的

让步之前,就不能再作让步了。

(2) 让步实施策略

① 于己无损让步策略。是指己方所做出的让步不会给己方造成任何损失,同时还能满足对方一些要求或形成一种心理影响,产生诱导力。

假如你是一个卖主,又不愿意在价格上做出让步,你可以在以下几方面做出无损让步:

a. 向对方表示本公司将提供质量可靠的一级产品;

b. 将向对方提供比给予别家公司更加周到的售后服务;

c. 向对方保证给其待遇将是所有客户中最优惠的;

d. 在交货时间上充分满足对方要求。

② 以攻对攻让步策略。是指己方让步之前向对方提出某些让步要求,将让步作为进攻手段,变被动为主动。当对方就某一个问题逼迫己方让步时,己方可以将这个问题与其他问题联系在一起加以考虑,在相关问题上要求对方做出让步,作为己方让步的条件,从而达到以攻对攻的效果。

③ 强硬式让步策略。是指一开始态度强硬,坚持寸步不让的态度,到了最后时刻一次让步到位,促成交易。这种策略的优点是起始阶段坚持不让步,向对方传递己方坚定信念,如果谈判对手缺乏毅力和耐心,就可能被征服,使己方在谈判中获得较大的利益。在坚持一段时间后,一次让出己方的全部可让利益,对方会有"来之不易"的获胜感,会特别珍惜这种收获,不失时机地握手成交。

④ 坦率式让步策略。是指以诚恳、务实、坦率的态度,在谈判进入让步阶段后一开始就亮出底牌,让出全部可让利益,以达到以诚制胜的目的。这种策略的优点是由于谈判者一开始就向对方亮出底牌,让出自己的全部可让利益,率先做出让步榜样,给对方一种信任感,比较容易打动对方采取回报行为。

⑤ 稳健式让步策略。是指以稳健的姿态和缓慢的让步速度,根据谈判进展情况分段做出让步,争取较为理想的结果。谈判者既不坚持强硬的态度寸利不让,也不过于坦率,一下子让出全部可让利益;既有坚定的原则立场又给对方一定的希望。每次都作一定程度的让步,但是让步的幅度要根据对方的态度和形势的发展灵活掌握。

3) 商务谈判僵局的处理

谈判僵局是指在商务谈判过程中出现难以再顺利进行下去的僵持局面。在谈判中谈判双方各自对利益的期望或对某一问题的立场和观点存在分歧,很难形成共识,而又都不愿做出妥协向对方让步时,谈判进程就会出现停顿,谈判即进入僵持状态。

(1) 谈判僵局产生的原因

① 立场观点的争执。双方各自坚持自己的立场观点而排斥对方的立场观点,形成僵持不下的局面。在谈判过程中如果双方对各自立场观点产生主观偏见,认为己方是正确合理的,而对方是错误的,并且谁也不肯放弃自己的立场观点,往往会出现争执,陷入僵局。

② 面对强迫的反抗。一方向另一方施加强迫条件,被强迫一方越是受到逼迫,就越不退让,从而形成僵局。

③ 信息沟通的障碍。谈判过程是一个信息沟通的过程,只有双方信息实现正确、全面、顺畅的沟通,才能互相深入了解,才能正确把握和理解对方的利益和条件。但是实际上双方的信息沟通会遇到种种障碍,造成信息沟通受阻或失真,使双方产生对立情绪,从而陷入僵局。

④ 谈判者行为的失误。谈判者行为的失误常常会引起对方的不满,使其产生抵触情绪和强烈的对抗,使谈判陷入僵局。

⑤ 偶发因素的干扰。在商务谈判所经历的一段时间内有可能出现一些偶然发生的情况。当这些情况涉及谈判某一方的利益得失时,谈判就会由于这些偶发因素的干扰而陷入僵局。

以上是造成谈判僵局的几种因素。谈判中出现僵局是很自然的事情,虽然人人都不希望出现僵局,但是出现僵局也并不可怕。面对僵局不要惊慌失措或情绪沮丧,更不要一味指责对方没有诚意,要弄清楚僵局产生的真实原因是什么,分歧点究竟是什么,谈判的形势怎样,然后运用有效的策略技巧打破僵局,使谈判顺利进行下去。

(2) 打破谈判僵局的策略与技巧

① 回避分歧,转移议题。当双方对某一议题产生严重分歧都不愿意让步而陷入僵局时,一味地争辩解决不了问题,可以采用回避有分歧的议题,换一个新的议题与对方谈判。

② 尊重客观,关注利益。当谈判者陷入僵局时,首先要克服主观偏见,从尊重客观的角度看问题,关注企业的整体利益和长远目标,而不要一味追求论辩的胜负,静下心来面对客观实际,为实现双方共同利益而设法打破僵局。

③ 多种方案,选择替代。在谈判准备期间就应该准备出多种可供选择的方案。一旦一种方案遇到障碍,就可以提供其他的备用方案供对方选择,使"山重水复疑无路"的局面转变成"柳暗花明又一村"的好形势。

④ 尊重对方,有效退让。采取有效退让的方法打破僵局基于三点认识:第一,己方用辩证的思考方法,明智地认识到在某些问题上稍做让步,而在其他问题上争取更好的条件。第二,己方多站在对方的角度看问题,消除偏见和误解。第三,这种主动退让姿态向对方传递了己方的合作诚意和尊重对方的宽容,促使对方在某些条件做出相应的让步。

⑤ 冷调处理,暂时休会。当谈判出现僵局而一时无法用其他方法打破僵局时,可以采用冷调处理的方法,即暂时休会。休会以后,双方情绪平稳下来,可以静静地思考一下双方的分歧究竟是什么性质,对前一阶段谈判进行总结,考虑一下僵局会给己方带来什么利益损害,环境因素有哪些发展变化,谈判的紧迫性如何等等。

⑥ 以硬碰硬,据理力争。当对方提出不合理条件,制造僵局,给己方施加压力时,特别是在一些原则问题上表现得蛮横无理时,要以坚决的态度据理力争,揭露对方故意

制造僵局的不友好的行为,使对方收敛起蛮横无理的态度,自动放弃不合理的要求。

⑦ 孤注一掷,背水一战。当谈判陷入僵局时,已方认为自己的条件是合理的,无法再做让步,而且又没有其他可以选择的方案,可以采用孤注一掷、背水一战的策略。将己方条件摆在谈判桌上,明确表示自己已无退路,希望对方能做出让步,否则情愿接受谈判破裂的结局。

4.3.3 商务谈判结束阶段

谈判结束阶段是谈判者最容易忽视而又最容易出问题的阶段。一方面,认为谈判已大功告成,紧张的情绪松弛下来,此时的精力已不充沛,注意力很容易分散,很容易出现差错和漏洞,使谈判留下隐患。另一方面,如果盲目乐观或盲目悲观,看不到终结谈判的时机,不能抓住机遇顺利终结,谈判目标将很难实现。所以在谈判结束阶段谈判者务必集中精力,正确判断谈判终结的时机,确定谈判结束的方式。

1)商务谈判终结的判定

商务谈判何时终结?是否已到终结的时机?这是商务谈判结束阶段极为重要的问题。谈判者必须正确判定谈判终结的时机,才能运用好结束阶段的策略。错误的判定可能会使谈判变成一锅夹生饭,已付出的大量劳动付之东流。谈判终结可以从以下三个方面判定。

(1)从谈判涉及的交易条件来判定

这个方法是指从谈判所涉及的交易条件解决状况来分析判定整个谈判是否进入终结阶段。谈判的中心任务是交易条件的洽谈,在磋商阶段双方进行多轮的讨价还价,临近终结阶段要考察交易条件经过多轮谈判之后是否达到以下三条标准,如果已经达到,那么就可判定谈判终结。

① 考察交易条件中尚余留的分歧。首先,从数量上看,如果双方已达成一致的交易条件占据绝大多数,所剩的分歧数量仅占极小部分,就可以判定谈判已进入终结阶段。

② 考察谈判对手交易条件是否进入己方成交线。成交线是指己方可以接受的最低交易条件,是达成协议的下限。如果对方认同的交易条件已经进入己方成交线范围之内,谈判自然进入终结阶段。

③ 考察双方在交易条件上的一致性。谈判双方在交易条件上全部或基本达成一致,而且个别问题如何做技术处理也达成共识,可以判定终结阶段的到来。

(2)从谈判时间来判定

谈判的过程必须在一定时间内终结,当谈判时间即将结束,自然就进入终结阶段。时间判定有以下三种标准。

① 双方约定的谈判时间。在谈判之初,双方一起确定整个谈判所需要的时间,谈判进程完全按约定的时间安排,当谈判已接近规定的时间时,自然进入谈判终结阶段。按约定时间终结谈判对双方都有时间上的紧迫感:促使双方提高工作效率,避免长时间

地纠缠一些问题而争辩不休。

② 单方限定的谈判时间。由谈判一方限定谈判时间,随着时间的终结,谈判随之终结。在谈判中占有优势的一方,或是出于对本方利益的考虑需要在一定时间内结束谈判;或是还有其他可选择的合作者,因此请求或通告对方在己方希望的时限内终结谈判。

③ 形势突变的谈判时间。本来双方已经约定好谈判时间,但是在谈判进行过程中形势发生突然变化,如市场行情突变、外汇行情大起或大落、公司内部发生重大事件等等,谈判者突然改变原有计划,比如要求提前终结谈判。

(3) 从谈判策略来判定

谈判过程中有多种多样的策略,如果谈判策略实施后决定谈判必然进入终结,这种策略就叫终结策略。终结策略对谈判终结有特殊的导向作用和影响力,它表现出一种最终的冲击力量,具有终结的信号作用。常见的终结策略有以下几种:

① 最后立场策略。谈判者经过多次磋商之后仍无结果,一方阐明己方最后的立场,讲清只能让步到某种条件,如果对方不接受,谈判即宣布破裂;如果对方接受该条件,那么谈判成功。

② 折中进退策略。折中进退策略是指将双方条件差距之和取中间条件作为双方共同前进或妥协的策略。

③ 总体条件交换策略。双方谈判临近预定谈判结束时间或阶段时,以各自的条件作整体一揽子的进退交换以求达成协议。双方谈判内容涉及许多项目,在每一个项目上已经进行了多次磋商和讨价还价。经过多个回合谈判后,双方可以将全部条件通盘考虑,做"一揽子交易"。

2) 商务谈判结果的各种可能

商务谈判结果可以从两个方面看:一是双方是否达成交易;二是经过谈判双方关系发生何种变化。这两个方面是密切相关的,我们根据这两个方面的结果联系起来分析,可以得出六种谈判结果:

(1) 达成交易,并改善了关系

双方谈判目标顺利完成,并且实现交易,双方关系在原有基础上得到改善,促进今后进一步的合作。

(2) 达成交易,但关系没有变化

双方谈判结果是达成交易,但是双方关系并没有改善也没有恶化。这也是不错的谈判结果。

(3) 达成交易,但关系恶化

虽然达成交易,但是双方付出了一定的代价,双方关系遭到一定的破坏或是产生阴影。这种结果从眼前利益来看是不错的,但是对今后长期合作是不利的,或者说是牺牲双方关系换取交易成果。

(4) 没有成交,但改善了关系

谈判没有达成协议,但是双方关系却得到良好发展。虽然由于种种原因双方没有达成交易,但是在谈判中双方经过充分的交流和了解,实现相互之间的理解和信任,都产生今后要继续合作的愿望。

(5) 没有成交,关系也没有变化

这是一种毫无结果的谈判,双方既没有达成交易,也没有改善或恶化双方关系。这种近乎平淡无味的谈判没有取得任何成果,也没有造成任何不良后果。

(6) 没有成交,且关系恶化

这是最差的结果,谈判双方在对立的情绪中宣布谈判破裂。双方既没有达成交易,又使原有关系遭到破坏;既没有实现眼前的实际利益,又对长远合作关系造成不良的影响。

3) 商务谈判结束的方式

商务谈判结束的方式不外乎三种:成交、中止、破裂。

(1) 成交

成交即谈判双方达成协议,交易得到实现。成交的前提是双方对交易条件经过多次磋商达成共识,对全部或绝大部分问题没有实质上的分歧。成交方式是双方签订具有高度约束力和可操作性的协议书,为双方的商务交易活动提供操作原则和方式。由于商务谈判内容、形式、地点的不同,成交的具体做法也是有区别的。

(2) 中止

中止谈判是谈判双方因为某种原因未能达成全部或部分成交协议而由双方约定或单方要求暂时终结谈判的方式。中止如果是发生在整个谈判进入最后阶段,在解决最后分歧时发生,就是终局性中止,并作为一种谈判结束的方式被采用。中止可分为有约期中止与无约期中止。

(3) 破裂

谈判破裂是指双方经过最后的努力仍然不能达成共识和签订协议,交易不成,或友好而别,或愤然而去,从而结束谈判。谈判破裂的前提是双方经过多次努力之后,没有任何磋商的余地,至少在谈判范围内的交易已无任何希望,谈判再进行下去已无任何意义。谈判破裂依据双方的态度可分为友好破裂结束谈判和对立破裂结束谈判。

达成协议意味着谈判获得成功和基本结束,同时也标志着双方新的合作和交易工作的开始。因此,在结束阶段双方仍然要努力营造良好的气氛,表达对对方真诚合作的谢意,使谈判的履约阶段及后续合作顺利进行。

【案例】忽视民族传统习俗给商务谈判带来的后果

一个中国谈判小组赴中东某国进行一项工程承包谈判。在闲聊中,中方负责商务条款的成员无意中评论了中东盛行的伊斯兰教,引起对方成员的不悦。当谈及实质性问题时,对方较为激进的商务谈判人员丝毫不让步,并一再流露撤出谈判的意图。

问题:

(1) 案例中沟通出现的障碍主要表现在什么方面?

(2) 这种障碍导致谈判出现了什么局面?

(3) 应采取哪些措施克服这一障碍?
(4) 从这一案例中,中方谈判人员要吸取什么教训?

案例分析:

(1) 案例中沟通出现的主要障碍在中方负责商务条款的成员无意中评论了中东盛行的伊斯兰教。

(2) 这种障碍导致对方成员的不悦,不愿意与中方合作。

(3) 应该为此向对方成员道歉。

(4) 中方谈判人员在谈判前应该了解对方的习俗及喜好,避免类似情况再次发生,正所谓知己知彼才能百战百胜。

【案例】谈判前充分准备的重要性

我国某冶金公司要向美国购买一套先进的组合炉,派一高级工程师与美商谈判,为了不负使命,这位高工做了充分的准备工作,他查找了大量有关冶炼组合炉的资料,花了很大的精力对国际市场上组合炉的行情及美国这家公司的历史和现状、经营情况等了解得一清二楚。谈判开始,美商一开口要价150万美元。中方工程师列举各国成交价格,使美商目瞪口呆,终于以80万美元达成协议。当谈判购买冶炼自动设备时,美商报价230万美元,经过讨价还价压到130万美元,中方仍然不同意,坚持出价100万美元。美商表示不愿继续谈下去了,把合同往中方工程师面前一扔,说:我们已经作了这么大的让步,贵公司仍不能合作,看来你们没有诚意,这笔生意就算了,明天我们回国了,中方工程师闻言轻轻一笑,把手一伸,做了一个优雅的请的动作。美商真的走了,冶金公司的其他人有些着急,甚至埋怨工程师不该抠得这么紧。工程师说:放心吧,他们会回来的。同样的设备,去年他们卖给法国只有95万美元,国际市场上这种设备的价格100万美元是正常的。果然不出所料,一个星期后美方又回来继续谈判了。工程师向美商点明了他们与法国的成交价格,美商又愣住了,没有想到眼前这位中国商人如此精明,于是不敢再报虚价,只得说:现在物价上涨得利害,比不了去年。工程师说:每年物价上涨指数没有超过6%。一年时间,你们算算,该涨多少?美商被问得哑口无言,在事实面前,不得不让步,最终以101万美元达成了这笔交易。

问:分析中方在谈判中取得成功的原因及美方处于不利地位的原因?

案例分析:

对于这个案例,明显地可以看出,中方工程师对于谈判技巧的运用更为恰当准确,赢得有利于己方利益的谈判结果也是一种必然,下面分别从中美各方谈判人员的表现来进行分析。

首先,从美方来看。可以说存在以下这么几个问题,或者是其谈判败笔所在。

(1) 收集、整理对方信息上没有做到准确、详尽、全面。从文中来看,重要的原因可能是:没有认清谈判对象的位置。美商凭借其技术的优势性以及多次进行相类似交易的大量经验,轻视对手,谈判前就没有做好信息收集工作,于是在谈判中步步在对方大量信息的面前陷于被动,一开始就丧失了整个谈判的主动权。

(2) 谈判方案的设计上,没有做到多样与多种。在对方的多次反击中,仓促应对。针对其谈判方式设计的单一化,估计有着以下几个原因:① 过早的判定问题,从文中可推测出,美方一开始就认为此行不会很难,谈判结果应该是对己方利益更有利;② 只关心自己的利益,美方以其组合炉技术的先进为最大优势,铁定会卖个高价,但并未考虑到中方对此的急迫需求与相应的谈判准备,在对方信息攻击下,频频让步。

(3) 在谈判过程中,希望用佯装退出谈判以迫使对方做出让步,无奈在对方以资料为基础辨别出其佯装的情况下,该策略失败。

其次,从中方来看,胜利的最关键一点在于对对方信息充分的收集整理,用大量客观的数据给对方施加压力,从收集的内容可看出,不仅查出了美方与他国的谈判价格(援引先例),也设想到了对方可能会反驳的内容并运用相关数据加以反击(援引惯例,如物价上涨指数没有超过6%),对客观标准作了恰到好处的运用。真可谓做到了中国古语所说,知己知彼,百战不殆。当然。除这个原因外,中方的胜利还在于多种谈判技巧的运用:① 谈判前,评估双方的依赖关系,对对方的接收区域和初始立场(包括期望值和底线)做了较为准确的预测,由此才能在随后的谈判中未让步于对方的佯装退出。② 谈判中,依靠数据掌握谈判主动权,改变了对方不合理的初始立场。③ 在回盘上,从结果价大概处于比对方开价一半略低的情况可推测,中方的回盘策略也运用较好。

总结:商务谈判中的各种技巧,对于在各种商战中为自己赢得有利位置,实现自己利益的最大化有着极其重要的作用,但我们也要注意的是,技巧与诡计、花招并不相同,前者要求的是恰如其分,既要赢,也要赢得让对方心服口服,赢得有理有据。只有这样,对于谈判技巧的运用,才是真正的游刃有余。

复习思考题

1. 商务谈判的主要特征和主要职能是什么?
2. 商务谈判的程序一般包括哪些阶段及环节?
3. 商务谈判应遵循哪些主要原则?
4. 商务谈判礼仪有何作用?
5. 如何评价商务谈判的成败?
6. 谈判开局阶段的基本任务和目标是什么?
7. 为什么说磋商阶段实质上是双方相互沟通和说服的过程?
8. 谈判为什么会让步?在什么情况下选择让步?
9. 谈判结果有哪几种?哪一种是最可取的,为什么?
10. 当进入商务谈判开局阶段时,可以采取哪些应对策略?

5 理货业务

在货物装卸过程中,按货运票据对货物进行点数、计量、清理残缺、分票、分标志和现场签证、办理交接手续等工作是货物运输不可缺少的内容,是保证运输生产顺利进行的前提条件,对承、托双方履行运输契约,保质保量地完成运输任务,提高运输管理水平,都具有重要意义。本章主要内容包括理货概述和理货业务。

5.1 概述

理货概述这一节主要介绍理货的概念、理货的意义、理货的性质、理货的原则、理货的类型、对理货人员的要求、理货工作职责、主要理货行业标准与规范这些方面的内容。

1) 理货的概念

理货(TALLY)是指在货物运输过程中,船方或货主根据运输合同在装运港和卸货港接收和交付货物时,委托港口的理货机构代理完成的在港口对货物进行计数、核对货物标志、检查货物残损、指导和监督货物的装卸和装舱积载、绘制积载图、办理货物交接手续、提供有关理货单证等业务的总称。

理货是随着海上贸易运输的出现而产生的,15世纪末的地理大发现,给欧洲带来前所未有的商业繁荣,葡萄牙、西班牙、荷兰、英国、法国、德国等开始活跃于国际贸易的大舞台,国际贸易运输迅速发展,外轮理货业务随之发展完善起来。理货英文含义为计数用的筹码,最早的理货工作就是计数。

理货是随着国际贸易运输的出现而产生的,尤其是海上贸易运输的出现更显现出外轮理货的独特作用。在海上贸易运输中,最初的交易是由卖方随船与买方直接交易货物的,也就是买卖双方当面点交点接,自行理货。随着贸易的发展,船方理货代替了卖方随船交易理货,即有船方分别与买卖双方共同计数交接货物。船方的理货工作由最初的船员兼任的,后来在船上配备了专职的理货人员,最后演变成港口的理货机构代办。

2) 理货的意义

理货的意义主要体现在以下几个方面:

(1) 是对外贸易和国际海上货物运输中不可缺少的一项工作。它履行判断货物交接数字和状态的职能,对承、托双方履行运输契约,船方保质保量地完成运输任务,都具有重要意义。

(2) 对保障航行安全和货物在运输途中的安全,具有十分重要的意义。理货员监督指导货物积载,避免船舶配载、装载不当带来的安全隐患。

(3) 外轮理货是一个具有公正性的工作,对货物的数字和残损能够起到公正作用,所出具的单证具有法律效力。

(4) 理货工作关系到承、托运双方的经济利益,理货数字准,残损分得清,有利于分清双方的责任,维护双方的正当权益。反之,就会造成一方或双方的经济损失。

(5) 外轮理货在一定程度上能够影响到国家对外贸易的顺利进行和发展。出口货物,理货把最后一道关;进口货物,理货把第一道关。它对于买卖双方履行贸易合同,按质按量的交易货物,促进贸易双方的相互信任具有重要意义。

3) 理货的性质

理货是一项脑力和体力劳动相结合的现场管理工作,是为船舶运输服务的工作。由于各国理货机构的服务宗旨不同,理货的性质也不同。我国的外轮理货是以社会公益为目的的,所以我们的理货工作宗旨是:严守公正立场,遵循实事求是的原则,维护委托方的正当权益。

外轮理货的性质:

(1) 公正性。理货人员严格履行自己的职责,遵守工作纪律,坚持原则,认真按照理货工作程序和有关规定行事,在理货工作中,不受来自各个方面的干扰和影响,能独立的公正的做出判断,始终以客观的理货凭证说话。

(2) 服务性。理货是一项为船舶运输服务的工作,理货人员需要牢固树立全心全意为客户服务的意识,要有必需的理货服务硬件条件(仪器、设备、工具等)以及相应的服务能力(理货知识、技能等)。

(3) 涉外性。理货工作主要涉及外贸运输业务,需要与世界各国贸易伙伴打交道,是一项涉外性非常强的工作。

(4) 国际性。对外贸易运输业务中广泛应用国际贸易准则、惯例、国际通用做法,因此,理货工作需要适应国际性要求,全面熟悉相关法律、法规。

4) 理货的原则

在理货过程中,必须坚持以下原则:

(1) 实事求是的原则。坚持公正立场,以事实为依据,维护外贸进出口货物交接各方的正当权益。

(2) 船边交接的原则。理货必须以船边这个界限进行货物交接,交接前由交方负责,接货后由接方负责,以此来划分承、托双方的责任。船边交接的原则是确定理货方法和理货员工作岗位的依据,是办理理货交接、划分责任界限的原则。

(3) 一次签证的原则。理货人员提请船方签认的理货结果,以一次为准,不得随意更改签证结果。

5) 理货的类型

(1) 按理货形式分:自行理货与专业理货;

(2) 按理货性质分:公正性理货和交接性理货;

(3) 按理货规则分:委托理货与强制性理货;

(4) 按照船舶航行区域分:内贸船舶理货和外轮理货。

6) 对理货人员的要求

(1) 全面熟悉交通运输部门的货物运输规章制度,认真执行交通部门制定的《货规》《管规》,能妥善处理理货工作中发生的有关问题。

(2) 全面熟悉货物运输业务。熟悉普通、特种、危险货物运输、搬运、装卸、堆码、保管的相关业务操作和安全要求。

(3) 熟悉各种运输工具的类型、吨位、容积,根据各种货物的特性、包装、体积、重量合理使用运输工具。

(4) 熟悉现有理货工作的先进技术,能对本职工作提出改进方案,并具有组织实施能力,以提高理货工作效率。

(5) 办事公正,作风正派,坚持实事求是的原则。

7) 理货工作职责

(1) 专业理货人员工作职责

① 执行理货交接制度;

② 严格验收货物和检查包装、标记;

③ 办理货运票据和货物交接手续;

④ 确保货物计数准确;

⑤ 负责编制货运事故记录;

⑥ 指导装卸工组与水手按单装卸;

⑦ 检查、处理残损货物;

⑧ 协助船舶做好货物的积载工作。

(2) 装卸工组理货的主要职责

① 严格执行操作规程;

② 按单进行装卸、分票、堆码整齐;

③ 检查货物包装标记,挑出残损,报告专业理货人员处理;

④ 在装卸、搬运货物的同时,负责清点计数;

⑤ 与专业理货人员按票核对货物。

(3) 水手理货主要职责

① 检查装卸的货物,监督装卸作业;

② 分票,对货物进行隔离,不混装、混卸;

③ 准确地进行受、交计数;

④ 清理残损货物;
⑤ 集中地脚货,移交港口处理。
8) 主要理货行业标准与规范
理货工作中依据的行业标准与规范有:
(1) 理货操作规程
我国主要的理货操作规程有《中国外轮理货公司理货规程》《理货业务操作规程》《水尺公估操作规程》以及《水陆运输易流态化固体散装货物取样和监装操作指南(试行)》。
(2) 理货单证
《理货单证》(Tally documents),交通运输行业标准。
(3) 理货费率
理货费率依据主要有《航行国际航线船舶及外贸进出口货物理货收费规则》和《水陆运输易流态化固体散装货物取样和监装服务收费标准》。
(4) 理货人员管理
交通运输部制订了《理货人员从业资格管理办法》《理货人员从业资格考试实施办法》《理货人员从业资格考核认定办法》。

5.2 理货业务

理货业务主要介绍我国外轮理货工作的演变、外轮理货组织机构、理货业务范围、理货单证、理货岗位、理货依据、理数、溢短货物的处理、核对标志、理残、理货交接、衬垫和隔票、混票和分票、分港理货、附加理货、签证和批注以及理货责任等内容。

1) 理货业务的提出
按照国际航运惯例,船舶在港口装卸货物时,要通过理货机构办理交接。各国理货机构对船舶理货,有的是强迫性的,有的是委托性的。
在我国,交通部颁布的《港口货物作业规则》中,"国际运输以件交接货物、集装箱货物和集装箱,船方应当通过理货机构与港口经营人交接。"
2) 我国外轮理货工作的演变
理货随着水上贸易运输的出现而产生,经历货方随船自行理货、委托船方理货、委托专门的理货机构代理理货几个阶段。
(1) 私人公正行
1840年鸦片战争以后,开放5个通商口岸(广州、福州、宁波、上海、厦门),外轮货物大量涌进,理货工作应运而生,但都是私人开办,所以被称为私人公正行。
(2) 国营理货机构
新中国成立后,对外开放港口理货业的改造1956年—1958年完成,在这以前,外轮理货隶属于外轮代理公司,1959年开始,理货从外代划出,成为一个专业公司。

(3) 全国统一的理货组织

随着我国经济的快速发展,对外贸易不断扩大,港口与海上运输业务日益繁忙,交通运输部设立全国统一的理货组织。

3) 外轮理货组织机构

(1) 总公司。中国外轮理货总公司是交通运输部下属单位,是各分公司的首脑机关。

(2) 分公司。是总公司按港口理货业务需要设立的下级组织。理货业务上受总公司指导,行政上受当地港务局领导。

(3) 基层理货组织(队、站、办事处)。是各分公司根据码头及作业情况设立的负责具体理货业务的基层组织。

此外,总公司会向下级机构派遣理货质量监督员,理货质量监督员具有以下权限:

(1) 有权要求分公司和理货人员正确执行有关理货工作的方针、政策和理货规章、制度;

(2) 有权要求现场管理人员制止违章作业;

(3) 有权参加分公司的业务会议、理货质量评比会议;

(4) 有权检查船舶资料、理货单证、报表和理货费收情况;

(5) 有权查阅理货质量统计报表、单船报表、重大理货事故调查报告以及有关理货质量的总结材料;

(6) 有权召开有关单位座谈会,听取对理货工作的意见和要求;

(7) 有权直接向总公司反映分公司的理货质量情况,参与重大理货差错事故的处理。

4) 理货业务范围

理货业务的主要业务范围:

(1) 根据进口舱单和出口装货单,核对货物上的主标志是否相符,按票理清货物数字、分清或剔除残损货物,办理货物交接签证手续。

(2) 指导和监督货物装舱积载、隔票和分票卸货,分清货物工残、原残。

(3) 根据理货结果,出具进口货物溢短、残损证明,签批出口货物装货单,提供原始理货单证。

(4) 根据货物实际装船情况,绘制积载图,制作分舱单。

(5) 船舶配载和货物挑样、分规格等。

(6) 集装箱装卸船的理箱和装拆箱的理货业务。

(7) 丈量货物尺码,计算货物容积。

(8) 办理散装货物装卸船的单证手续业务,包括提供装卸进度,分清货物残损,办理交接签证手续,提供理货单证。

(9) 港区外理货;随船理货;出国理货。

(10) 其他委托理货业务。现在是信息时代,还包括理货电子信息交换业务;航空理货等其他相关及委托业务。

5）理货单证

理货工作中主要的单证有：

（1）理货委托书（APPLICATION FOR TALLY）

（2）计数单（TALLY SHEET）

（3）现场记录（ON-THE-SPOT RECORD）

（4）日报单（DAILY REPORT）

（5）待时记录（STAND-BY-TIME RECORD）

（6）货物溢短单（OVERLANDED/SHORTLANDED CARGO LIST）

（7）货物残损单（DAMAGED CARGO LIST）

（8）分港卸货单（DISCHARGING REPORT IN SEPARATE PORTS）

（9）货物分舱单（CARGO HATCH LIST）

（10）货物积载图（STOWAGE PLAN）

（11）复查单（RECHECKING LIST）

（12）更正单（CORRECKTION LIST）

（13）分标志单（LIST OF MARKS ASSORTING）

（14）理货证明书（TALLY CERTIFICATE）15

（15）理货账单（STATEMENT OF TALLY ACCOUNT）

（16）查询单（CARGO TRACER）

6）理货岗位

理货岗位：舱内、甲板、船边。理货岗位确立的根据：

（1）F.O.B.（Free On Board）

"船上交货价"或称"离岸价格"："船上交货（……指定装运港）"是当货物在指定的装运港越过船舷，卖方即完成交货。这意味着买方必须从该点起承当货物灭失或损坏的一切风险。FOB术语要求卖方办理货物出口清关手续。

（2）C.I.F.（Cost，Insurance and Freight）

"成本加保险费、运费"或"到岸价格"：是指在装运港当货物越过船舷时卖方即完成交货。卖方必须支付将货物运至指定的目的港所需的运费和费用，但交货后货物灭失或损坏的风险以及由于各种事件造成的任何额外费用即由卖方转移到买方。但是，在CIF条件下，卖方还必须办理买方货物在运输途中灭失或损坏风险的海运保险。

（3）CFR（C&F/CNF）（Cost and Freight）

"成本加运费"或"离岸加运费"价格，与CIF的区别在于不用办理货物在运输途中灭失或损坏风险的海运保险，其由买方负责。

7）理货依据（BASE OF TALLY）

（1）理货依据的含义

能够用来检查、核对货物的数字和标志是否符合要求的单证资料，称为理货依据。如进口舱单、出口装货单、集装箱装箱单等，都是理货依据。

(2) 理货依据是判断货物是否符合要求和数字溢短的根据,因此要更改理货依据,必须办理更正手续。

(3) 理货依据通常由委托方提供,如果委托方不能及时提供理货依据,则理货不负责判断货物是否符合要求和数字是否溢短。

8) 理数

(1) 理数(COUNT)的含义

在船舶装卸货物过程中,记起吊货物的钩数,点清每钩内的货物细数,计算货物数字,称为理数、计数。

基本要求:理货人员必须先来后走。

为防止错点钩内细数,要求理货人员必须做到腿勤、眼勤、手勤,抓住货物起吊的各个机会,清点货物的六个方位,确保每钩内细数准确。

(2) 理货的方法

① 发筹理数。对每钩货物发一支筹码,凭筹码计算货物的数字,称发筹理数。这是最原始的理数方法。发筹理数的前提是每钩货物件数必须相等,每支筹码代表每钩同等的数字货物。这种方法适用于定量包装的和定钩码货的大宗货物。发筹理数时必须做到三定(定钩、定量、定型),并且作业过程中一般不得更改,作业过程中必须按顺序收发筹码,筹码用完时必须核对无误,每工班结束时必须认真核对剩余筹码;收发筹码要确定适宜的位置和时间,以免重发或漏发。特别是在双方当面收发筹码时,一般最好在起吊前将筹码拿在手中,起吊后即发筹码。

② 划钩计数。逐钩清点货物数字,按钩填制计数单,称划钩理数。这种方法适用于各种货物。计钩理数时,交接双方应在同时在作业现场,便于及时核对数字,防止各计各的数最后出现数字不一致的情况。

③ 挂牌理数。对每钩货物挂一只小牌,凭牌计算货物数字,称为挂牌理货。这是发筹理数的演变形式,小牌一般用金属或塑料等材料制成,上面有顺序编号。这种方法适用于定量包装和定钩码的大宗货物。

④ 小票理数。按每钩货物数字填发小票,交接双方各执一联,凭票计算货物数字,称为小票理数。小票是一种有顺序编号的两联单,这种方法适用于各种货物。收发小票时必须保证使核对货物与小票记载的内容相符。

⑤ 点垛理数。是指在码头库场按一定要求堆码成型的货物,按垛点清货物数字,称为点垛理数。这种方法不适用于外贸运输的货物,但在特定条件下,如舱内、船边不易按钩点清数字的货物,在货垛外表能点清数字的条件下的一种辅助的理货方法。点垛作业时,要注意盘头、垛顶、垛前、桩脚四周的情况,防止漏点、错点,同时要注意是否有夹垛和缺垛的现象。点垛后的数字要与桩脚牌上记载的数字核对,如不相符,应查明情况后方可装船。点垛作业过程中和每工班结束后,一定要检查搬运道路和货垛四周是否有掉件,防止遗漏。

⑥ 抄号理数。记录每件货物的号码,据以计算货物的数字,称为抄号理数。一般

货物的包装上都印有件号,一个号码代表一件货物,尤其是成套设备,因此这种方法适用于成套设备和有特使要求的货物。

⑦ 自动化理数。这是一种科学仪器作为计数工具的理数方法。目前在世界各港口最普遍的使用计数工具,就是在输送带上安装一个自动计数器。这给理货工作带来了方便,减轻了理货人员的负担,但是一旦机器失灵,就会出现计数数字与实际装卸货物数量不符的严重后果,因此自动理数仍需要人去进行监督。

⑧ 签卡理数。交接双方共同在运输工具携带的货物计量交接卡上签字认可,并凭此累计计算的货物数字的理数方法。该方法多用于前后方倒载的定量大宗货物。

9) 溢短货物的处理

(1) 溢短货物的含义

船舶承运货物,在装货港以装货单数字为准,在卸货港以进口舱单为准。当理货数字比装货单或进口舱单数字溢出时,称为溢(OVER);短少时,称为短(SHORT)。

(2) 溢短货物产生的原因

出口时:

① 是发货人数字不准或标志不清;

② 是港口漏装或错装;

③ 是装船途中掉件或落水;

④ 是理货数字不准。

进口时:

① 是发货人数字不准或标志不清;

② 是装货港漏装、错装或散件;

③ 是装舱混乱,卸船时遗漏在船上;

④ 是装货港理货数字不准;

⑤ 是船舶运输途中错卸、漏卸、被盗或发生海事;

⑥ 是卸货港收货数字不准;

⑦ 是卸货港理货数字不准。

(3) 理货差错的防止

① 理货员的高度责任心是防止理货差错的关键;计数方法正确、合理与否,对防止理货差错有着重大的影响;理货长认真复核理货数字,对避免和纠正理货差错有重要作用。

② 理货员要坚守岗位,坚持逐钩点清数字,对同一包装的大宗货物,要严格定量关,对件杂货要认真复核标志,要防止漏钩和重钩。

③ 坚持船边交接的原则,当钩、当班交接清。

④ 工班结束时,要认真检查作业沿线,防止掉件、漏件;检查舱内、库场内货物情况,防止漏装、错装、漏卸、错卸。

⑤ 对散件货物,要尽量折合成原件;对无标志或标志不符货物,要尽量归入原票,

减少溢短签证。

⑥ 认真填制和详细检查理货单证,防止单证处理错误。

(4) 溢短货物的处理

① 出口货物按装货单数字和货主向海关申报的数字装船,如实际货物与海关申报一致但多出装货单时,对溢出的货物不能装船,如发货人要求装船时,必须由发货人联系船舶代理更改装货单手续后方可装船。对短少的货物,联系发货人补货、退关或更改装货单数字,理货人员按理货数字批注装货单。如发货人无法补足货物,应将整票货物退关,或有发货人更改装货单手续。如发货人既不退关也不更改装货单,理货长必须要按理货数字批注装货单。如果实际货物与装货单一致而与海关申报单不符,必须要求货主重新申报。

② 进口货物按照进口舱单数字卸船,对溢出或短少的货物,编制货物溢短单;对散件的货物,尽量折合成原件,如无法折合时,按短件溢支处理;对无标志或标志不符的货物,按溢卸货物处理;对不同票的相同货物,联系有关单位确认后,方可溢短相抵,如仍有溢短,再按溢短货物处理。

③ 对进口舱单未列入的货物,如标志完全不符或卸货港非我国港口的,不能卸船。如船方要求卸船时,通过其代理人办妥海关手续后,方可卸船。

10) 核对标志(CHECK MARK)

检查货物上的主标志与装货单或进口舱单上的主标志是否相符,称为核对标志。核对标志对于防止货物错装、错卸具有重要作用。

(1) 对同一包装的货物,可采取每钩抽查的方法,核对标志。

(2) 对标志近似的同包装、不同票的货物,要着重检查标志的差异部分。

(3) 对不同包装的货物,要逐件检查标志。

(4) 对标志不符、不清或无标志的货物,要联系收货人或其代理人确认可否归入同票货物中,以减少溢短签证。

(5) 对散件或抽检的货物,要尽量归入原票货物中,以减少溢短签证。

11) 理残

(1) 理残的含义

理残是理货过程中的一项重要工作,其工作的内容主要是在船舶装卸时,理货人员检查货物的包装或外表是否有异常状况。货物的包装或外表出现破损、污损、水湿、锈蚀、异常变形等现象,并危及或可能危及货物质量或数量,称为残损(DAMAGE)。但木材干裂、货物的自然减量除外。

理货人员对船舶承运的货物在装卸时检查货物包装或外表是否有异常情况,剔除残损货物,记录残损货物的积载部位、残损情况和数目,并通知船方当班复验和签认,称为理残,亦称分残(DAMAGE ASSORTING)。

货物在装卸过程中造成的残损,称为工残(STEVEDORING DAMAGE);起卸前在船上发现的残损,称为工残(ORIGINAL DAMAGE),亦称船残。

理残对保证货物完整无损的装、卸船,分清工、原残,具有重要作用。

(2) 货物残损的类型及责任划分

① 原残

卸船货物起卸前在船上发现的残损由船方负责;装船货物装船前在船边发现的残损由港方或货方负责。

② 工残

在装卸船过程中造成的货物残损,由港方负责。

③ 意外事故残损

在装卸船过程中,因各种潜在因素造成意外事故导致货物残损。这类残损责任比较难以判断,容易发生争执,理货人员不要轻易判断责任,需要寻找客观证据甚至专家的鉴定结论。

④ 自然灾害事故残损

在装卸船过程中,因人力不可抗拒因素造成自然灾害给货物带来的残损。如突降暴雨、台风等,对此理货人员要慎重判断责任方。

(3) 理残的任务

① 查明残损货物的受损情况

首先根据装货单或进口舱单核对残损货物的标志、件号和包装,查明其归属哪一票;其次仔细检查残损货物包装外表受损情况;最后,确定残损货物的受损范围和程度。

② 理清残损货物的数量

区分清楚好货与残货,理清残损货物的数量,以供有关部门办理海事理赔参考。

③ 明确残损货物的责任方

通过深入细致的理残工作,查明残损货物产生的原因、时间、地点,按照货物残损的类别和责任划分的规定,明确残损货物的责任方。

(4) 残损的原因

① 货物包装不牢固或包装质量不符合要求;

② 货物本身的潜在缺陷或自然特性;

③ 船舶设备不良;

④ 货物装舱积载不当;

⑤ 船舶发生海事;

⑥ 装卸作业不当;

⑦ 气象原因。

(5) 理残货物的处理

① 分清原残和工残;

② 确定原残货物在舱内的部位、数字和残损情况,编制现场记录,取得船方签字;

③ 确定工残货物的数字和残损情况,编制现场记录,取得装卸工组签字;

④ 根据原残的现场记录,由理货长汇总编制货物残损单,取得大副或船长签字;

⑤ 出口货物发生残损，原则上不能装船，应由发货人换货或整修，发货人无法换货或整修的，理货人员对货物的外表状况要如实批注装(收)货单；

⑥ 进口货物发现原残，可随时通知船方验看，也可集中验看，但都要编制现场记录（记录残损货物的数目、积载部位和残损情况）；

⑦ 卸货过程中造成的工残，要取得责任者的签认，如责任者拒不签认时，可将情况记录备查。未经理货人员确认而卸下船的残损货物，原则上按工残处理；

⑧ 货物包装发生轻微残损，但不可能危及内货质量或数量时，可不作为残损货物处理；

⑨ 船舶发生海事，所载货物按港口当局的意见处理。

12）理货交接

（1）理货交接的含义

承、托运双方通过理货人员办理货物交接手续，称为理货交接。理货交接是国际海上货物运输中的习惯做法。

（2）理货交接的方法

① 在货物交接时，船方和货方都要委托各自的理货人员代办货物交接手续。

② 双方理货人员在船边按钩交接货物，为确保双方数字的一致，通常采取一唱一应的办法，即一方唱第几钩多少件，另一方应第几钩多少件。如果是定量钩，可免唱件数。

③ 在装卸告一段落时，如工人吃饭、休息、停工等，双方理货人员要互相核对计数单，最好互相签字，溢短一结。

④ 在按钩交接清的前提下，双方理货人员要按班互相签字，一班一清，除非事实证明且被双方承认船边交接数字有误，否则不得更改船边交接理货数字。

（3）理货交接的要求

① 船方或货方理货人员要当面交接，不要靠信用交接。

② 双方要有交有接，不要单方有交无接或单方有接无交现象。

③ 双方要在船边交接，不要离开船边到仓库或其他地方交接。

④ 双方要按钩交接，不要点垛交接。

⑤ 双方要恪尽职守，各自理货、制单，不要互相代替，相互抄袭。

⑥ 双方要敢于对自己理货的结果负责，不要无故推翻自己理货的结果。

装卸船舶作业结束后 2 小时内（集装箱船舶要求在 20 分钟内）为整理理货单证、办理交接手续和签证的正常时间，因特殊情况不能按规定时间内完成交接手续时，外轮理货人员要及时通知港口调度。未办理完交接手续的船舶不得开航，对延误船舶开航或漏签单证造成的损失由责任方负责。

13）衬垫和隔票

（1）衬垫（DUNNAGE）

装货时在船舶装货部位和货舱内四周处铺放木板、草席、帆布等物料，减轻船舶受载部位的压力，使货物不直接接触舱底板和舱壁，减少货物受损，保证船、货安全的操作叫作衬垫。

① 衬垫的作用：保护货物不被压坏、汗湿、水湿，保持货物通风，防止货物移动，保护船体不被冲击、擦损、腐蚀，防止船体强度遭到破坏。

② 衬垫的方法：

a. 防止货物水湿的衬垫

装载袋装、捆包等怕湿货物，在舱壁、舱底、舷壁等处加以衬垫。在舱底是视具体情况铺垫1—2层具有一定厚度的木板（一般可铺垫木板一、二层。如铺一层，要纵向即顺船舶首尾方向铺垫；如铺两层，下层要横向铺垫，上层要纵向铺垫）在污水沟和排水孔处留出空挡，以使污水通畅。

b. 舱壁及舷壁衬垫

一般用席子、草片、帆布、木板等物料衬垫舱壁和舷壁，以防汗湿货物，保护壁板，但要注意防止阻塞汗水下流和舱内通风。对于安装护板的船舶可不加衬垫。

c. 对易发热、腐烂的货物，在木板上面加一层席子或帆布。对大宗粮食，要留通风道。舱口边缘、横梁下面，要铺几层席子或帆布，防止汗湿顶部货物。

d. 防止货物压损、移动的衬垫

当装运包装不太坚固的货物时，或其包装虽然坚固但需要堆码较高时，为了防止下层货物压损或垛堆倒塌，货物移动，可视具体需要每装一层或几层铺设一层衬垫，以保持货件受力均匀。

e. 在污水沟附件等底面不平处装载箱、桶类货物或舱内装载重大件或装载块状钢铁货物时，为了防止移动或滑动，可用木楔、垫木等垫平，或用撑木固定，或在舱底铺设垫料以增加货物与舱底之间的摩擦力。

f. 防止货物撞击、腐蚀船体和甲板局部超负荷的衬垫

当装载某些危险货物（特别是爆炸品、腐蚀品等时，要在舱底和舱壁、舷壁等处按具体情况垫以锯末、刨花、草席、泡沫塑料、木板等防撞击或防腐蚀材料，以避免危险品货物包件与船体接触或撞击，防止腐蚀船体或碰撞产生火花而引起爆炸。当甲板或舱内装运重大件货物时，要在底部衬垫木板或钢板、方木等，以扩大甲板受力面积，减少单位面积的负荷，防止甲板局部受损。

(2) 隔票（SEPARATION）

将货物按票分开装船积载，使之不相混淆，称为隔票。由于不同提单号的货物，有在不同港口卸货的、有的是在同一港口但分属不同的收货人的货物，根据不同的要求和需要，这些货物在装船时要分别进行隔票工作。

① 隔票的作用：防止货物混乱，保护货物质量，便于卸货港卸货、交接。

② 隔票的要求：

对不同卸货港的货物、同包装不同收货人的货物、转船货物、过境货物等，要分隔清楚，防止隔票不完全，界限不清楚、串货、混装等现象。

直达货物要按不同的卸货港进行隔票；同一卸货港、同一包装不同的收货人的货物

在一个舱内装载时,一定要按票或按批用相应的物料进行隔票。

转船货物与直达货物,不同的转口港的货物装在同一舱内,必须按不同的转口港隔票;同一转口港,但目的港不同也要进行相应的隔票。

货物在装船时尚未确定卸货港的,要按不同的选择港口进行隔票;在不同选择港隔票的基础上,相同的选港的每一票货物都要进行隔票,便于在任何一个选择港都能随时卸下。

③ 隔票的方法

可用不同包装的货物进行自然隔票,也可用网络、草片、帆布、木板、席子、绳子、涂料纸张等进行隔票。如件杂货可用网络、席子、帆布等隔票;钢板、钢管、钢材等可用涂料、方木、钢丝绳等进行隔票;桶装货物可用木板、草片等物料进行隔票;散装货可用席子、木板;橡胶可用塑料纸、帆布等进行隔票。

14) 混票和分票

(1) 混票

① 混票的含义

不同票的货物混装在一起,不能按票正常卸货,称为混票(MIXED)。

不同票的货物之间没有分隔清楚,造成票与票交界处的货物混票,称为隔票不清(INDISTINCT SEPARATION)。

② 混票的原因

a. 船方配载不合理或未提供适宜、充足的隔票物料。

b. 装货港未按照船方确定的配载图装舱积载或铺垫隔票不当。

c. 船舶在航行中遇到自然灾害或意外事故。

d. 中途港装卸货物时造成舱内货物混乱。

③ 混票的防止

装货港的理货人员应认真负责地监督和指导装卸工组装舱积载及铺垫隔票,按票装船,一票一清;零星小票货物和不同目的港的货物分隔清楚;按卸货港顺序装船,先卸的后装,后卸的先装。

卸货港的理货人员应认真负责地监督和指导装卸工组卸货,防止将舱内其他港口的货物搞混票。

(2) 分票

① 分票的含义

按票分清混票和隔票不清的货物,称为分票(ASSORTING)。

② 分票的要求

装船时理货人员按票核对货物的主标志和副标志,主标志相同,副标志不同,应属两票货物,计数单上要按不同装货单分别填制。对标志模糊不清、脱落或无标志的货物,应及时联系发货人处理,装货时必须按票装舱积载,做到一票一清,票票分隔,防止混装和隔票不清现象的发生。

卸船时理货人员务必指导工人按票起卸，对混票的货物尽量做到边卸货边分票。如果确实不具备这种条件，也应在卸货后分清货物，并向船公司提供分标志单，对于混票货物应取得船方签字确认。

15）分港理货

（1）分港理货的含义

同一票货物在两个港口卸货时的理货，称为分港理货（TALLYING IN SEPARATE PORTS）。

（2）分港理货的做法

① 第一个卸货港要根据实际理货数字制作分港卸货单，取得船方签字后，请船方带交第二个卸货港，凭此继续卸货理货。

② 第二个卸货港要根据实际理货数字及分港卸货单，汇总编制本票货物的溢短单。

（3）分港理货的要求

① 分港理货涉及两个港口的理货工作，特别是第一个卸货港的理货工作对第二个卸货港的理货签证工作影响很大，因此，要求第一个卸货港一定要认真做好理货工作，确保理货数字准确，卸清工残货物，为第二个卸货港的理货签证工作打好基础。

② 分港理货具有延续时间长的特点，对于理货复查工作十分有利，因此要求第一个卸货港一定要加强理货复查工作，发现问题及时通知第二个卸货港，以便及时进行纠正。

③ 第二个卸货港对该票货物理货结束后，如发现溢短数字较大时，在签证前除做好本身的复查工作外，同时要主动联系第一个卸货港，第一个卸货港要认真进行复查，并将复查结果及时答复第二个卸货港。

16）附加理货

（1）附加理货的含义

在节假日、夜班、浮筒、锚地进行理货以及对非一般货舱货物、海事货物和融化、冻结、凝固、粘连货物、超长超重货物进行理货，要加收相应的附加费，故称为附加理货（ADDITIONAL TALLY）。

（2）附加理货的要求

理货人员应在计数单的备注栏的相应项下，写明附加理货的理货数字。

17）签证和批注

（1）签证的含义

船长或大副为办理货物的交付或接收手续而在理货单证上签字确认，称为签证（SIGNING）。

（2）签证的意义

签证是船方对理货结果的确认，是承运人对托运人履行的义务，是划分承、托运双方责任的依据。

（3）批注的含义

在理货或货运单证上书写对货物数字或状况的意见,称为批注(REMARK)。

(4) 批注的种类

① 按批注对象分:理货批注和船方批注。

② 按批注内容分:数字批注和残损批注。残损批注又分为现状批注(CONDITIONAL REMARK)和一般批注(GENERAL REMARK)。现状批注是批注货物的实际情况;一般批注是批注货物可能发生的变化。

(5) 批注的要求

批注内容要符合实际情况,合情合理,既不能苛求,乱加批注,又不能马虎,放弃批注。属于提单中规定的免责条款内容,不需要批注。

(6) 批注的作用

① 证明货物情况;

② 分清承、托运双方责任。

(7) 批注大副收据与清洁提单的关系

根据国际航海协会(INTERNATIONAL CHAMBER OF SHIPPING)规定,在大副收据上批注下列内容,不构成不清洁提单。

① 不明显地指出货物或包装不能令人满意的批注。如旧箱,旧桶等。

② 强调对由于货物性质或包装而引起的风险,承运人不予负责的批注。

③ 否认承运人知悉的内容、重量、尺码、质量或技术规格的批注。

④ 属于提单和贸易合同中规定的免责条款的批注。

18) 理货责任

(1) 理货责任的含义

理货人员工作过失所造成的外部理货事故,皆属于理货责任(RESPONSIBILITY OF TALLY)。

(2) 理货责任的处理

① 根据国际惯例以及理货工作的公正性,理货机构对理货责任造成的经济损失,一般不承担经济责任,只承担道义上的责任。

② 在特定条件下,理货机构对理货责任造成的经济损失,承担一定的经济责任: a. 对装、卸两港皆委托我国理货机构派员理货的国际航线船舶,在封舱运输或随船理货的条件下,理货机构对由于装卸两港理货数字不一致而造成船方对短少货物经济赔偿时,承担船方实际的赔偿责任。b. 对装、卸两港皆委托理货机构派员理货的国内航线船舶,在封舱或随船理货的条件下,理货机构对由于装、卸两港数字不一致而造成船方对短少货物经济赔偿时,承担一定的赔偿责任。

【案例】集装箱港口作业合同纠纷

原告:广西柳州市有色冶炼进出口有限责任公司。

被告:广州港黄埔集装箱公司。

被告:中国外轮理货总公司广州分公司。

5 理货业务

原告广西柳州市有色冶炼进出口有限责任公司(下称柳州冶炼进出口公司)、广州市海珠区永通货运服务部(下称永通货运服务部)与被告广州港黄埔集装箱公司(下称黄埔集装箱公司)、中国外轮理货总公司广州分公司(下称广州理货公司)集装箱港口作业合同纠纷一案,于2016年6月5日向法院起诉。法院于同日立案受理后,依法组成合议庭,于6月27日组织双方当事人进行庭前证据交换,并于次日公开开庭审理了本案。本案在审理过程中,原告永通货运服务部于7月6日申请撤回起诉,本院于7月10日裁定准予撤诉。本案现已审理终结。

原告柳州冶炼进出口公司诉称:原告的代理人永通货运服务部将价值15 400美元的氧化锌交给被告黄埔集装箱公司装箱,被告装箱出错,误将原告的货物装入他人的集装箱,导致原告的货物灭失。被告广州理货公司在理货时未能发现这一情况,也应对货物的灭失承担相应责任。因货物灭失,原告重新向客户发货,因而造成损失共198 059.87元。请求法院判令:两被告连带赔偿原告的经济损失198 059.87元(滞柜费从2016年2月1日起计算到实际支付之日止),诉讼费用由两被告承担。

为证明委托黄埔集装箱公司装箱,并由广州理货公司理货,原告提交了以下证据:柳州冶炼进出口公司与永通货运服务部于2015年10月5日签订的《货运协议》、20袋氧化锌运抵黄埔集装箱码头,由收货人永通船务有限公司与黄埔集装箱公司交接的《水路货物运单》、永通船务有限公司把货物交给黄埔集装箱公司配载装箱的《港口作业委托单》《货载预配清单》《配载单》、广州理货公司出具的《装箱理货单》、黄埔集装箱公司收取港口作业费的《广州港务局港口作业业务发票》等。

为证明货物因装箱错误而造成损失的事实,原告提交以下证据:澳大利亚布里斯班海关MSAS环球运输有限公司于2016年1月25日出具给澳大利亚石星有限公司的《函》、布里斯班海运调查及调停人AMSALA有限公司2016年1月28日出具的《检验报告》、黄埔集装箱公司2016年1月31日及2月16日出具给永通船务公司的两份关于货物可能装箱错误的《函》、2月16日黄埔集装箱公司出具给广州中海国际货运代理有限公司商务部货物可能装箱错误的《函》等。

为证明因货物灭失,原告重新向客户发货造成的损失及其数额,原告提交了以下证据:大连法大律师事务所的《律师函》、澳大利亚石星有限公司给柳州冶炼进出口公司的要求发货的《函》、香港先锋货运公司《提单》及《装箱单》《货物报关单》《出口收汇核销单》《柳州冶炼进出口公司发票》《柳州零担货运发票》、香港先锋货运公司《货运费发票》等付费票据6份、澳大利亚石星有限公司向柳州冶炼公司追收滞柜费和保管费的《信函》及中国海运集团公司悉尼公司提供的滞柜费计收方法、柳州冶炼进出口公司为处理争议支付的差旅费《凭证》36份等。

被告黄埔集装箱公司辩称:本案的关键问题是铅封号,集装箱运输进行交接及划分责任的事实依据在于箱号和铅封号,原告没有提供在澳大利亚开箱时集装箱的铅封号的证据。因本案所涉货物是经香港中转的长途运输,不能排除该集装箱途中被开箱的可能。而被告黄埔集装箱公司接受原告的委托后,把原告的氧化锌配载、装箱并交给了承运人,已完全履行了合同义务。广州理货公司的理货单、黄埔海关的验讫放行单、承运该批货物的"长全"轮出具给被告的出口舱单可以证明装上船的是氧化锌,并未装错货物。因此,原告柳州冶炼进出口公司没有足够的证据证明被告装箱错误,请求法院驳回原告柳州冶炼进出口公司的诉讼请求。

被告广州理货公司答辩称:广州理货公司是受黄埔集装箱公司的委托进行理货,与原告柳州冶炼进出口公司没有书面或口头的委托关系,不是适格被告。广州理货公司于2015年12月17日对编号为TTNU3312931的集装箱进行理货,货物是氧化锌,铅封的号码为63 954。而后该箱货物接受海关的检验后封箱,海关验货时,货主应该到场。既然该箱货物经海关和货主共同检验,海关放行,证明被告广州理货公司在理货过程中并无过错。因此,请求法院驳回原告柳州冶炼进出口公司对被告广州理货公司的起诉。

两被告提交了以下证据:广州理货公司《装船理货单》、海关验讫放行的《码头收据》、中海船务代理有限公司广州公司出具的《出口舱单》、2016年3月15日黄埔集装箱公司出具给永通船务公司的否认装箱错误的《函》等。

经审理查明:2015年10月5日,原告柳州冶炼进出口公司与永通货运服务部签订《货运协议》,约定柳州冶炼进出口公司委托永通货运服务部办理其经广州口岸出口货物的卸货、仓储、换箱、定舱、报关等事务。2015年12月6日,原告柳州冶炼进出口公司通过水路将20袋共20吨氧化锌发运给永通船务有限公司,该批货物运至黄埔集装箱码头,被告黄埔集装箱公司在《水路货物运单》上签名盖章签收了上述货物。12月13日永通船务有限公司与黄埔集装箱公司签订《港口作业委托单》,约定永通船务有限公司委托黄埔集装箱公司对上述20吨氧化锌进行港口作业。黄埔集装箱公司开出《广州港务局港口作业业务发票》,收取包干费530元。庭审中,原告柳州冶炼进出口公司认为包干费已经包括了广州理货公司的理货费用,两被告均未否认。永通船务有限公司于12月5日与黄埔集装箱公司签订的《货载预配清单》记载:提单号CHPBR100308,托运人永通,目的港香港,氧化锌20袋20吨,配装中海CYY的一个20英尺集装箱。黄埔集装箱公司对上述货物进行装箱,广州理货公司进行理货。广州理货公司出具的《装箱理货单》载明:2015年12月17日,集装箱号码TT3312931,铅封号63954,提单号CHPBR100308,氧化锌20袋,广州理货公司盖章、理货员签名,黄埔集装箱公司职工签名。随后,上述货物进行了出口报关,开箱后重新封箱的铅封号为907182。据《码头收据》记载:提单编号为CHPBR100308,承运船名"长全"轮,装货港黄埔,卸货港澳大利亚布里斯班,20袋氧化锌净重20吨,集装箱号TTNU3312931,20'X1,中华人民共和国黄埔集装箱新港海关加盖验讫章及放行章。随后该集装箱货物交由"长全"轮承运,据广州理货公司出具的《装船理货单》记载:船名"长全"轮,编号为TTNU3312931的集装箱铅封完好。中海船务代理有限公司广州公司的《出口舱单》记载:2015年12月22日,"长全"轮从黄埔到布里斯班,提单号为CHPBR100308,运输方式为场到场(CY/CY),集装箱编号为TTNU3312931,铅封号为907182,20袋氧化锌。

以上证据在庭审中经双方互相质证,原告柳州冶炼进出口公司和被告黄埔集装箱公司均未提出异议。被告广州理货公司认为原告柳州冶炼进出口公司并未直接委托其理货,也并未直接付费给广州理货公司,理货单由理货公司与黄埔集装箱公司签名,因此,上述证据不能证明原告柳州冶炼进出口公司与广州理货公司有委托理货的法律关系。依据《中国外轮理货总公司海上国际集装箱理箱、理货管理办法》第10条第(3)款的规定:凡需在码头、港口进行装箱的,在装箱前,装箱单位应通知外轮理货公司派理货员在装箱现场,办理集装箱的装箱理货业务。第15条规定,按第10条第(3)款办理,属于在港口、码头堆场……交接集装箱整箱货物的,向托运人或收货人计收费用。因此,合议庭认为:虽然原告柳州冶炼进出口公司并未直接委托被告广州理货公司理货,但黄埔集装箱公司只是通知理货,而黄埔集装箱公司向原告柳州冶炼进出口公司收取的费用中已经包含了理货费。因此,依上述规定及事实,应认定广州理货公司是受原告柳州冶炼进出口公司委托,而非黄埔集装箱公司,原告柳州冶炼进出口公司与广州理货公司事实上存在委托理货合同关系。

2016年1月22日,货物以场到场(CY/CY)的运输方式被运抵澳大利亚布里斯班码头,收货人澳大利亚氧化锌有限公司收取货物,后由海关运输公司运输。据澳大利亚布里斯班海关MSAS环球运输有限公司经理WarrenKerby给澳大利亚石星有限公司的《函》记载:2016年1月25日货物运抵收货人的堆场,编号为TTNU3321931的集装箱被澳大利亚氧化锌有限公司打开,当时运输方的代表在场,发现箱内装的是唛头为25公斤袋装磷酸三钠,与提单所记载的货物氧化锌不符。澳大利亚石星有限公司委托劳氏代理——布里斯班海运调查及调停人AMSALA有限公司检验了货物,《检验报告》记载:检验日期2016年1月27日,提单号为WIN991224,编号TTNU3312931的集装箱是关闭的但未被锁住,在场的澳大利亚氧化锌有限公司代表Mr. WilliamManual告知,货柜接收时是被封住的,但不知其封号。货柜被打开后发现是25公斤装的唛头为磷酸三钠的货物,而不是提单所载明的氧化锌。AMSALA有限公司所摄的现场照片显示,编号为TTNU3312931的集装箱所装货物为25公斤装的唛头为磷酸三钠的货物。

2016年1月31日黄埔集装箱公司给永通船务有限公司发函,称:WIN991224提单号项下的TTNU3312931集装箱货物在目的港发生异常之事,要求收货人提供详细资料。2月16日黄埔集装箱公司向广州中海国际货运代理有限公司商务部发函,称:初步分析可能是装错了货物。3月15日被告黄埔集装箱公司再次发函给永通船务有限公司,称:经查核广州理货公司的装箱单,证实编号为TTNU3312931的集装箱并未装错货物。因纠纷的产生,编号为TTNU3312931集装箱滞留于澳大利亚布里斯班,根据澳大利亚石星有限公司向柳州冶炼公司追收滞柜费和保管费的《信函》及中国海运集团公司悉尼公司提供的滞柜费计收方法记载,产生费用约3 500元。为委托澳大利亚布里斯班海运调查及调停人AMSALA有限公司检验货物,原告柳州冶炼进出口公司支付了435美元的费用。同时原告柳州冶炼进出口公司提交了为处理争议支付的差旅费凭证36份及律师费单据，支出的费用8 000元及律师费7 500元人民币。

被告黄埔集装箱公司对澳大利亚布里斯班海关MSAS环球运输有限公司给澳大利亚石星有限公司的《函》和布里斯班海运调查及调停人AMSALA有限公司的《检验报告》的真实性并无异议，但被告黄埔集装箱公司认为上述证据没有涉及货物被收货人打开集装箱时的铅封号，不能证明货物在接收时铅封完好。合议庭认为，以上证据可以采信，但上述证据均未提及集装箱的铅封状况及铅封号，没有证明货物在目的港交接时的集装箱状况，尤其是集装箱的铅封是否仍为装船出口舱单上的铅封号。对于费用支出，被告黄埔集装箱公司认为差旅费凭证不能证明是为处理本案争议而支出，但未提交相反证据，合议庭对被告的主张不予采信。

2016年1月底，原告柳州冶炼进出口公司应澳大利亚石星有限公司的要求重新发货。据原告柳州冶炼进出口公司提交的其出具给澳大利亚的《柳州冶炼进出口公司发票》、1月31日《货物报关单》《出口核销单》均载明货物为氧化锌20吨，总价为15 400美元。被告黄埔集装箱公司提出《柳州冶炼进出口公司发票》为复印件不能作为证据。合议庭认为，该《发票》结合《货物报关单》《出口核销单》足以证明货物的价值为15 400美元。

据原告柳州冶炼进出口公司提交的《柳州零担货运发票》、香港先锋公司《海运费发票》等付费票据6份记载，因重新发货，原告柳州冶炼进出口公司已支出了柳州到黄埔汽车运输费6 400元人民币、码头杂费1 100元人民币、海运费950美元、拖柜费806.55美元。被告黄埔集装箱公司提出香港先锋公司《海运费发票》是复印件，不能作为证据。合议庭认为，不能提供原件且没有其他证据相印证的复印件不能作为认定案件事实的依据，被告黄埔集装箱公司的主张成立，合议庭对《海运费发票》不予采信。被告黄埔集装箱公司对由黄埔区渔珠综合服务公司开出的码头杂费《发票》的真实性提出异议，但被告没有提交相应的证据予以反证。因此，合议庭对码头杂费1 100元人民币、拖柜费806.55美元予以确认。

另查，广州市海珠区永通货运服务部对外经营时通常称永通船务有限公司，或永通船务公司。

合议庭认为：本案是一宗集装箱港口作业合同纠纷案。

依据《中华人民共和国合同法》第三百九十六条之规定，原告柳州冶炼进出口公司与永通货运服务部签订的《货运协议》实质为委托合同，委托人柳州冶炼进出口公司委托受托人永通货运服务部处理其货物在广州口岸进出口的卸货、仓储、定舱、报关等事务，该合同合法有效。永通货运服务部作为原告柳州冶炼进出口公司的代理人与被告黄埔集装箱公司签订《港口作业委托单》，约定由被告黄埔集装箱公司为原告柳州冶炼进出口公司的20袋20吨氧化锌配载、装箱，被告黄埔集装箱公司也实际进行了上述作业。因此，原告柳州冶炼进出口公司与被告黄埔集装箱公司的集装箱港口作业合同法律关系依法成立，对双方当事人均有约束力。被告广州理货公司事实上也是受原告柳州冶炼进出口公司委托,而非黄埔集装箱公司的委托对上述货物在码头进行理货。原告柳州冶炼进出口公司与广州理货公司事实上存在集装箱港口理货合同法律关系,应受法律保护,对双方当事人有约束力。

《装箱理货单》、海关验讫放行的《码头收据》《装船理货单》和《船舶出口舱单》等证实货物在起运港码头交付承运人运输时,编号为 TTNU3312931 的集装箱内装载的是 20 袋 20 吨氧化锌,箱体完好,该集装箱装船时的铅封完整,铅封号为 907182。

上述集装箱货物以场到场(CY/CY)的方式运至澳大利亚布里斯班。依据国务院《中华人民共和国海上国际集装箱运输管理规定》第 26 条的规定:承运人、港口装卸企业对集装箱、集装箱货物的损坏或短缺的责任,交接前由交方承担,交接后由接方承担。第 25 条规定:集装箱交接时,交接双方应当检查箱号、箱体和封志。重箱凭封志和箱体状况交接。交接双方检查箱号、箱体和封志后,应当做出记录,并共同签字确认。《中华人民共和国海上国际集装箱运输管理规定实施细则》第 70 条进一步规定:重箱交接标准:箱体完好、箱号清晰,封志完整无误。因为本案货物是场到场(CY/CY)运输,承运人在起运港接收已经铅封的整箱货物,运至目的港原箱交接给收货人。因此,本案关键的事实是货物在目的港澳大利亚布里斯班交接给收货人时集装箱的表面状况是否完好,铅封是否完整,铅封号是否仍为装船时的编号即 907182。对此,原告柳州冶炼进出口公司应承担举证责任。原告柳州冶炼进出口公司提交的澳大利亚布里斯班海关 MSAS 环球运输有限公司于 2016 年 1 月 25 日出具给澳大利亚石星有限公司的《函》和澳大利亚布里斯班海运调查及调停人 AMSALA 有限公司 2016 年 1 月 28 日出具的《检验报告》等,能够证明货物在收货人开箱时箱内货物与提单记载不符,但没有证明该集装箱的铅封是否完整,铅封号是否仍为装船时的编号这一关键事实。因此,原告柳州冶炼进出口公司提交的证据不能充分证明箱内货物与提单记载不符是被告黄埔集装箱公司装箱、广州理货公司理货造成的。合议庭因此认为,被告黄埔集装箱公司和被告广州理货公司的抗辩有理,原告柳州冶炼进出口公司的诉讼请求证据不足,应承担举证不能的法律后果。

据上,依据《中华人民共和国民事诉讼法》第六十四条第一款的规定,判决如下:
驳回原告柳州冶炼进出口公司的诉讼请求。
本案案件受理费 5 470 元,由原告柳州冶炼进出口公司负担。
如不服本判决,可在判决书送达之日起 15 日内,向本院递交上诉状及副本 9 份,上诉于广东省高级人民法院。

复习思考题

1. 什么是理货？理货工作的作用是什么？
2. 理货工作职责是什么？
3. 对理货人员有哪些要求？
4. 造成混票的原因有哪些？
5. 装船货物衬垫的方法有哪些？
6. 货物残损的类型有哪些？责任如何划分？
7. 理货中溢短货物该如何处理？

6 联运业务

联合运输综合利用某一区间中各种不同运输方式的优势进行不同运输方式的协作，是一种先进的运输组织方式，极大地方便了货主，促进了物资流通，缩短了运输时间，降低了运输费用，是现代交通运输发展的重要方向。

6.1 联合运输的概念及作用

本节内容包括联合运输的概念、联合运输的必要性、联合运输基本特点、联运的作用、开展联运的条件、联合运输的形式以及联合运输服务机构。

1）联合运输的概念（Combined Transport）

联合运输是指两种或两种以上的运输方式或同一运输方式的几个运输企业，遵照统一的规章或协议，联合完成某项运输任务的一种运输组织形式，简称为联运。

联合运输是综合利用某一区间中各种不同运输方式的优势进行不同运输方式的协作，是货主能够按一个统一的运输规章或制度，使用同一个运输凭证，享受不同运输方式综合优势的一种运输形式。比如，货物从重庆运输到上海，如果走水路需要 10 天到 12 天，但如果采取铁水联运则只需 6 天到 7 天。这就是多式联运相对于单一运输方式的优势所在。

联合运输按地域划分有国际联运和国内联运，国内联运较为简单，国际联运是联合运输最高水平的体现。

2）联合运输的发展

传统的分段运输中，大部分运输组织工作都是由货方及其代理人来安排和完成的。货方为完成货物的全程运输，需要与各区段的承运人分别订立多份运输合同，多次结算费用，多次办理保险，并负责各段间的运输衔接工作。而各种方式的承运人仅负责运输组织、完成自己承担区段的货物运输。这种运输组织形式，不仅给货方带来许多麻烦，需要付出足够多的人力、时间和费用，而且可能由于货方对综合运网情况，对承运人营运线路、班次安排及全程运输中涉及的各环节情况、各种手续不够熟悉，造成运输时间过长和运输费用增大，甚至造成不合理的运输。

针对这种传统运输组织形式存在的问题，一些政府机构、运输企业以及各种类型的服务企业，为适应运输市场激烈竞争的需要和为货主提供最大限度的方便与全面服务，提出并实践了一种新的货物全程运输组织形式，即由一个机构或一个运输经营人对货物运输全程负责，组织完成包括从起运地接受货方的货物开始至运输最终目的地交货为止的期间内所涉及的全部运输，而货方只要与这个机构或经营人订立一份全程运输合同，一次交付费用，办理一次保险就可以实现货物的全程运输（联合运输）。以这种形式组织运输的机构可在政府机构协调下，由所涉及的各种方式运输企业、车站、港口组成，也可根据共同目的和竞争需要，由一些运输企业、车站或港口协议产生。而以这种形式组织、完成运输的经营人，也可以由一些本身并不拥有任何运输工具的货运代理人发展形成。这种新的运输组织形式一般称为联合运输。经营联合运输业务的运输企业，一般称为联运经营人。

最初由于铁路公司发现自己不能很好地组织零担运输，于是在一战前后开始允许有货运代理人帮助开展运输业务，货运代理人把不同的小批量货物集中起来，利用铁路托运到目的地，再把分散的货物交给收货人。

驼背运输的出现。20世纪20年代出现了将公路挂车放在铁路平板车上进行运输的驼背运输方式，但铁路公司担心公路运输的竞争，限制其发展。20世纪50年代州际商务委员会ICC开始允许"驼背运输"，并批准铁路公司和公路承运人之间的联运路径和联合定价的时候，这些电晕仍被限制在一些特别设定的所谓计划中，每个计划都对可以提供的联运服务做了详细的限定。如计划1可能规定必须由公路运输公司提供挂车而计划2却规定这类公路挂车必须由承运货物的铁路公司提供相关规定不能违反。这些刻板的管理规定严重限制了联运的发展，直到20世纪80年代才得到根本扭转。

集装箱的出现。美国海陆轮船公司的Ideal X号轮船1956年4月第一次装载了58只集装箱从新泽西州纽华克港运至德克萨斯州的休斯敦，开辟了集装箱海运的先河。

集装箱改变了以往海陆运输方式需要反复装卸货物的局面，在能够使所有运输方式之间相互交换的标准集装箱出现并被接受之后，多式联运的迅速发展成为可能。

真正意义上的多式联运时代的开始。1984年，美国总统轮船公司（APL）与铁路车辆制造公司合作研制轻型双层集装箱专用车辆，并推荐给铁路运营使用，大大提高列车的载运能力，降低了运输成本。海运中大型集装箱轮船不断升级换代，从几百TEU发展到第五代的上万TEU，公铁联运、海铁联运蓬勃发展。

1991年美国颁布《多式地面运输效率法》（ISTEA），宣布将"构造一个统一、无缝、有效、经济、安全和环保的国家多式联运系统"确立为国家运输政策的核心。

20世纪90年代以后，西方国家的多式联运服务遍布各种运输方式之间。

3）联合运输基本特点

（1）组织运输的全程性

联运是两种以上运输方式或单一方式两程以上的连续运输。联运经营人或联运管理机构要负责从接收货物托运、各区段运输、各区段运输衔接,直到货物交付期间的全部运输及相关服务业务,对运输的全程负责。联运合同是从起运地到运输目的地的全程运输合同。

(2) 托运手续的简便性

联运实行"一次托运,一份合同,一次结算费用,一票到底"的全程负责制。与传统的分段运输比较,货主需要办理的手续简化了很多,大大节约了货方的人力与时间,从而提高社会综合经济效益。

(3) 运程凭证的通用性

联运所使用的商务活动的模式与规则,运输所依据的国际、国内法规,使用的单证文件等,都必须具有通用性,使之能适应不同运输方式、不同企业及其衔接的工作需要。

(4) 联运经营人的双重身份及代理性

联运的代理性特征是指联运企业的业务活动性质具有运输代理企业的特点。这主要是指联运企业(联运经营人)尽管与货方订立全程运输合同,对全程运输负有责任,但它不拥有任何一种运输工具或不拥有全程运输的所有种类的运输工具(只拥有其中的一种或两种)。因此,它一般并不实际完成所有运输区段(或其中的某些区段)的运输,而是通过分别与其他运输企业(一般称为实际承运人)订立分区段的运输合同(一般称为分运或分包合同),借助其他运输企业的力量完成各段的运输。它主要是提供服务与组织衔接,与运输代理企业的业务内容相似。

由于联运企业要与货方订立运输合同(联运合同),它是运输合同的当事人,对货方而言,是对运输全程负责的承运人;但又由于它要通过与各实际承运人订立各区段运输合同完成全程运输,对各实际承运人来讲它又是货方(发货人或收货人)。联运经营人在业务活动中的这种双重身份与纯代理人身份性质是完全不同的。因此,理解联运的代理性特征时要注意不能把两者身份和性质混为一谈。

(5) 各类环节的协同性

搞好联合运输要依赖于生产、供应、运输、销售、金融、通信等部门在集、装、运、转、卸、疏等环节上紧密协作与配合。这种协同性不仅体现在运输组织和管理上协调一致,而且也体现在技术装备的协调发展、同步建设方面,使港、站、库、场、集疏运系统相互配套,实现运输设备和设施的协调性。这种协调性是联运发展的必要条件。

4) 联运的作用

联合运输不是一种新的运输方式,而是一种新的运输组织形式,是在旅客和货物多次中转连续运输的全程运输过程中,在不同运输区段、不同运输方式的结合部(中转、换乘地点)发挥纽带、贯通和衔接作用。

联合运输组织工作过程,实际上是各种运输方式合理运用和分工的过程。它综合地利用各种运输方式的技术经济优势,扬长避短,协调组织,把不同运输方式的不同企业有机地结合成一个整体,以提供优质、方便、高效的运输服务和完成全程运输任务。

联合运输的作用主要体现在以下几个方面:

（1）综合利用各种运输工具，充分发挥各种运输工具的潜力。各种运输工具具有各自的优势与不足，开展联合运输可以充分利用各种运输工具在运输时间、成本、可靠性等方面的优势，实现联运货物全程运输综合最优的目标。

（2）加快车船周转，提高运输企业的经济效益。根据不同运输方式经济运距的特性，组织联运货物运输工作，加快车船周转，提高运输企业的经济效益。

（3）提高港口、车船、库场的利用率，增加港口吞吐能力。合理选择联运换装地点，积极利用载运工具进行联运货物配载，提高港口、车船、库场的利用率，增加港口吞吐能力。

（4）减少货物流通费用，提高社会效益。优化联运货物组织，减少货物仓储、运输费用，提高物流运输的社会效益。

（5）方便货主，促进物资流通。一份运输合同，交付一次费用，办理一次保险就可以实现货物的全程运输，极大地方便了货主，促进了物资流通。

4）开展联运的条件

（1）要有明确的指导思想

联运业务是运输市场的客观要求，联运企业要充分认识联运的优越性，主动适应运输市场的变化，积极发展联运业务。

（2）要进行运输组织的改革

成立专门组织机构，协调各部门的工作，使各环节的运输组织工作形成一个完整的相互关联的整体。

（3）要有稳定的货源、客源

按客货源流向、流量来组织联运货物的运输（班线、班次），直接关系到联运企业的发展规模与效益。

（4）要有良好的换装条件

联运货物换装需要具备适宜的换装场所（港口泊位、车站、库场）、配备完备的换装机械以及能满足换装需要的各类人员。

5）联合运输的形式

（1）水陆联运

主要指水路与铁路之间的联运，是一种干线运输形式，按联运区段划分，有下列3种形式：

水路——铁路

水路——铁路——水路

铁路——水路——铁路

（2）水水联运

海、江、河联运，是水运部门内部各航区或船运企业之间的联运。以交通运输部颁布的《国内水路货物运输规则》有关规定为基础的联运，是仅次于水路和铁路联运的一种联运方式，通常的形式有：

海——江
江——河
海——江——河

（3）公、铁、水联运

是一种干线和支线之间的联运，以参加联运的干线运输企业和支线或短途运输企业之间所签订的联运协议为基础，是水陆、水水干线联运的一种延伸。通过干支联运，使货物通过支线运输集中起来，换装后转入干线运输，或者干线来的货物通过支线分散到各地去，实现由发运到交货的全程一贯运输。主要在干线枢纽点和支线上的县、市及其以下的城镇设置联运网点，负责干、支线的货物集、疏运工作。实现"一次托运、分段清算、代办中转、上门联运"的一条龙服务。

（4）旅客联运

各地的联合售票处代售或代订联运客票，从始发地一次购买或预订到全程所需的汽车票、火车票、轮船票、飞机票。

（5）国际多式联运

联合国贸发会议1980年通过了《联合国国际货物多式联运公约》。国际多式联运是按照多式联运合同，以至少两种不同运输方式，由多式联运经营人将货物从一国境内接管货物的地点，运到另一国境内指定交付货物的地点。

6）联合运输服务机构

联运服务机构主要有：

（1）联合运输服务公司

以向社会提供劳务的方式为旅客和货主服务，接收他们的委托与代理。

联运公司代售客票、为运输企业招揽货源，是以承运人和托运人双重身份出现的联合运输服务性企业。联运企业是自负盈亏、独立核算的经济实体。

（2）配载中心

直接为船舶、车辆等运输工具提供联运货物的服务机构，地域性强。

（3）联运经纪人

以帮助各种运输工具联系货源、代表货主寻找各种运输工具为目的而存在于货运市场上的联运服务人员。

联运服务机构的经营特点：

① 服务性

从事与运输有关的各项服务，既为运输企业服务，也为发货人、收货人服务，具有承运人、托运人的双重身份。当接受发货人委托办理货物托运时，它是托运人身份；当代表船方或路方接受联运货载时，它又是承运人身份。

② 协议性

联运企业自身没有运输工具，主要依靠协议开展联运业务。与运输企业之间、货主之间都有代理协议，在代理协议的职权范围内，以代理人的身份交替出现。

6.2 水陆联运

本节主要介绍水陆联运货物运输工作计划、联运货物的运送条件、联运的换装作业与货物交接、水陆联运货物的承运与票据、水陆联运货物的费用结算、水陆联运货物的变更运输、联运货物的运到期限、水陆联运货物所需加固材料的准备、水陆联运货物的赔偿处理等内容。

1) 水陆联运货物运输工作计划

（1）联运货物运输任务的提出

建立联运业务网点，根据货主联合运输货物托运请求，结合公司联合运输业务开展条件，确定是否承运联运货物运输任务。

（2）审核运输任务，签订联运货物运输合同

根据行业管理的相关规定和保障运输安全的需要，结合货主联运货物的运输要求，审核联运货物运输任务，协商联运货物运输合同条款，签订联运货物运输合同。

（3）水陆联运月度货物运输工作计划的编制

水陆联运公司根据月度联运货物运输任务以及公司联运业务能力，编制水陆联运月度货物运输工作计划。

（4）水陆联运货物运输工作计划的执行

水陆联运公司认真履行水陆联运货物运输工作计划管理，监督、检查联运货物运输工作计划执行情况，及时发现和解决计划执行过程中出现的问题，确保水陆联运货物运输工作计划的执行。

① 货源。广泛深入地调查联运货物需求状况，积极进行联运货源组织，确保联运企业运输任务饱满，促进货物联运工作有计划、有组织地开展。

② 运输组织形式。联运企业不断优化联运货物运输组织形式，提高货物联运效率，降低货主联运货物运输成本。

③ 换装方式。联运企业积极开展与多种运输方式的合作，为联运货物运输提供多种换装方式选择，满足货主对联运货物运输不同目标（时间、费用、可靠性、综合等）的需要。

2) 联运货物的运送条件

（1）对参加联运企业的规定

参加联运的运输企业需取得相应资质，共同执行联运规章制度，使用统一的运输票据，在统一的运输工作计划条件下开展联运业务。

（2）关于联运港（站）的规定

开展联运的港站是交通运输部统一公布的港、站，换装地点应是指定的换装港、站。目前，我国自北向南沿海主要港口有：丹东港、大连港、营口港、锦州港、葫芦岛港（以上为辽宁省）；秦皇岛港、唐山港、黄骅港（以上为河北省）；天津港；龙口港、烟台港、威海

港、青岛港、日照港(以上为山东省);连云港、大丰港、洋口港、南通港(虽在长江口内,但也算海港)(以上为江苏省);上海港;嘉兴港、宁波—舟山港(两港并了)、台州港、温州港(以上为浙江省);福州港、莆田港、泉州港、厦门港(以上为福建省);汕头港、深圳港、广州港、珠海港、惠州港、阳江港、茂名港、湛江港(以上为广东省);北海港、钦州港、防城港(以上为广西壮族自治区);海口港、洋浦港、三亚港(以上为海南省)。外加长江港口30多个,黑龙江、江苏、浙江、湖北、湖南、四川等省内河港口数十个,均可以办理联运业务。

在选择和确定联运港站和换装点时,应考虑联运货物在流向、流量上的客观需要和货源的相对稳定与均衡交运程度,还要考虑运输条件和装卸条件的可能性,考虑换装港、站的通过能力(换装设备、库场)。

(3) 关于货物种类的规定

《铁路和水路货物联运规则》规定,除易腐货物、动物、植物、灵柩、危险货物、放射性物品、编排木材、超过起运换装到达地点起重能力的重大件和散装粮食、盐、水泥外,都可以办理联运。编排木材和散装粮食、盐经发货人与铁路、水路协商同意后也可在特定路线上办理联运。

(4) 关于联运货物数量的规定

《铁路和水路货物联运规则》规定零担货物联运,每件最大重量以 2 t 为限,体积以 2 m^3 为限。超过这一限度,在承运前应征得有关换装和到达地点车站和港口同意后,方可办理联运。

一批货物重量在 30 t 以上或体积在 60 m^3 以上,按整车办理。联运货物的数量限制,主要由铁路的货运基本条件及铁路车辆的技术装载条件所决定。

3) 联运的换装作业与货物交接

(1) 换装作业计划

换装港站本着互相协作、共同完成运输任务的宗旨,根据统一的联运工作计划,制定月度换装作业计划。

换装作业计划的内容:根据已经核定的联运工作计划,制定当月换装货物的种类、数量和流向(到站、到港)。

换装作业计划的要求:尽量做到准确可靠,以利于换装港站统筹安排码头(站台)、机械和劳力,保证联运货物畅通无阻地通过换装港站。

(2) 换装作业组织机构

换装点是水陆联运的枢纽,成立陆港联合办公室或陆港协作办公室,陆港双方的计划、调度、货运人员通过联运办公,共同完成联运货物的换装组织、协调工作。

(3) 联运货物的换装作业

① 换装地点换装货物的数量;

② 车辆一次作业的时间;

③ 每吨船舶平均在港停留时间;

④ 每吨货物平均在港停留时间;

⑤ 车船直接换装比重。

(4) 换装作业中的货物交接

① 换装作业在港内进行的货物交接；

② 换装作业在站内进行的货物交接。

4) 水陆联运货物的承运与票据

(1) 水陆联运货物的承运

① 下列货物不论规格是否相同，按一票托运时，平均每件重量在 10kg 以上，都按件数和重量承运：

  a. 纺织品及其制成品；

  b. 肥皂、蜡烛等；

  c. 卫生、化妆用品及服饰品类；

  d. 针织品及衣、被、鞋、帽等；

  e. 玻璃制品、搪瓷制品、缝纫机及其配件、收音机及其配件、灯泡、干电池、钟表、娱乐品、玩具、西药、文具、卷烟；

  f. 有色金属、锭、轮胎、空铁桶等。

② 下列货物，不计件数，只按重量承运：

  a. 无包装、不成捆、每票超过 100 件的货物；

  b. 有包装或成捆、规格不同、平均每件重量不满 30 kg 的货物；

  c. 规格相同，平均每件重量不到 10 kg 的货物。

③ 整车货物的重量，由发货人确定。

(2) 水陆联运货物的运输票据

水陆联运货物的运输票据主要包括：

① 水陆联运运单；

② 水陆联运运单流转；

③ 水陆联运货物分运、汇总、补送运单。

5) 水陆联运货物的费用结算

水陆联运运费一般比非联运运费低 15% 左右，费用主要包括运费、杂费、换装包干费。水陆联运费用采用铁路、水路分段收费方式。铁路运输区段由铁路始发站核收运输换装包干费，水路运输区段内始发港核收运输换装包干费。

目前，我国联运业务中仍采用分段收费方式，分段收费方式有利于改善企业间的三角债，但长远的观点来看，一次收费是发展趋势。

6) 水陆联运货物的变更运输

下列情况下，水陆联运货物可以进行变更运输：

(1) 由于不可抗力原因，取消运输，由发货人向始发站或起运港提出；

(2) 经与承运人协商一致可以变更到达站、到达港或变更收货人；

(3) 因自然灾害或重大事故以致运输中断，或换装地点发生严重堵塞必须紧急疏运时,交通运输部可以指示绕路、绕航运行。

7) 联运货物的运到期限

(1) 铁路区段运到期限按铁路规定计算;

(2) 水陆区段运到期限按水路规定计算;

(3) 换装期限应按水陆换装期限的规定执行。

8) 水陆联运货物所需加固材料的准备

在换装地点装车或装船所需的加固材料和整修包装所需材料,应由发货人准备;如换装站、港能够协助准备时,可以由换装站、港代为办理,费用向收货人核收;大件货物的特种加固材料一律由发货人自备。

9) 水陆联运货物的赔偿处理

(1) 赔偿要求时效

联运货物灭失、损坏的赔偿要求时效规定为180天,超过上述期限,要求权即告消失。赔偿要求时效的起算和终止,分别按铁路和水路的有关规定处理。赔偿要求时效的起算,应从该批联运货物的到达港、站编制的货运记录交给收货人签收的次日起算。联运过程中,起运或换装地点的港口或车站编制的货运记录,系提供赔偿案件的处理部门分析案情、判断责任的依据,不能作为确定索赔起算时效的依据。

(2) 赔偿要求的提出

要求人应向到达地点的铁路局或港务局提出。接到赔偿要求的铁路局或港务局就是赔偿要求的处理部门,应负责审查赔偿的时效以及赔偿的必要文件。

(3) 赔偿要求的答复

处理部门从接到要求之日起90天内答复要求人。如责任不属于本身一方时,应在15天内向发生事故的最后换装铁路局或港务局提出。上述最后换装的铁路局或港务局应从接到要求文件之日起60天内答复处理部门转告要求人。如到期处理部门未接到答复时,应电报、电话催问。从发出催询之日起15天内仍未接到答复时,处理部门可以认为对方已经承认赔偿,事后对方提出任何声辩均无效。

(4) 赔偿额的确定

联运货物灭失、损坏确定赔偿时,处理部门应按确定的赔偿额付给要求人,然后按铁路或水路所应负的责任比例清算。责任不能分清时,按双方所收运费的比例分摊。

(5) 赔偿争议的仲裁

对责任难以分清、各方意见分歧较大、货物损失数额较高的案件,必要时处理部门可以上报交通运输部主管局仲裁,随附有关案卷并提出建议。主管局裁决即为最终裁决,各责任方均须遵照执行。

6.3 海、江、河联运

海、江、河联运这一节主要介绍海、江、河联运的企业及港口的规定,不能办理海、江、河联运的货物;海、江、河联运月度货物运输工作计划的编制、费用结算、运输票据的商务流转程序。

1) 海、江、河联运的企业及港口的规定

现行《联规》规定,取得相应资质的水运企业,均可参加海、江、河联运。

办理海、江、河联运的港口和换装港口由交通运输部批准公布。

同一航区内的同一水运企业经营的各航线间不能办理联运。

2) 不能办理海、江、河联运的货物

不能办理海、江、河联运的货物有:

(1) 易腐货物;

(2) 有生动、植物;

(3) 爆炸品、剧毒品、压缩气体和液化气体、放射性物品、一级危险物品(农药除外);

(4) 单件货物重量超过换装港和到达港起重能力的;

(5) 木、竹排,拖带污物和散装液体货物(特定航线除外)。

3) 海、江、河联运月度货物运输工作计划的编制

由起运港根据货主提出的托运计划表(计划性货物运输合同),通过与各有关联运企业、换装港口之间的协商平衡进行编制。编制好后的月度货物运输计划表,由起运港抄送有关联运企业及换装港口、到达港,并报交通运输部备案。

4) 费用结算

海、江、河联运价格比一般非联运货物运价低15％左右,具体由各运输企业确定。

海、江、河联运货物换装费,一律实行包干。每两个区段之间计收一次换装费,3个区段之间计收两次换装费。

海、江、河联运货物运输费用的结算,采用分段结算方式,各航运区段的费用由各航运区段核收。

5) 运输票据的商务流转程序

(1) 货物运单

海、江、河联运运单一式7联,商务流转程序如下:

第一联为起运港存查联;

第二联为起运港解缴联,起运港第一航运企业;

第三联为托运人收据联,起运港托运人;

第四联为换装港结算联,起运港换装港第一航运企业;

第五联为换装港解缴联,起运港换装港第二航运企业;

第六联为换装港存查联,起运港换装港;

第七联为收货人存查联,起运港换装港到达港收货人。

每增加一个换装港,由起运港加抄3联。

(2) 海、江、河联运补送运单

联运货物发生退装或漏装,港口应立即填制补送运单,尽快补送。补送运单要注明

原联运运单号码、原船名、航次、原收货人、原发货件数重量等,便于到达港凭以交付。

6.4 国际多式联运

本节主要介绍国际多式联运的定义、国际多式联运的基本特征、国际多式联运的发展、国际多式联运的优越性、国际多式联运经营人、国际多式联运经营人应具备的条件、国际多式联运运输的程序、国际多式联运合同、多式联运提单、国际多式联运的运输组织形式等内容。

1) 国际多式联运的定义

据1980年《联合国国际货物多式联运公约》(简称"多式联运公约")以及1997年我国交通部和铁道部共同颁布的《国际集装箱多式联运管理规则》的定义,国际多式联运是指:按照多式联运合同,以至少两种不同的运输方式,由多式联运经营人将货物从一国境内接管货物的地点运至另一国境内指定地点交付的货物运输。

国际多式联运适用于水路、公路、铁路和航空多种运输方式。

在国际贸易中,由于85%~90%的货物是通过海运完成的,故海运在国际多式联运中占据主导地位。

2) 国际多式联运的基本特征

(1) 承托双方必须订立"一份国际多式联运合同";

(2) 全程运输必须使用"一张国际多式联运单据";

(3) 全程必须"至少包括两种运输方式的连贯运输"(运输链的意思);

(4) 必须是"国际间的货物运输";

(5) 必须由"一个多式联运经营人对全程负责";

(6) 全程运输使用"单一的运费费率"。

3) 国际多式联运的发展

国际多式联运是一种比区段运输高级的运输组织形式,20世纪60年代末美国首先试办多式联运业务,受到货主的欢迎。随后,国际多式联运在北美、欧洲和远东地区开始采用;

20世纪80年代,国际多式联运已逐步在发展中国家实行。目前,国际多式联运已成为一种新型的重要的国际集装箱运输方式,受到国际航运界的普遍重视。

4) 国际多式联运的优越性

(1) 简化托运、结算及理赔手续,节省人力、物力和有关费用;

(2) 缩短货物运输时间,减少库存,降低货损货差事故,提高货运质量;

(3) 降低运输成本,节省各种支出;

(4) 提高运输管理水平,实现运输合理化。

5) 国际多式联运经营人

国际多式联运经营人即不是发货人的代理或代表,也不是承运人的代理或代表,它是一个独立的法律实体,这具有双重身份,对货主来说它是承运人,对实际承运人来说,它又是托运人,它一方面与货主签订多式联运合同,另一方面又与实际单运人签订运输合同,它是总承运人对全程运输负责,对货物灭失、损坏、延迟交付等均承担责任。

6) 国际多式联运经营人应具备的条件

(1) 有国内外多式联运经营的网络;

(2) 要在国内外建立集装箱场站;

(3) 要建立计算机管理系统;

(4) 要建立一支专业队伍;

(5) 要有雄厚的资金。

谁可以成为"多式联运经营人"?

(1) 各运输段的实际承运人——承运人型的多式联运经营人:拥有或掌握一种或一种以上的运输工具。

(2) 无船承运人——无船承运人型的多式联运经营人:不具有任何运输工具。

多式联运经营人与国际货运代理人的区别:

多式联运经营人需要对全程负责,而国际货运代理人仅对某一端点(启运地或目的地)负责。

在大多数情况下,两者的具体业务很相似,仅责任分担不同,前者的法律后果由自己承担,后者的法律后果则由被代理人承担。

7) 国际多式联运运输的程序

国际多式联运一般业务程序包括:

(1) 接受托运申请,订立多式联运合同;

(2) 空箱的发放、提取及运送;

(3) 出口报关;

(4) 货物装箱及接收货物;

(5) 订舱及安排货物运送;

(6) 办理运输保险;

(7) 签发多式联运提单,组织完成货物的全程运输;

(8) 运输过程中的海关业务;

(9) 货物交付;

(10) 货运事故处理。

8) 国际多式联运合同

国际货物多式联运合同是指"多式联运经营人凭以收取运费、负责完成或组织完成国际多式联运的合同"。

该合同由多式联运经营人与发货人协议订立。多式联运合同的特点:

(1) 多式联运合同是双方合同;

(2) 多式联运合同是有偿合同;

(3) 多式联运合同是不要式的合同；

(4) 有约束第三者性质，收货人不参加合同订立，但可直接获得合同规定的利益并自动受合同约束；

(5) 有时包括接受委托、提供服务等内容，这些内容由双方议定。

9) 多式联运提单

多式联运单证的定义：是指证明多式联运合同及证明多式联运经营人接管货物并负责按合同条款交付货物的单据。

在实践中一般称为多式联运提单。它是发货人与多式联运经营人订立的国际货物多式联运合同的证明；是多式联运经营人接管货物的证明和收据；是收货人提取货物和多式联运经营人交付货物的凭证；是货物所有权的证明，可以用来结汇、流通和抵押等。

表6.1 多式联运提单与单一运输方式下单据比较

	铁路运单	公路运单	航空运单	海运提单	多式联运提单
运输方式	铁路	公路	航空	海运	多种
接收货物收据	是	是	是	是	是
运输合同	是	是	是	不是	不是
交付凭证	不是	是	不是	是	是
物权凭证	不是	不是	不是	是	是
可转让性	不可	不可	不可	可	可
货物风险	无	无	无	有	有
责任期限	站—站	接受—交付	港—港	港—港	接受—交付

表6.2 多式联运提单与海运公司签发的联运提单、转船提单的主要区别

	联运提单	转运提单	多式联运提单
运输方式	同一种运输方式间（目前实际开展的业务有例外）	同一种运输方式间	不同运输方式间
提单签发人	通常由掌握海上运输工具的承运人签发	由掌握海上运输工具的承运人签发	对全程运输负责，并有权签发提单的人
提单签发地点	在货物装运港签发	在货物装运港签发	在接收货物的地点（目前实际做法有不符）
提单签发时间	在货物装船后	在货物装船后	在接收货物后（目前实际做法有不符）

10) 国际多式联运的运输组织形式

(1) 海陆联运

是国际多式联运的主要组织形式,也是远东/欧洲多式联运的主要组织形式之一。

目前组织和经营远东/欧洲海陆联运业务的主要有班轮公会的三联集团、北荷、冠航和丹麦的马士基等国际航运公司,以及非班轮公会的中国远洋运输公司、"台湾"长荣航运公司和德国那亚航运公司等。

这种组织形式以航运公司为主体,签发联运提单,与航线两端的内陆运输部门开展联运业务,与大陆桥运输展开竞争。

(2) 陆桥运输

所谓陆桥运输是指采用集装箱专用列车或卡车,把横贯大陆的铁路或公路作为中间"桥梁",使大陆两端的集装箱海运航线与专用列车或卡车连接起来的一种连贯运输方式。

严格地讲,陆桥运输也是一种海陆联运形式。只是因为其在国际多式联运中的独特地位,故在此将其单独作为一种运输组织形式。

陆桥运输的表现形式:

① 通过大陆两端连接海运的大陆桥运

a. 西伯利亚大陆桥(Siberian Landbridge)

西伯利亚大陆桥是目前世界上最长的一条陆桥运输线。它大大缩短了从日本、远东、东南亚及大洋洲到欧洲的运输距离,并因此而节省了运输时间。

从远东经俄罗斯太平洋沿岸港口去欧洲的陆桥运输线全长 13 000 km。而相应的全程水路运输距离(经苏伊士运河)约为 20 000 km。从日本横滨到欧洲鹿特丹,采用陆桥运输不仅可使运距缩短 1/3,运输时间也可节省 1/2。此外,在一般情况下,运输费用还可节省 20%～30%左右,因而对货主有很大的吸引力。

经西伯利亚大陆桥往返欧洲与亚洲间的联运链主要有三条:

海路——铁路

海路——铁路——公路

海路——铁路——海路

b. 北美大陆桥(North American Landbridge)

北美大陆桥是指利用北美的大铁路从远东到欧洲的"海陆海"联运。该陆桥运输包括美国大陆桥运输和加拿大大陆桥运输。

美国大陆桥有两条运输线路:一条是从西部太平洋沿岸至东部大西洋沿岸的铁路和公路运输线;另一条是从西部太平洋沿岸至东南部墨西哥湾沿岸的铁路和公路运输线。

在北美大陆桥强大的竞争面前,巴拿马运河可以说是最大的输家之一。

② 海陆、陆海联运的小陆桥运输

小陆桥运输(Miniland Bridge,MLB),也就是比大陆桥的海—陆—海运输缩短一段海上运输,成为陆一海,或海一陆联运方式的运输。

"美国"小陆桥将日本或远东至美国东部大西洋口岸或美国南部墨西哥湾口岸的货运,由原来的全程海运改为由日本或远东装船至美国西部太平洋口岸或南部墨西哥湾口岸,以陆上铁路或公路作为桥梁把美国东海岸与西海岸和墨西哥湾连接起来。

目前,小陆桥运输链的主要路线有四条:

欧洲——美国东海岸转内地(或反向运输)

欧洲——美国海湾地区转内地(或反向运输)

远东——美国西海岸转内地(或反向运输)

澳洲——美国西海岸转内地(或反向运输)

对我国使用 MLB 运输条款应注意以下问题:

MLB 运输是完整的多式联运,由运输经营人签发全程联运提单,并收取全程运费,对全程运输承担责任。

MLB 运输下的集装箱货物,其提单应分别注明卸船港:××港,交货地:××交货地。

MLB 运输下成交的货物,卖方(发货人)承担的责任、费用终止于最终交货地。

MLB 运输下的集装箱货物,应根据运输经营人在美注册的运价本收取运费,原则上无任何形式的运费回扣,除非运输经营人与货主之间订有服务合同,即在一定时间内提供一定货运量后,货主可享有较低运价。

在按服务合同收取运费而货物托运人是无船承运人时,MLB 运输的集装箱货物应出具 2 套提单:1 套是无船承运人签发给货主的 HOUSE—B/L,另 1 套则是船公司签发给无船承运人的 MEMO—B/L。前者给货主用于结汇,后者供无船承运人在美国的代理凭其向船公司提货。

③ 直接进行水陆联运的微桥运输

微型陆桥运输,就是没有通过整条陆桥,而只利用了部分陆桥区段,是比小陆桥更短的海陆运输方式,又称为半陆桥运输。微桥运输与小陆桥运输基本相似,只是其交货地点在内陆地区。

美国微型陆桥运输是指从日本或远东至美国中西部地区的货运,由日本或远东运至太平洋港口后,再换装铁路或公路续运至美国中西部地区。

在美国,微桥运输又称内陆公共点多式联运(Interior Point Intermodal, IPI),即内陆公共点多式联运,是集装箱货物可抵美国内陆主要城市的完整的多式联运。

MLB 运输下的集装箱货物,其抵达区域是美国东海岸和加勒比海区域,而 IPI 运输方式则将集装箱货物运抵内陆主要城市。

两者的运输方式、运输途径、运输经营人责任和风险完全相同。

但与下面的 OCP 运输相比,IPI 是完整的多式联运,而 OCP 运输则不是完整的多式联运。

使用 IPI 集装箱多式联运方式时应注意如下问题:

a. 在 IPI 运输方式下其提单应写明卸船港：××港，交货地：××交货地。

b. 运输经营人对货物承担的责任从接收货物时起至交付货物时止，即对全程运输负责。

c. IPI 运输方式下的集装箱货物，在到岸价的情况下，卖方（发货人）承担的责任、费用终止于最终交货地。

d. IPI 运输尽管使用 2 种不同的运输方式，但使用同一张货运提单并收取全程运费。

（3）海空联运

海空联运又被称为空桥运输（Airbridge Service）。

在运输组织方式上，空桥运输与陆桥运输有所不同：陆桥运输在整个货运过程中使用的是同一个集装箱，不用换装；而空桥运输的货物通常要在航空港换入航空集装箱。

海空联运运输时间比全程海运少，运输费用比全程空运便宜。

这种联运组织形式是以海运为主，只是最终交货运输区段由空运承担。

我国已开展的国际多式联运路线主要包括我国内地经海运往返日本内地、美国内地、非洲内地、西欧内地、澳洲内地等联运线以及经蒙古或前苏联至伊朗和往返西、北欧各国的西伯利亚大陆桥运输线。其中西伯利亚大陆桥集装箱运输业务发展较快，目前每年维持在 10 000 标准箱左右，我国办理西伯利亚大陆桥运输主要采用铁/铁（Transrail）、铁/海（Transea）、铁/卡（Tracons）三种方式。

【案例】国际多式联运集装箱货损责任纠纷

随着物流服务理念的不断提升，为了充分满足客户的需求，国际物流运输服务提供商由传统的"港—港"服务转换为"门—门"的物流运输服务。这种运输方式的产生，即是国际多式联运，它具有强大的生命力和需求。国际多式联运涉及不同运输方式之间的转换，为了提高装卸效率，通常以集装箱作为运输单元。在国际多式联运中，参与方众多，又跨越不同的国界，一旦发生货损货差等问题，很容易产生纠纷。又由于大多数国家为了保护本国多式联运的发展，在相关政策方面，往往向多式联运经营人倾斜，这进一步加大了处理纠纷的难度。下面结合一个具体的案例，剖析国际多式联运环境下的集装箱货损纠纷的处理思路。

一、案情介绍

（一）国际多式联运合同的签订

江南丝绸公司将装载布料的五个集装箱委托四海集团承运，双方之间签订了国际多式联运合同，约定由四海集团对全程负责运输，货交底特律美国华美服装公司。多式联运单上记载："接货地：广州江南丝绸公司，装船港：香港，卸船港：西雅图，交货地：底特律华美服装公司"；运输条款："FCL-FCL"；运单上同时记载"由货主装箱、计数"的批注。多式联运合同关系方如图 6.1 所示。

```
发货人                国际多式联运经营人              收货人
(江南丝绸公司)    ——    (四海集团)        ——    (美国华美服装公司)
                        (FCL－FCL)
```

图 6.1　国际多式联运合同关系方

（二）国际多式联运运输业务的操作

四海集团受理该票业务后，首先委托大地物流公司公路运输到香港，大地物流公司签发了以四海集团为托运人的公路货运单。其后，货到香港，四海集团又委托中国远洋船公司海运到西雅图。集装箱在香港装船后，中国远洋船公司签发了以四海集团为托运人的海运提单，提单记载："装船港：香港，卸船港：西雅图"；运输条款："FCL-FCL"。集装箱在西雅图港卸船后，五个集装箱中有三个外表状况有严重破损，四海集团在西雅图的代理与船方代理对破损做了记录，双方代理在破损记录上共同签字。尔后，四海集团又办理了由西雅图到底特律的铁路运输。五个集装箱运抵底特律华美服装公司后，收货人开箱时发现：三个外表有破损的集装箱箱内布料已严重受损，另一个集装箱尽管箱子外表状况良好，关封完整，但箱内布料也有受损。

（三）货损赔偿纠纷的产生

由于货到底特律收货人开箱时发现五个集装箱中有四个集装箱的货物受损，于是拒绝收货，并向发货人提出赔偿要求。发货人于是向四海集团提出赔偿，并要求按最高货损限额的运输区段给予赔付。关于货损责任人、赔偿限额，四海集团与发货人、大地物流公司、船公司、铁路集团等涉案方产生了争议。纠纷主要争议是：① 货损到底该由谁来赔付？② 货损是按公路货损标准、海运货损标准，还是铁路货损标准限额支付赔偿金额？要解决此问题，必须明确以下两点：一是国际多式联运经营人的权利与责任；二是在不同的集装箱运输条款下，各当事人该如何划分责任。

二、国际多式联运经营人的权责

国际多式联运，是以至少两种不同的运输方式，由国际多式联运经营人将货物从一国境内运至另一国境内的货物运输形式。它是以实现货物整体运输的最优化为目标的联运组织形式，通常以集装箱为运输单元，将不同运输方式有机结合在一起，构成连续的、综合性的一体化货物运输。国际多式联运，具有"由多式联运经营人对全程负责，通过一次托运、一次计费、一份多式联运单证、全程实行单一运费率，由各区段的承运人共同完成货物全程运输"的特点。

（一）国际多式联运的运行机制

国际多式联运的全过程可以分为全程运输组织过程、实际运输作业过程两部分。目前运用较多的是衔接式多式联运的组织方法。在这种方法中，全程运输组织，主要是指多式联运经营人(MTO)接收货物托运后，首先，制定货物全程运输计划，选择货物的运输路线，划分运输区段，确定中转、换装地点，选择各区段实际承运人，并把计划转达给各中转衔接地点的分支机构或委托代理人；然后，根据计划分别与第一程、第二程、第三程……的实际承运人订立各区段货物运输合同。全程各区段之间的衔接，由多式联运经营人(或其代表、代理人)采用从前程实际承运人手中接收货物再向后程承运人发运方式完成,在最终目的地从最后一程实际承运人手中接收货物后,再向收货人交付货物。国际多式联运全程运输过程如图 6.2 所示。

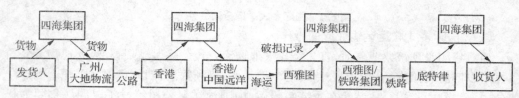

图 6.2　集装箱货物运输交接流程图

(二)国际多式联运经营人的责任形式

由于多式联运的发展改变了传统的货物交接界限,也从根本上改变了多式联运经营人的责任范围。在目前的国际多式联运业务中,较常见的责任形式有以下两种。

1. 同一责任制。同一责任制,即是多式联运经营人对全程运输中货物的损坏、灭失或延期交付负全部责任。无论事故是发生在海运,还是内陆运输区段;无论是明显的事故,还是隐蔽的事故,均按统一原则由多式联运经营人按约定的限额进行赔偿。也就是说在整个运输中只要发生了货损,就不分实际货损区段,由多式联运经营人按同一约定的赔偿额度进行赔偿。同一责任制,具有科学、合理、手续简化等特点。但对多式联运经营人而言,责任负担较重。因此,目前在世界范围内并未广泛使用。

2. 网状责任制。网状责任制,即是多式联运经营人虽然对全程运输负责,但是对货损货差的赔偿是按造成该货损货差的实际运输区段予以赔偿的。比如,如果在公路运输中产生了货损,则根据《国际公路货运公约》或国内法执行;如果在海上运输中产生了货损,则按照《海牙规则》、国际公约或国内法执行。网状责任制,减轻了多式联运经营人的风险责任,但从国际多式联运长远发展来看,这种责任形式并不理想。因为容易在责任轻重、赔偿限额等方面产生分歧,也容易造成多个分运人互相推卸责任的现象产生。目前,国际多式联运处于发展过程中。因此,虽然同一责任制更加科学合理,但国际上多采用网状责任制。我们国家也采用网状责任制,这对保护刚刚起步的我国多式联运经营人的积极性,保证我国多式联运顺利、健康的发展具有积极意义。但随着国际多式联运的不断发展与完善,同一责任制将更符合这种业务的发展要求。

(三)集装箱不同交接形态下各当事人的责任划分

1. 整箱货交接下(FCL-FCL)的责任划分。整箱货,是指一个货主托运的货物足以装满一个集装箱,通常情况下只有一个发货人和一个收货人。在整箱货托运时,由托运人负责装箱、计数、填写装箱单,并加盖集装箱封志。整箱货交接地点一般是在进口国和出口国的集装箱堆场(CY),或托运人和收货人所指定的工厂大门或仓库(DOOR)。整箱货是由托运人负责装箱和计数,承运人接受的只是已加盖封志的集装箱。因此,在整箱货运输过程中,承运人在箱体完好和封志完整的状况下接受集装箱,就必须承担在相同状况下运输直至交付集装箱的责任。也就是说,承运人接管的是状态良好的集装箱,就必须对集装箱的良好性负责,而无须对箱内货物负责。在这种情况下,承运人一般都会在货运单上附加一条"不知条款",不知内容主要涉及箱内货物的品名、属性、状态、数量等。整箱货的拆箱,一般由收货人办理,但也可以委托承运人在货运站拆箱,但承运人不负责箱内的货损、货差。除非货方举证确属承运人责任事故的损害,承运人才负责赔偿。

2. 拼箱货交接下(LCL-LCL)的责任划分。拼箱货,是指承运人(或代理人)接受货主所托运货物的数量不足整箱的小票货运后,根据货物的性质和目的地进行计划、分类、整理,把去往同一目的地的货物集中到一定的数量后,负责拼装入箱、计数、填写装箱单,并加封志的集装箱货物。一般有多个发货人和多个收货人。拼箱货交接地点一般是在进口国和出口国的集装箱货运站(CFS))。拼箱货运输条款下,承运人接受的是货物,并负责装箱和计数。因此,如果承运人接受的是外表状况良好的货物,就承担着在运输过程中直至交付货物时要保证货物的良好性的责任。也就是说,承运人接管的是货物,就必须对集装箱货物的良好性负责,而不仅仅对集装箱负责。简而言之,整箱货运输的情况下,承运人对集装箱状况负责;拼箱货运输的情况下,承运人对货物状况负责。

在集装箱运输业务办理过程中,常见的交接形态就是整箱货交接(FCL-FCL)或拼箱货交接(LCL-LCL),而整箱交、拼箱接(FCL-LCL)的方式基本不存在。因为在 FCL-LCL 方式下,承运人是在箱体完好和封志完整的状况下接受托运人的集装箱,只需对集装箱负责;而在收货方却需要对集装箱内的货物负责。这明显加大了承运人的责任,因此承运人一般不会接受此种运输方式。

三、本案中货损纠纷分析

(一)江南丝绸公司(发货人)的责任分析

本案中,江南丝绸公司承担的是"集装箱外表状况良好、但箱内货物却受损"的这一个集装箱货损的责任。原因如下:江南丝绸公司,以托运人的身份与四海集团签署了国际多式联运合同,多式联运单上注明:运输条款"FCL-FCL";运单上同时也记载"由货主装箱、计数"的批注,这足以说明此批货物的交接形态是以整箱货的方式进行。

在集装箱整箱交接形态下,其双方责任是"以集装箱外表状况是否良好,海关关封是否完整"来确定的。本案中,江南丝绸公司将装载货物的集装箱交由四海集团托运时,按照整箱货交接下的责任划分,四海集团只需对集装箱的外表状况负责,而无须对集装箱内的货物负责。因此,货交收货人时,虽然有一个集装箱内的货物受损,但集装箱的外表状况是良好的。结合"FCL-FCL"运输条款下,四海集团"对集装箱状况的良好性负责,而无须对集装箱内货物的良好性负责"的原则,这一个集装箱货损的责任应由发货人江南丝绸公司自己承担。

(二)四海集团(国际多式联运经营人)的责任分析

本案中,四海集团承担的是"集装箱外表有破损、且箱内布料也已严重受损"的这三个集装箱货损的责任。原因如下：四海集团，作为国际多式联运经营人应对全程运输负有责任。发货人将集装箱交给四海集团时，四海集团未对集装箱外表状况提出异议，由此可以认定集装箱外表状况是完好的。在集装箱"FCL-FCL"运输条款下，国际多式联运经营人承担着"在箱体完好和封志完整的状况下接受集装箱，就必须在相同状况下交付集装箱"的责任。因此，四海集团接受的是"外表状况良好"的集装箱，就必须交给收货人的也应该是"外表状况良好"的集装箱。然而在本案中，货到目的地后，收货人发现有三个集装箱外表破损，开箱后其内的布料也已严重受损。结合"FCL-FCL"运输条款下，四海集团"对集装箱状况的良好性负责"的原则，这三个外表有破损的集装箱货损应由四海集团承担。因此，四海集团应该赔偿与其有运输合同关系的发货人江南丝绸公司这三箱货物的损失。

（三）中国远洋船公司（海运区段实际承运人）的责任分析

本案中，"集装箱外表有破损、且箱内布料也已严重受损"的这三个集装箱货损的责任，最终由中国远洋船公司承担。原因如下：中国远洋船公司，作为"香港—西雅图"区段的海运分运人，应该对自己承担区段的货物运输负责。四海集团将集装箱交给中国远洋船公司承运时，中国远洋船公司签发了以四海集团为托运人的海运提单，运输条款是"FCL-FCL"。在海运提单上对集装箱的状态没有不良记录的批注，说明该提单是清洁提单，也就是说船公司在装运港（香港）接受的是"外表状况良好"的集装箱。依据"FCL-FCL"条款下的责任划分，在整个运输过程直至货交托运人指定的代理人时，都必须保持集装箱"外表状况良好"的特性。但货抵目的港（西雅图）时，四海集团的代理人发现有三个集装箱外表有破损，并且双方代表对破损记录都签字确认。因此，可认定三个外表有破损集装箱的受损区段是发生在海运期间。货物最后到达目的地（底特律）后，收货人开箱发现这三个外表有破损的集装箱箱内的货物已严重受损。由此，可推断"集装箱外表有破损、且箱内布料也已严重受损"的货损是发生在海上运输区段。所以，中国远洋船公司应该赔偿与其有海运合同关系的四海集团这三个集装箱的货损责任。

（四）大地物流公司（公路区段实际承运人）、西雅图铁路集团（铁路区段实际承运人）无责任分析大地物流公司、西雅图铁路集团分别作为公路区段、铁路区段实际承运人，与四海集团都签订了分运合同。在本案中，不同区段的集装箱运输都是以"FCL-FCL"的形式完成的。因此，各区段实际承运人在完成运输业务、在目的地交箱时，只要保持在起运地接箱时的箱体状态，即可认为整个运输过程是完好的。

大地物流公司承担的是"广州——香港"的集装箱公路运输。在广州接箱时，集装箱外表状态是良好的。货抵香港，将集装箱交给四海集团代理人时，四海集团代理人并未对集装箱外表提出异议，在交接单上也没有不良记录。由此，可以认定公路运输区段是完好的，没有造成货损，大地物流公司不承担货损责任。

西雅图铁路集团承担的是"西雅图—底特律"的集装箱铁路运输。在西雅图接箱时，有三个集装箱外表破损，两个集装箱外表状况良好。依据"FCL-FCL"运输条款，货抵目的地底特律时，只要维持接箱时的状态，即"有三个集装箱外表破损、两个集装箱外表状况良好"的箱体形态,即可认定西雅图铁路集团顺利地完成了铁路运输。本案中,货抵西雅图,西雅图铁路集团将集装箱交给四海集团的代理人时,四海集团代理人对三个破损集装箱的损害程度是否加剧没有提出异议,另外两个集装箱外表状况也未提出异议。说明西雅图铁路集团接受的是"有三个集装箱外表破损、两个集装箱外表状况良好"的运输业务,并且在相同状态下完成了交付任务。所以,可以认定铁路运输没有造成货损,西雅图铁路集团不承担货损责任。

  总而言之,在国际多式联运中,要熟悉各参与方之间的关系,要充分了解集装箱不同交接形态下各参与方该承担的责任。只有掌握了丰富的专业知识,处理此类纠纷才会得心应手。

复习思考题

1. 什么是联合运输?联合运输有何特点?
2. 开展联合运输需要具备哪些条件?
3. 水陆联运货物的赔偿如何处理?
4. 水陆联运货物变更运输需具备什么条件?
5. 什么是国际多式联运?其基本特征是什么?
6. 国际多式联运一般业务程序有哪些?

7 运输代理

代理是社会生产专业化发展的结果，普遍运用于社会生产、生活的各个领域。运输代理是指接受进出口业务货物收货人、发货人的委托，以委托人的名义或者以自己的名义，为委托人办理国际货物运输及相关业务并收取服务报酬的行业。运输代理主要办理有关货物报关、交接、仓储、调拨、检验、包装、转运、订舱等业务。

7.1 代理概述

本节主要介绍代理的含义、代理制度的沿革、代理的基本特征、代理的分类、代理权、代理人的法律责任等内容。

1）代理的含义

代理，是根据被代理人的委托授权（在代理权限内），以被代理人的名义，并为被代理人的利益而与第三人实施的民事法律行为，也可称"所做的意思表示"，由此产生的法律效果对被代理人发生法律效力。这里所说的被代理人，民法上称为本人，代理人就是受被代理人委托代其办事的人，第三人则泛指一切与代理人打交道的人。

法律效果包括：代理行为所产生的权利和义务；代理行为所取得的其他利益；代理人因过失造成的不利后果及损失；代理人执行事务时，因过失而对第三人造成损失的赔偿责任等。

代理的适用范围：从主体上，代理适用于所有民事权利主体的民事活动。从代理行为的内容来看，代理适用于进行民事法律行为、民事诉讼以及其他具有法律意义的行为（申报行为、申请行为）。

代理不适用的范围：依照法律规定或行为性质须由本人亲自进行的法律行为（如遗嘱、婚姻登记、收养子女、约稿、演出等）；被代理人无权进行的行为；依据法律规定只能由某些特定民事主体代理的行为。

2）代理制度的沿革

（1）产生于17世纪

从17世纪开始，由于商品经济的发展，远洋贸易增多，商业资本家无法事必躬亲，代理制度因而产生并逐渐推广。到18世纪出现了两种商业代理人,即代理商和经纪人。

(2) 19—20世纪资本主义时期发展

资本主义时期,商品贸易范围和规模越来越大,形成国际贸易市场,在时间、空间、精力和知识才能等诸多方面给商品生产者和商品交换者带来了难以克服的困难。特别是越来越多的当事人对生产和经营知识并不了解,需要由具备专门知识和专门技能的人作为代理人进行商务活动;生存和发展的竞争,单靠商品生产者和经营者个人显得有些力不从心,无法适应市场要求,迫切需要借助代理制度,壮大力量,使自己处于有利的竞争地位。

因此,商品经济的发展,促使代理活动成为资本主义社会经济发展的重要支柱,使代理制度得以确立和完善,特别是商务代理从民事代理中分离出来,占有越来越重要的地位。

(3) 我国的代理

自1978年改革开放开始,我国社会主义市场经济体制得到确立和发展,各种代理业兴旺起来,特别是商务代理得到迅速发展。各种类型的独家代理、总代理、一级代理、二级代理等纷纷挂牌营业,外贸代理、运输代理、证券代理、期货代理、税务代理、保险代理、版权代理、文化代理、专利代理、广告代理和房地产代理等日趋活跃,在市场经济中发挥出越来越大的作用。

3) 代理的基本特征

(1) 代理人必须以被代理人的名义进行活动。

(2) 代理人必须在代理权限内进行活动。但代理人有独立进行意思表示的权利,如在合同签订过程中,代理人有权决定如何向对方讨价、还价、提出要求,有权决定是否接受对方的条件等。

(3) 代理人必须以被代理人名义与第三人进行有法律意义的活动。代理人的代理行为是具有法律意义的行为。代理人与第三人之间通过代理行为能够产生法律上的权利义务关系,产生法律后果。如代人请朋友吃饭、聚会等,不能产生权利义务关系,不是代理;而代人保管物品、代人照看小孩、代人抄写文稿等,只是提供劳务,却不和第三人发生法律关系,属于劳务合同,也不是代理。

(4) 代理行为的法律后果直接归属于被代理人。被代理人承受的代理行为的法律后果,不仅包括合法的,对被代理人有利的法律后果(权利、义务)。而且也包括因为代理人过错(故意、过失)而造成的违法的或其他对被代理人不利的法律后果。

4) 代理的分类

按照产生代理权的性质划分:

我国《民法通则》第六十四条规定,代理包括委托代理、法定代理和指定代理3种:

(1) 委托代理。代理人根据被代理人的委托而进行代理活动,称为委托代理,是代理人和被代理人在自愿的基础上建立起来的一种法律关系。

（2）法定代理。法定代理是指代理人根据法律的直接规定进行代理活动。法定代理关系中的被代理人只能是公民，而且是无民事行为能力或限制行为能力的公民。例如，父母是未成年子女的法定代理。

（3）指定代理。指定代理是指代理人根据人民法院或其他有关单位的指定进行代理活动。指定代理关系中被代理人应是无民事行为能力（或行为能力受限制）的公民。代理人主要是未成年人和精神病人的近亲属。

按代理权限范围的大小划分：

① 一般代理。一般代理是指不享有独家代理专营权的代理，即委托人在同一地区和期限内，对同一商品可同时委托几个代理人代表委托人的行为。一般代理根据推销商品的实际金额和根据协议规定的办法和百分率向委托人计收佣金，所以又称佣金代理（Commission Agent）。

一般代理的特点：代理方代表委托方在当地从事商业活动，成交后收取一定的佣金；委托方在某地区往往可拥有数个一般代理方；委托方有权越过一般代理方在其代理地区进行商业活动，而无须支付佣金给一般代理人；一般代理因不享有独家代理的专营权，因此不承担在一定时期内销售一定量商品的义务。

② 特别代理。是指委托代理人基于被代理人的特别授权而代为进行某些特定的诉讼事项或行为。委托代理人进行特别代理必须由被代理人特别授权，如，在民事诉讼中，实质的处分权利包括和解、撤诉等。如果授予律师和解的特别权利，那么在诉讼的过程中，他可以不必经过委托人的事前同意而直接与对方当事人达成和解协议。我国民事诉讼法规定，特别代理的，必须写明特别授权的事项，如果未列明的，或者只写"全权代理"字样而无具体内容的，按一般代理处理。

特别代理是代理人的代理权受到特别限制的代理，即代理人仅仅在特许范围内实施代理行为，故又称为部分代理、特定代理。

根据民事诉讼法规定，以下事项需特别授权：代为承认、放弃或者变更诉讼请求；代为进行和解；代为提起反诉；代为上诉。

按代理权是属于一人还是数人划分：

① 单独代理。单独代理是代理权属于一人的代理。在单独代理的情形，代理人有权就代理事务独立做出决定，故又称独立代理。

② 共同代理。是指代理人为二人或二人以上，代理权由二人或二人以上共同行使的代理。只有全体代理人的共同同意，才能行使代理权，所实施的行为是全体代理人的共同行为；如果实施该代理行为给被代理人或第三人造成了损失，应由全体代理人负连带责任；如果其中一个或数个代理人未与其他代理人协商而行使代理权，该代理权无效，给被代理人造成的损失，由实施该行为的代理人承担民事责任。

5）代理权

（1）代理权的产生

所谓代理权，就是指代理人以被代理人的名义进行民事活动的权利。代理权的产生必须以一定的法律事实为根据,即被代理人的委托,产生委托代理;法律的直接规定,产生法定代理;人民法院或有关单位的指定,产生指定代理。

(2) 有权代理

凡代理人在代理权限内,以被代理人的名义与第三人实施民事法律行为,称为有权代理。在这种情况下,代理人的代理行为所产生的一切法律后果均应由被代理人承担。如果是有偿代理,被代理人还应给付报酬。代理人只能代理合法行为。我国《民法通则》第六十七条明文规定:如果代理人知道被委托代理的事项违法仍然进行代理活动的,或者被代理人知道代理人的代理行为违法却不表示反对的,分别由被代理人和代理人负连带责任。

(3) 无权代理

我国《民法通则》第六十六条规定,"没有代理权、超越代理权或者代理权终止后的行为"都属于无权代理。无权代理有以下几种表现:代理没有法律根据,不是法定代理人却以法定代理人的名义进行代理;被代理人没有授权或代理权消失后仍以被代理人的名义进行代理活动;代理活动超越代理权。

(4) 滥用代理权

代理人利用代理权进行有损于被代理人利益的活动,称为滥用代理权。我国《民法通则》第六十六条第三款规定:"代理人和第三方串通损害被代理人的利益,由代理人和第三人负责连带责任。"

(5) 再代理

再代理,即代理人将代理事项的一部分或全部再委托给第三人代理。再代理是与本代理相对而言的。在一般情况下,代理人不得把被代理人授予的代理权转托给第三人,但是在特殊情况下,为了被代理人的利益,法律允许转托第三人代理。我国《民法通则》第六十八条规定:"委托代理人为了被代理人的利益需要转托他人代理的,应当事先取得被代理人的同意。在紧急情况下,为了保护被代理人利益而转托他人代理的除外。"

(6) 代理权终止

代理权根据一定的法律事实而产生,也可根据一定法律事实的出现而终止。

代理期限届满或者代理事务完成,委托代理便宣告终止;或者被代理人取消委托,或者代理人辞去委托,委托代理关系即告终止。无论被代理人取消委托,还是代理人辞去委托,都必须事先通知对方;否则对此造成的后果,皆由己方负责。代理人死亡或丧失行为能力(行为人没有判断能力和自我保护能力,不知其行为后果,比如说正常人因为受到刺激变成精神病人)或被代理人死亡,代理自然终止。

被代理人取得或者恢复民事行为能力,法定代理即告终止。

指定代理的人民法院或者指定单位取消指定,指定代理终止。

由于其他原因引起的被代理人和代理人之间的监护关系的破灭。比如,王某与李某结婚后,李某因一次意外事件精神受刺激而致精神失常,成为无民事行为能力人,王某作为其配偶成为李某的监护人,同时也是她的法定代理人。三年后,王某与李某离婚。由于两人的婚姻关系已经解除,监护关系随之消灭,故法定代理也终止。

6) 代理人的法律责任

(1) 在授权范围内行事

由委托人与代理人签订代理协议,授权代理人在一定范围内代表他向第三者进行商品买卖或处理有关事务(如签订合同及其他与交易有关的事务等)。代理人在委托人授权范围所做的行为所产生的权利和义务,直接对委托人发生效力。

(2) 如实汇报一切重要事宜

代理人必须向委托人提供真实的情况及资料。如果有任何隐瞒或提供的资料不实,给委托人造成损失,委托人有权向代理人提出索赔并撤销代理协议。

(3) 负保密义务

在代理协议有效期内不得向第三者泄露在代理过程中得到的保密情报和重要资料(比如客户信息、成本数据、利润资料、投标标的、交易信息等)。

(4) 如实向委托人收账

代理人有义务对代理过程中产生的费用向委托人提供正确的账目与相关票据,有权力向委托人收账,特殊费用应事先征得委托人的同意。

代理活动中,因以下原因可能导致连带责任的产生:

① 因授权不明而产生的连带责任

因委托人授权不明,代理活动中给第三人带来的经济损失,由被代理人向第三人承担民事责任,代理人负连带责任。

② 代理人和第三人互相串通产生的连带责任

在代理活动中,若代理人和第三人互相串通,给委托人造成经济损失,代理人和第三人负连带责任。

③ 利用代理关系进行违法活动产生的连带责任

代理人知道被委托代理的事项违法仍然进行代理活动的,或者被代理人知道代理人的代理行为违法不表示反对的,由被代理人和代理人负连带责任。

④ 转托代理不明的连带责任

委托代理人将代理事项转托再代理人办理时,未明确规定再代理人的代理权限,由此而给第三人造成的损失,第三人可以直接要求被代理人赔偿。被代理人承担民事责任后,可以要求委托代理人赔偿损失,转托代理人有过错的,应当负连带责任。

⑤ 无权代理产生的连带责任

代理人在代理活动中实施无权代理行为,如第三人明知代理人没有代理权、超越代理权或代理权已经终止后仍与之为民事行为,由此造成他人的损失,第三人应和代理人负连带责任。这种连带责任的主要特点,是必须以第三人的恶意为构成要件。如果第三人对于无权代理的发生仅仅具有过失而非故意(如,第三人对代理人的资格未做必要的审查),则第三人应仅就其过失承担相应的民事责任。

7.2 运输代理的产生与发展

运输代理有着近200年的历史,随着社会分工的不断深化,它在扩展运输市场、改善运输服务质量、提高运输资源利用效益,以及为运输企业开辟新的经济增长点等方面表现出了很大的优越性,同时它的专业性也日益明显,并逐渐成为一个国际性行业。

1) 运输代理的含义

运输代理(Forwarding Agent or Ship's Agent)是指根据客户的指示,为客户的利益而揽取货物的人,其本人并非承运人。运输代理有租船代理、船务代理、货运代理等形式。

(1) 运输代理的产生与发展

根据国际货运代理协会联合会(FIATA)的介绍,早在公元10世纪就已经产生了专门从事货运代理业务的代理人。但现代意义上的运输代理的大规模兴起,则是资本主义社会化大生产的结果。

① 美国

18世纪90年代后,美国南方商业化农业的发展,加速了东部商业走向专业化。前所未有的大量棉花贸易,造成这些交易由专业公司来经营。这些公司不是采取买进的方式,而是向客户支取固定的佣金,代其采购原料和销售大批的棉布与布匹。这些代理商不仅为种植场主的作物进行推销、联系订单,还为他们采购各种供应品并向他们提供贷款。此外,美国早期的代理商还安排谷物或棉花的运输,支付保险费、仓储费和运费;如有必要,也支付税金、码头费等费用,这就是运输代理的雏形。

19世纪,由于代理制度本身的不完善及其他一些原因,代理制度一度处于衰败状态。进入20世纪,运输代理也进行了制度与运作方式的变革,从而适应了社会发展的需求。此后,由于运输事务的逐步复杂化,运输代理的业务也逐步细化,出现了货运代理、船务代理、运输咨询代理等具体形式。

② 中国

1949年以前,在我国的沿海港口就存在从事报关和代办运输业的企业,其业务属于货运代理。1950年,我国成立了中国对外贸易运输公司。为满足我国对外贸易运输日益增长的需要,为向靠泊我国的外轮提供代理服务,1953年成立了中国外轮代理公司。1961年,又组建了中国远洋运输公司作为国家的远洋商船队。中远公司成立后,为了便于同时开展远洋运输和船舶代理业务,外轮代理公司并入中远公司成为其子公司。1993年,中远公司和外运公司分别进行了机构重组,从而形成了我国对外贸易运输的两大经营集团——中远集团和外运集团。目前,我国的外贸运输货运代理业务大约80%~90%是由这两大集团所属企业完成的,它们是我国主要的国际货物运输代理。2004年12月28日,由铁路行包运输主业与中铁快运重组成立的中铁行包快递有限责任公司和中铁行邮公司的成立,标志着我国铁路快运代理业进入了新的发展阶段。

(2) 运输代理存在的原因

运输代理是一种特殊的代理形式,是社会经济中运输业分工深化的结果,它的形成进一步促进了运输的专业化和社会化。随着社会分工的不断深入和运输业的蓬勃发展,运输代理业与运输业相互作用共同发展。

用现代经济学的交易成本理论解释和分析运输代理的产生与发展,可以发现降低运输的交易成本是运输代理出现和成长的根本原因。在一般的商品交易过程中,可将运输成本看作是一种交易成本。运输服务本身就是一种交易活动,即通过运输企业的有偿服务,实现商品或人的空间位移。在这种运力买卖的交易过程中就存在运输交易成本。当许多商品生产企业跨地区和跨国经营的范围越来越广泛时,投入品与产出品的运输距离也越来越长,大量货物都是通过两程及以上或两种运输方式来实现从发货地到目的地的转移,其中许多涉及国际运输。货主为了选择最佳路径和最佳运输方式,需要收集多种有关信息,与不同地区或不同运输方式的企业进行谈判和签约,还要处理与贸易、银行、海关等部门多方面的关系,以上这些交易行为产生了大量的差旅和通信费用。由此可见,运输的交易成本是显著的。

由运输代理企业代表货主与相关运输企业进行交易,依靠运输代理企业一定程度的规模经营,可为众多的货主进行运输交易,从而使每个货主的交易成本均得到下降。一般而言,代理规模的递增将使交易成本递减。

从信息成本的角度来分析,由于专业的缘故,代理企业与众多运输企业联系密切,取得运力供给方面的市场信息比较容易,平均每单位货物负担的信息成本也较少,这是规模经济作用的结果。

从运输合同的谈判和履行成本看,它与市场信息成本相似,代理企业与运输企业有固定的交易关系,谈判容易进行,合同谈判成本就较低;同时,由于代理企业了解供需的市场信息,可以根据运输方式、运力分布情况和货物运输需求的特性为货主选择可行的最佳运输方式和路径,使合同履行成本尽可能地降低。

分布在各地的代理网点的多层次服务也使货主企业节省了大量的差旅、通信费用,降低了交易成本。同样,运输代理方式对于运输企业来讲也有类似的效用。

由上述可见,能够降低运输交易成本是运输代理企业存在和发展的根本原因。

(3) 运输代理的法律背景

在我国民法中,运输代理被归到委托代理中的商业代理范畴。虽然在《民法通则》中没有关于运输代理的具体规定,但是将它作为商务代理的一种,对商务代理进行了解释,委托代理具有以下特点。

① 委托代理是基于委托人的委托授权而产生的。而法定代理、指定代理都不是基于当事人的授权产生的,是由于法律的直接规定或制定机关依职权进行制定而形成的。

② 委托代理主要发生在经济领域,在商业、贸易、经营等市场行为中得到广泛运

用,直接服务于市场经济。例如,企业可以委托他人代其销售产品,委托他人代其运输等。

委托代理中的代理人,既可以是公民个人(自然人),也可以是取得法人资格的代理机构。前者如企业职员受企业法人代表的授权委托,代理企业与第三人签订经济合同;后者类型很多,如货运代理商、进出口代理商、广告代理商等。

在委托代理中,委托人和代理人之间的权利和义务是相互对应的,委托人的权利也就是代理人的义务,代理人的权利也就是委托人的义务。

从义务的角度看,代理人的义务有:忠实地、勤勉地履行代理职责,按照委托人的要求,在授权范围内积极、认真、有效地进行代理行为;如果由于代理人疏于职责而致使委托人遭受损失的,代理人应对委托人负赔偿责任;代理人不得从事任何有损于委托人利益的行为,必须将代理行为产生的权利和收益及时转移给委托人,定期向委托人申报账目,保守委托人的商业秘密,原则上不得将代理权转委托给他人。

委托人的义务有:提供和补偿代理人因履行代理义务而产生的费用,提供必需的材料或资料,承担代理行为的法律后果,支付报酬或佣金,这是委托代理中委托人最主要的义务。根据商业惯例佣金一般是按照代理人所完成业务金额(标的)的一定比例提取,并事先在委托合同中予以规定。

2) 运输代理与交通运输系统

(1) 运输代理在运输系统中的地位

运输代理与一般商务代理的不同在于它和运输系统的紧密关系。交通运输系统除了具备系统的一般特性外,它还具有以下特点:运输生产过程在区域上的连续性、运输生产的网络性、运输系统的多样性和整体性、运输系统的动态性。交通运输系统的这4个特征,决定了运输代理在系统中独特的地位。

① 运输代理是运输系统的输入部分

对于承运部门而言,运输代理代表托运人办理运输业务,是运输需求的提出者,是运输服务的消费者,是客户。它向运输企业提供运输加工的对象,向其支付运费,并且提供有关运输市场的需求信息。

② 运输代理是运输系统的输出部分

对于托运人来讲,运输代理又是运输服务的提供者,在客户的眼中实际上是运输方;它代替货主办理货物运输事宜,向托运人收取各项费用,有些还对货物的运输负最终责任,因此是交通运输系统输出的组成部分。

③ 运输代理是交通运输系统各个子系统的联络者

交通运输系统中的运输方式,包括铁路、公路、水路、航空和管道子系统。在各个子系统的衔接、协调中,在利用不同的运输方式运输货物的过程中,运输代理发挥着重要的作用(如图7.1所示)。因此,运输代理是各种运输方式的结合者,在各种运输方式的衔接中扮演着不可替代的角色,这一点在多式联运中表现得尤为明显。

图 7.1 运输代理在运输过程中的位置

由图 7.1 可以看到,运输代理作用的发挥贯穿于货物运输的始终,是运输系统与外部联系的纽带,也是运输系统内部各子系统之间联系的纽带。

各种运输方式都具有其优势和劣势。作为运输代理人,应当站在委托人的角度,根据委托人所提出的对于运费、运到时间、安全性等要求,考虑货物运量、货物性质和收发货地点、通道状况等具体条件,选择最佳的运输方式组合,达到最好的运输效果,而不应拘泥于某种特定的运输方式。

(2) 运输代理在运输系统中的作用

运输代理的基本功能是为客户提供各种有关货物运输的服务,同时也服务于拥有不同运输工具的运输企业(即运输系统中的真正生产部门)。

① 运输代理在交通运输系统中起优化系统资源配置的作用

推行运输代理制,按照经济规律和现代企业管理的理论、方法,以运输的全过程为对象,对运输进行专业化经营管理,可以更好地促进交通运输业内部的组织参与,各个专业运输部门可以改变面对千家的复杂局面,专一承接运输代理服务;可以集中有限的人力、物力,专门从事运输生产;通过代理对货物的预先整理、包装、拼装箱等服务,大大简化运输企业的受理手续;同时由于代理的门到门服务功能,可以减少运输企业设立承运、交付办理点的数目。

② 运输代理能够强化交通运输系统的内部联系

运输是商品流通的载体。由于流通领域非常广泛,空间跨度往往很大,而各种运输方式,甚至同一种运输方式的不同区段之间的运输条件都不尽相同。铁路、公路、水运、航空等各个子系统受地域、线路等条件限制,或者出于经济利益方面的考虑,单纯依靠一种运输方式或一种运输工具通常很难完成货物的最终运输任务。即使是两点一线的直达运输,也离不开短途集、疏运。根据运输需要选择适宜的车船,组织各种运输工具紧密衔接,加强对各种运输工具的综合利用,是运输代理的重要功能。

③ 运输代理还为运输系统提供信息动力

交通运输系统本身就是一个复杂的信息系统。运输代理在运输系统的信息交流中起着非常重要的作用,它是托运人(货主)与承运人(具体运输企业)之间沟通的桥梁,是联系需求与供给的纽带,它为托运人提供运输费用、运输方法、运输通道等有关信息,为承运人提供具有参考价值的有关货物运量、货源分布等方面的信息,方便运输企业的决策。

④ 运输代理可以拓展运输系统的输入和输出

运输代理的服务大大方便了运输市场的消费者（货主），保证了他们生产原料的适量、及时供应和产品的顺利运出，为商品流通提供了更加便利、经济的通道。

⑤ 运输代理有助于促进先进技术的利用

运输代理业是高新技术应用较为广泛的行业，因为没有先进的信息、管理、交通运输组织等技术，运输代理企业不可能确立自己的优势地位，承揽更多的货源，获得持续的发展。例如，中铁快运公司为了实现对全国100多个城市数百个营业网点统一、规范和高效的管理，在我国小件货物快运领域率先建立起覆盖全国的快运货物代理网点计算机管理和信息传输系统，在北京丰台区建立的立体仓库其计算机自动化管理系统在全国物流领域也是首屈一指。

3）运输代理的种类和内容

运输代理按照主营业务内容可分为租船代理、船务代理、货运代理、客运代理和运输咨询代理五大类，但并不严格，如货运代理商兼营客运代理业务和运输咨询代理业务。

（1）租船代理

租船代理又称租船经纪人，是以船为商业活动对象而进行船舶租赁业务。其主要业务是为租船人寻找合适的运输船舶或为船东寻找货运对象，也就是通常所说的"为船找货，为货找船"。租船代理根据其代表的委托人身份的不同又分为船东代理人和租船代理人。有些租船代理人还兼营船舶买卖、船舶代理业务，称为船舶买卖经纪人。

① 船东代理人

顾名思义，他是船东委托的经纪人，代表船东寻找货源或需长期租用船舶的租船人。洽谈业务时会维护船东利益，力求最高运费或租金率，同时也会为船东争取防止风险的合同条款。

② 租船代理人

这是租船人委托的经纪人，代表承租人寻找合适的船舶，在洽谈租船业务时是船东经纪人的对手。他们力求维护租船人的利益，争取最低的运费率或租金率，争取有利租方的合同条款。

船东代理人和租船代理人每天的洽谈冲突就能反映出不定期船市场的动态。

③ 船舶买卖经纪人

船舶买卖经纪人接受委托办理船舶买卖，如购买二手船、废钢船等。买卖经纪人对船舶知识的掌握比租船经纪人（船东经纪人或租船代理人）更多。他们必须熟知船级、装载线和检验，同时还必须了解船舶和机器的特殊级别等。通常，船舶买卖经纪人和租船经纪人一样代表一方洽谈交易。若作为卖方的经纪人，将着眼于卖出最高价格；而作为买方的经纪人，则将力争为委托人取得最低的价格。买卖经纪人随时将市场上成交的买卖船信息记录汇总，这些信息可从世界范围的联系网络和航运出版物报告中获取。另外，他们必须研究运费率和租金率行情及走势，以此来预测二手船价格走向；必须掌握国家新造船舶的价格，用于比较二手船价格。此外，买卖经纪人还经常受船东委托与船厂洽谈建造新船合同，这时作为经纪人必须熟悉国际上新船造价行情。在航运市场不景气时，废钢船的买卖生意较兴隆。在废钢船买卖中，各国废钢船价格不一样，这与每个国家的钢铁制造业有关。所以，废钢船卖价除了考虑船舶吨位外，还得看废钢船市场及拖带成本而定。买卖经纪人可根据掌握的信息向船东建议就近出售还是卖到其他地方。

总之，租船代理人的业务可归纳如下。

a. 按照委托人（船东或租船人）的要求，为委托人提供最合适的对象和最有利条件，并促成租赁交易的成交。这是租船代理人最主要的业务。

b. 为委托人提供航运市场行情、国际航运动态及有关资料等。

c. 根据双方谈判的最后结果，帮助委托人起草与代理签署运输合同。

d. 货主与船东发生纠纷时，租船代理人代表委托人参与解决纠纷。

租船代理佣金按照惯例是由运费或租金收入方，也就是由船东支付。代理佣金一般均按租金的 $1\%\sim2.5\%$ 在租船合同中加以规定。

(2) 船务代理

船务代理机构为船舶承运机构或货物收发机构代为办理有关船、货业务，如船舶进出港口、船舶海损处理、货物托运、中转、理赔等业务。船务代理机构是接受委托、代理业务的专门组织，是船、货、港的联络中心。船务代理根据委托方式的不同可分为长期代理与航次代理两种。船务代理业务范围较为广泛，主要包括以下几方面的内容。

① 船舶出港业务

办理船舶进出港口的申报手续，联系安排船舶引航、拖轮、靠泊、报关等；洽办船舶检验、修理、扫舱、洗舱、熏舱及海事处理等；办理集装箱进出港口的申报手续，联系集装箱的装卸、装箱、拆箱、检验、熏箱、修箱、扫洗，以及洽办集装箱的联运中转业务。

② 货运业务

安排组织货物装卸、检验、交接、储存、转运、衡量、熏舱及理赔等事务；接受委托代签提单及运输契约，签发货物及集装箱交接单证，并代印各种统一货运单证；办理揽货、定舱和代收运费等；洽办海事处理，联系海上救助；经办租船和船舶买卖及其交接工作，代签租船合同和买卖船合同。

③ 供应工作

代办船用燃料、淡水、物料及食品供应等；代办绳索垫料等。

④ 其他服务项目

联系申请海员证，安排船员就医、住宿、交通、参观游览等船员登岸或出境手续。

(3) 运输咨询代理

运输咨询代理是指代理人应委托人的要求，提供有关运输方面的情报、资料、数据等信息，而向委托人收取一定报酬的代理事务。运输咨询代理人在帮助委托人选择合理运输方式与路线、核算运输成本、研究解释法律规章及调查有关运输企业信誉方面起着重要的作用。例如，北京交通大学交通运输学院"铁路危险和扩大货物运输咨询代理中心"发挥高等学校在运输科技咨询领域的优势,面向社会提供特种货物运输咨询服务。

(4) 货运代理

货运代理是最普遍、最典型的运输代理。

① 货运代理的含义

"货运代理"一词,国际上没有公认的统一定义,但一些权威机构、工具书及一些"标准交易条款"中都提供了有关的解释。

联合国亚洲及太平洋经济社会委员(简称亚太经社理事会)对此的解释是:货运代理代表其客户取得运输,而本人并不起承运人的作用。

国际货运代理协会联合会(FIATA)对"货运代理"下的定义是:货运代理是根据客户的指示,为客户的利益而揽取货物运输的人,其本人并不是承运人。货运代理也可以依照这些条件,从事与运送合同有关的活动,如储货(也含寄存)、报关、验收和收款等。

我国国际货运代理业管理规定实施细则对国际货运代理的定义:接受进出口业务货物收货人、发货人的委托,以委托人的名义或者以自己的名义,为委托人办理国际货物运输及相关业务并收取服务报酬的行业。

对于"The Freight Forwarder"一词,目前国内的译法有"货运代理""货物运输行""货运代理人""货运传送人"等,译法不同,实际上是同一概念。从传统上讲,货运代理通常是只充当直接代理的角色,替发货人或货主安排货物的运输,付运费、保险费、包装费、海关税等,然后收取费用(通常是整个费用的一个百分比),所有的成本开支由客户承担。

但近年来,货运代理有时已经充当了合同的当事人,并且以货运代理人的名义来安排属于发货人或委托人的货物运输。这属于间接代理的范畴。

尤其当货运代理执行多式联运合同时,作为货运代理的"标准交易条件"就不再适用了,它的契约义务受所签发的多式联运提单条款的制约,此时货运代理已成为无船承运人,也将像承运人一样作为多式联运经营人,承担所负责运输货物的全部责任。

长期以来,我国运输界对"货运代理"一词没有一个全面的、统一的定义。由于种种原因,对货运代理的研究和认识仅仅停留在国际货运代理的范畴上。实际上,我国国内货运代理早已存在,其形式主要是联运。

货运代理不仅为联运服务,而且也为单一运输方式服务。但是,联运与货运代理之间存在着紧密的联系。联运过程的复杂性为货运代理业提供了发展和繁荣的土壤,货运代理也只有在联运中才能够最充分地发挥节约成本、提高运输效率的作用。

现在,国内理论界一般认为货运代理是指接受货主的委托,按照其所提出的有关货物运输的要求,代表货主办理有关货物报关、交接、调拨、检验、包装、仓储、转运、定舱等业务的人,在办理货运代理业务中,他是以自己的名义或者是货主的代理人身份,以委托人的利益为出发点,对货主负责,办理与货物运输相关的业务,并按代理业务提供的劳务向货主收取代理费。

货运代理按业务过程可分为以下几种:定舱揽货代理、货物报关代理、货物装卸代理和集装箱代理。此外,还有转运代理、理货代理、储存代理等货运代理形式。

按货运方式的不同,货运代理又可分为海运代理、空运代理、陆运代理等。海运代理与陆运代理较为常见。代理人代发货人交付运费,并向发货人收取其他费用,如因代办保险、申请许可证、报关报验、分拨、运送等服务而收取的服务费等。

② 国际货运代理出现的原因

由于货主不熟悉托运、提货、存储、报关和保险等环节的流程而造成损失,国际货运代理行业由此应运而生。国际货运代理人熟悉运输业务,了解各个环节的特点、情况以及与海关、商检、港口与船公司、银行、仓库等有关部门、机构具有密切的业务关系和广泛的联系,从而具备接受货主委托代办各种货物运输的有利条件。

【案例】货主货代过招

近些年来,在我国航运界,货运代理业务发展很快,货代为我国的航运事业做出了很大的贡献,同时也出现了一些问题,给货主、船公司造成了一些损失和麻烦。

目前,在中国,船公司可以直接从货主那里揽货,货主也可以直接向船公司订舱,本是对双方都有利的事,那么,为什么货主还要委托货代公司呢?

案例分析:

通过广泛调查分析,造成这种情况的主要原因有以下几个方面:

a. 内地的货主,在口岸无办事机构,货物发到口岸需要有人代接货、安排仓储、短途运输、报关报验、订舱、装箱,制单进口货物也要有人代接货、结关、安排发运等。

b. 货主虽在口岸,或在口岸有办事机构,但无能力办理报关报验等。

c. 有些货主有能力办理口岸的各种手续,大部分工作也都是自己做,但因目的港系偏僻地区,没有直达船,也不能通过同一个船公司将货物转运到目的港,只能依靠无船承运人来完成,用无船承运人的集装箱和全程提单结汇,无船承运人代为办理部分货代业务。

d. 货量不大,费用不多,自己不愿干等原因。

国际货运代理业务,虽然在世界上已开展了很多年,不同的国家对货代业务有不同的规定,我国也颁布了《国际货物运输代理业管理规定》,发布了《关于使用国际货物运输业务专用发票有关问题的通知》,但我国目前的货代市场仍很混乱,合法的、不合法的货代都在干,他们的实力和业务不一样,有的是已经取得了"中华人民共和国国际货物代理企业批准证书"的,实力较强,业务项目也比较全面,能开专用发票的一级货代;有的是只做些报关报验、揽货订舱等工作;还有的是什么都不能干,靠关系、熟人拿到货、同船代订舱、转手交与其他货代办理,这也称其为货代,这种情况下,货主在选 用货代时,就需谨慎。实力强、信誉可靠的一级货代是最佳选择,委托他们,货主的顾虑比较小,即使发生了什么事情,他们也有能力和货主一起商量解决办法,一般不会发生货款收不到、货代也找不到了的现象。而且,这类货代一般都有 500 万元以上的注册资金。

可是,货主往往因某些原因,需选用一些非一级货代(这是一些不合法货代和暂还未取得批准证书的货代能够生存和经营的原因),在货主委托他们时,除了无船承运人外,一般尽量使用承运人(船公司)的提单上的收、发货人,也要打真正的收、发货人,因为无船承运人一般在世界各主要港口都有办理机构,有一定的实力,使用无船承运人的全程提单结汇的,收、发货人也都要求打真正的收发货人;各程海运提单,为了提货方便,可以无船承运人为收货人。

在货代市场还未完全净化的情况下,在办理业务中,货主对某些货代还是心存戒备,这主要是某些不法货代造成的影响。如货代未付给船代,提单上的托运人是货主,船代就找货主要钱,而货主此时已找不到货代了。

现在,各船代基本上都采取了收到海运费后才签提单的办法,有效地避免了海运费方面的一些问题,但在实际操作过程中,仍有很多具体问题。船代要收到运费后才给签提单,而有的货主要收必须签单结汇后,才付海运费。另外,货主要转外汇付海运费,外汇管理部门需见到发票后才批准转外汇。这样,船代有时在未收到海运费的情况下,既签了单,也开了发票,这时,货代在船代和货主之间就成为很重要的角色,货代行为的好坏,对船代和货主都有一定的影响。

③ 国际货运代理人的地位与作用

国际货运代理是为收货人、发货人提供国际货物运输服务的服务性行业,属于第三产业的范畴,国际货运代理人是以代理身份接受进出口货物收货人、发货人的委托办理国际货物运输业务。

国际货运代理人的作用:

a. 货运代理具有专门知识(国贸知识、运输知识、法律知识、外语能力等),能以最安全、最经济、最迅速的方式组织货物运输。

b. 货运代理在世界各贸易中心建立了客户网络和自己的分支机构,以便有能力控制货物的全程运输。例如利用全球定位系统 GPS,掌握货物的全程信息,随时报告给委托人。

c. 货运代理是企业的顾问,能就运费、包装及结关等方面提供咨询。如:运输方式选择、运输工具调配、运输线路优化、运费价格结算等。

d. 货运代理能将小批量的货物集中成成组货物,使客户从中得益。

e. 货运代理不仅组织和协调运输,而且影响新运输方式的创立、新运输路线的开发和新费率的制定等。

④ 货运代理的内容

货运代理人在其业务中主要向有关方面提供以下的服务。

a. 为发货人服务

货运代理代替发货人办理在各种不同阶段的货物运输中的任何一项手续:以最节省费用和时间的运输方式,安排合适的货物包装,选择货物的运输路线;向客户建议仓储与分拨的方式与地点;选择可靠、效率高的承运人,并负责缔结运输合同;安排货物的计重和计量(尺码);办理货物的保险,货物的拼装;装运前或在目的地分拨货物之前,把货物存仓；海运业务中，货物到港口的运输，办理海关和有关单证手续，并把货物交给承运人；代表托运人或进口商支付运费、关税及其他费用；办理有关货物运输的任何外汇交易；从承运人那里取得各种签署好的提单，并把它们交给发货人；通过与承运人和货运代理在国外的代理联系，监督货物运输的过程，并使托运人掌握货物的去向；安排货物转运；记录货物灭失情况；协助收货人向有关责任方进行索赔。

b. 为海关服务

当货运代理作为海关代理，办理有关进出口商品的海关手续时，不仅代表客户，而且也代表海关当局。在许多国家里，代理人也得到了当局的许可，办理海关手续并对海关负责，在法定的单证中申报货物确切的金额、数量和品名，以保证政府在这些方面的收入不受损失。

c. 为陆上承运人服务

货运代理为承运人及时订好足够的铁路货车或汽车运力，议定对承运人和发货人都是公平合理的费率，安排在适当的时间里交货，以及以发货人的名义解决与承运人有关的运费账目等问题。

d. 为航空公司服务

货运代理在空运业上，从当航空公司的代理。在国际航空运输协会制定的规则中，规定了国际航空协会的代理定义。航空代理利用航空公司的服务手段为货主服务，并由航空公司付给佣金。同时，作为货运代理，它也通过提供适用于空运货物的服务方式，为发货人或收货人的利益服务。

e. 为班轮公司服务

货运代理与班轮公司的关系随业务的不同而不同。在一些服务于欧洲国家的商业航线上，班轮公司已承认货运代理的有益作用，并付给货运代理一定的佣金。近几年来，由货运代理提供的拼箱服务已经使它们与班轮公司及其他承运人（如铁路）建立了更加密切的联系。

f. 拼箱服务

随着国际贸易中集装箱运输量的增长，货运代理引进了"集运"和"拼箱"服务。集运或拼箱的基本含义是把一个出运地若干发货人发往另一个目的地若干收货人的小件货物集中起来，作为一个整体集运的货物发运给目的地的本货运代理人的代理，并通过他把单票货物交给各个收货人。货运代理将签发的提单，即"分提单"或其他类似的收据交给每一票货的发货人。货运代理的代理在目的地凭出示的提单交货给收货人，集拼货的发货人或收货人不直接与承运人联系。对承运人来说，货运代理是发货人，而在目的地的货运代理的代理是收货人，因此承担集运货物的承运代理签发的是"全程提单"或货运单。如果发货人、收货人有特殊要求，货运代理也可在出运地和目的地从事提货和交付的延伸服务，即门到门的服务。

g. 提供多式联运服务

对多式联运的介入，使货运代理的性质和作用发生了深刻的变化。这时货运代理可以充当主要承运人,承担组织在一个单一合同下,通过多种运输方式进行的门到门的货物运输。货运代理可以以当事人的身份与其他承运人或其他运输服务的提供者分别谈判并签约,但是这些分拨合同不会影响多式联运合同的执行,也就是说,不会影响对发货人的义务和在多式联运过程中对货物损坏及灭失所承担的责任。货运代理作为多式联运经营人时,通常提供包括所有运输和分拨过程的全面的一揽子服务,并对客户承担最大的责任。

由以上的描述可见,货运代理为货物运输的各个参与方提供着广泛的服务。

⑤ 客运代理

客运代理主要是客票销售代理和旅行代理。

a. 客票销售代理

客票销售代理是指受旅客运输企业委托,在约定的授权范围内,以委托人名义代为办理旅客运输客票销售及其相关业务,并按销售客票金额、数量和提供的劳务服务,向委托方收取代理费和手续费的企业法人。

在我国,客票销售代理更多地体现在民航机票销售代理和铁路客票销售代理。

【案例】"潜规则"合法化 航空公司博弈全体票代

市场总是先于政策。航空公司突破中国民航总局的规定"3%",暗地向机票代理机构支付"3+X"的佣金已经好多年了。民航局的新规定,是对既成事实的承认还是与时俱进促进市场化已经不重要了。

根据民航局最新下发的《关于改变国内航空运输销售代理手续费管理方式的通知》,2008年10月1日起,取缔以往官方规定的机票代理费用统一标准3%,取而代之的是,航空公司将直接与代理公司协商机票代理的佣金比例。

机票代理佣金为机票票面价格的3%,这个规定是1987年由中国民航总局制定的。但在此后的21年中,航空公司按票面价格的"3+X"支付佣金(X为协商部分),成为默认的行规。一位航空公司人士说:"都不敢对外承认,但又几乎全都在桌下执行"。

民航局的新规定,等于把多年的"潜规则"合法化了。这也让包括携程、e龙在内的全国9 000家票代机构紧张不已。

a) 从暗箱操作到浮出水面

对处于强势地位的大型航空公司来说,新机票代理政策是一个好消息。

"将3%去掉,承认X的存在,让航空公司光明正大的实现灵活销售政策。"东航市场销售部人士表示。向航空公司收取一定比例的佣金是机票代理人唯一的利润点。

根据原国家计委、中国民航总局《关于加强民航国内航线票价管理制止低价竞销行为的通知》等文件中"航空公司支付给销售代理人的手续费不得超过客票票价的3%,同时不得采取'净价结算''促销奖励'和'有价免票'等形式变相提高代理手续费标准"的规定,超过3%的部分还是被认定为商业贿赂的行为。这是因为1987年中国的航空市场是完全垄断的,不存在任何市场竞争。

随着中国航空市场的开放和商业化,不同航空公司、不同航线、不同时段的航班在销售上的难易程度完全不同,航空公司开始给代理人超额佣金以激励销售,对于达到一定规模的代理人,还有年度奖励。

"所以特别是对于大型国有航空公司来说,虽然认同X的存在,但是并不敢放手使用超额佣金作为争夺市场的手段。"据了解,国航、东航一般给机票代理佣金的X部分为1%～3%,低于市场平均量。然而为了争夺市场,部分小航空公司在新开航线上不惜给出16%的佣金。

东航人士透露,应对10月1日新政出台,东航已经开始制定内部销售政策指导思路,在高层讨论决定后,才会在指导思路下与机票代理人进行谈判。

"大体思路是,初期不会大幅降低原定的佣金比例,让代理市场有个缓冲的空间。把新机票代理政策当成激励代理人销售的有效手段,对于新开航线上的机票给出高额佣金以刺激销售,对于销售额度高的代理人按照量级给予奖励。但是代理人如果做得不好,佣金则会非常低,可能会低于3%。"

b) 90%代理机构要洗牌

航空销售代理人协会秘书长张宝丛表示:"航空公司由于掌握资源,因此在谈判中占据主导地位。中小传统机票代理人将会第一轮受到调整的冲击。"

据了解,目前全国有9 000家机票代理机构,北京市场上有1 000家机票代理,其中只有不到100家称得上大型代理人,但却掌握了70%以上的销售量。

翔泓航空机票代售点设在北京安贞桥附近,主要针对的是附近写字楼里的企业订票。由于开的年头比较久,附近企业已经习惯在这里订票,图个方便。现在一天的流水大概在数万元,按3%的佣金算月收入在两万元左右,但如果扣除房屋租金和人员开销,盈利很微薄。近年来携程、e龙的出现,生意已经越来越不好做。

对于够不上量级的代理人,航空公司不会强行将代理费降到0。但是由于实行灵活的新销售政策,中小代理人拿不到优惠的政策,只会在市场竞争中更加趋于劣势,加上传统门店的成本较高,生存空间会非常小。中小代理人如果联合起来统一向航空公司谈判佣金比例,谈判的筹码会比单打独斗大得多。

业内人士分析,携程、e龙等超大规模网络和呼叫中心相结合的机票代理人更关注建立自身的规模优势。对于这种能提供大量客源的代理人,航空公司在找到更好地销售渠道前不会侵占他们的利益,而会将给出相对优惠的销售政策。

目前航空公司直销只占到总销售额的10%左右,目标是一到两年内,通过自建网站形式将直销部分扩大到30%～40%。传统方式经营的机票代理由于代理新政的调整下入不敷出,将被首轮淘汰出局。

b. 旅行代理

传统的旅行代理就是指旅行社,是一种以营利为目的的旅游企业。根据国务院颁布的《旅行社管理条例》,旅行社所从事的旅游业务是指"为旅游者代办出境、入境和签证手续,招徕、接待旅游者旅游,为旅游者安排食宿等有偿服务的经营活动"。这其中包括为旅游者代订机票、火车票等代理活动。

与客票销售代理不同的是,旅行代理是受旅客的委托,代旅客办理一切旅行事务。而客票销售代理则是受旅客运输企业的委托,代理销售运输企业的客票。此外,随着互联网的普及和广泛的商务应用,基于因特网的网上旅行代理商在迅猛发展,携程、e龙等网上旅行代理商对传统的旅行社代理商提出了挑战。

【案例】货代业危机:"被革命的对象"

在货主—货代—船公司这条"生物链"上,货代的权重越来越轻。一是航运市场的竞争主体间的实力对比太悬殊了,马士基等船公司大多是世界500强企业,中国货代绝大部分是中小企业;二是货代提供的服务已不具有唯一性,其必然成为市场上的弱势群体。

银根收紧的政策之下,资金已成为各个企业发展的命根子。一旦在钱上被扼住喉咙就成了被革命的对象。

业内人士透露,货代(货运代理)企业近来遭遇了双重压力:货主纷纷延期付款,与货代企业的账期达到50天,而船公司却把货代公司的付款期缩短为15天。

在货主与船公司为了自身的资金周转争取更多空间的同时,处于相对弱势地位的货代公司却只好在"夹板"中苦苦挣扎,大批企业将被淘汰。

a) 货代面临出口危机

由于贸易规则都是货到付运费,账期的延长意味着占用货代企业资金的时间拉长了,这对货代、物流企业的资金流转必然带来不利。"去年,货代业的账期一般为44天,今年账期实际达到50天。"

货代公司的资金周转压力越来越大了,以每个标准箱的平均运费为800美元计算,1 000个标准箱的小公司就要有80亿元的现金流。以前货代公司垫付费用的中间时间差大概为20多天,现在已经达到35天。

人民币升值、人力、油价等成本的高涨……各个环节都使得货主要求运价越便宜越好,账期越长越好。人民币升值令不少企业资金收益为负差。

油价飙升也是蚕食企业利润的另一罪魁祸首。

真正敢于提高运输价格抵消成本的企业没有几家。以拥有25辆集卡的中型物流企业为例,每辆集卡每天需出运2趟,由于运价不变,按目前的油价,这家公司将每个月亏损15万元。

2009年上半年,受美国次级债危机及全球经济减缓的影响,中国出口贸易下滑,空运和海运的货量都比往年有所下降。国际货代行业面临出口危机。

b) 中介模式须转型

2009年上半年,外部经济变化很大,对货代、物流业造成不利影响,货代、物流行业整体上都面临新的困难和挑战,下滑势头已经显现。

近期,上海召开了一次"出口危机时代货代企业新营销力研讨会",吸引了700余家货代物流企业参加。针对货代物流企业面临的前所未有的生存抉择,从商务部中国外贸研究员到企业老总们都认为,传统的单一订舱的中介模式已经难以适应市场需求,货代物流企业应该尽快转型，否则只能被淘汰。

货代、物流业传统的单一订舱服务模式遭到批评，原因主要是货代订舱占用资金时间长，资金成本高。这种中介模式在出口危机时代走到了尽头。

为了争抢有限的货量，企业的竞争日趋激烈，一些货代、物流企业为了争取客户，不惜压价、杀价恶性竞争。而同时，在某些大型项目的竞标上，却又往往失利。

国内外许多大项目通过招投标挑选优秀的物流企业，竞标方除了需要资金、技术实力，还需要具备供应链上下游的资源。日本 NEC 公司最近释放的一个物流项目，就包含很多的条件要求，以单一订舱服务为主的货代、物流公司就无法中标。单一订舱服务模式已经难以适应货代行业的发展需求。

订舱货代受到了更多挑战，与价格日益透明不无关系。为了节省物流成本，减少环节，越来越多的货主选择直接和船公司签订运输协议。如果以前这样的协议占总数的 10%，现在则达到 20%～30%，且有逐渐增多之势。

大的货主越过货代公司，直接和船公司"对话"，不仅使货代公司只能做中小货主的生意，更使价格日益透明。中间价的减少，直接威胁了许多薄利的小货代公司和二级代理公司。

"上海的二级代理公司有 2 000 多家。现在那些'十几个人七八条枪'的货代公司，面临艰难的生存困境，改行的有很多。"

在货代企业面临困难的同时，一些船公司也开始自行开展货代业务。以航运巨头马士基为例，其不仅是一个船公司，旗下还有两家货代公司，并于去年进行了整合，整合后的新公司在全球 55 个国家拥有 300 个网点，将更好的配合马士基全球业务的开展。

货代、物流企业也应该对业务进行拓展，变"中介模式"为向上下游产业渗透。货代企业应该积极、大胆地转型为第三方物流企业，走上物流附加服务的增值台阶，如开展报关、运输配送。只有这样，才能增加话语权和抗风险能力。这是传统货代企业特别是中小货代的战略抉择。

据悉，中远物流、中外运等大企业已经先行一步完成了转型，提高了企业的运营质量和效益。

⑥ 货运代理人的责任与义务

按代理协议，负责地做好协议载明的各项业务和委托事宜，做好代理工作；

以忠实、诚信的原则为委托人办理各项委托事宜，维护委托人的名誉与利益；向委托人报告真实情况，提供真实、可靠的信息和资料；不得私收外来有损于委托人利益的各类费用、截留委托人的收入与资金；不得截走委托人的客户与货源、从事与委托人相竞争的业务活动，除非委托人同意；不得与他人勾结做有损于委托人利益的事；

代理期间和代理协议终止后都应保守委托人的商业秘密，包括产品、技术、业务、资信、经济状况、合作伙伴以及各类信息与资料等；

代理期间不应将代理权转托给他人，除非委托人同意或实际业务需要；

及时报告委托代理结果，如实报告货物交付情况，提供委托人要求的信息，如航次

货运、用箱情况,航程安排信息等;

按规定和货运操作惯例及时收取各类运费及相关费用,及时汇总各类费收费用账单并按约定报告委托人,定期结清费用款项;

各项代理活动要遵纪守法。

⑦ 货运代理人的责任期限

一般地,责任应从其接受委托实施代理行为时起,至代理行为结束或代理合约指定期限终止的整个委托代理有效期间。

⑧ 委托人的责任与义务

信守合约,给予受托人应有的业务机会;不干涉受托人正常业务活动,必要时配合和协助受托人的工作;根据委托业务及时提供所需要的信息、文件和资料;按规定及时支付代理费和其他有关费用,补偿受托人在授权范围内开展业务所产生的额外费用包括代委托人垫付的费用;采取正确、公正、合理的方法解决与受托人之间存在的意见、分歧,洽商有关问题;维护受托人的名誉和其他权益,不干涉受托人公司内部事务和其他经营活动。

【案例】运输中茶叶受污染,货运代理与承运方的责任分担

某货运代理公司接受货主委托,安排一批茶叶海运出口,货运代理公司在提取了船公司提供的集装箱并装箱后,将整箱货交给船公司。同时,货主自行办理了货物运输保险。收货人在目的港拆箱提货时发现集装箱内异味浓重,经查明,该集装箱前一航次所载货物为精萘,致使茶叶受精萘污染。问:

a. 收货人可以向谁索赔?为什么?

b. 最终应由谁对茶叶受污染事故承担赔偿责任?

【案例点评】

a. 可向承运人索赔。根据运输合同,承运人应提供"适载"的 COC(CARRIER'S OWN CONTAINER,船东箱),由于 COC 存在问题,承运人应承担赔偿责任,也可以向货代公司索赔,货主与货代之间有着委托代理关系。

b. 承运人没有提供"适载"的 COC,而货代在提空箱时没有履行其义务,即检查箱子的义务,并且在目的港拆箱时异味还很浓重,因此,承运人和货代应按各自过失比例承担赔偿责任。

【案例】未填货运单,航空公司是否有权享受责任限额

托运人空运 20 包不同种类的电器从东京运至伦敦。航空公司要求每包填写一张航空货运单。由于该批货物必须在固定航班之前安排装运,其中 1 包装机后货主未填写货运单,承运人也表示同意。当该批货物在目的港交付时,发现 4 包电器(包括未填货运单的那包)严重损坏。这是由于航空公司的地面代理在装机时未尽到正确合理的谨慎而致。现货主就 4 包电器损失一事打算向责任方索赔,试回答以下问题:

a. 承运人未签发货运单是否影响托运人与航空公司之间运输合同的存在或者有

效,为什么?

　　b. 如果托运人或收货人以侵权为由向航空公司地面代理索赔损失,有关国际航空货运公约所规定的条件和责任限额是否适用航空公司地面代理,为什么?

　　c. 如果托运人或收货人向航空公司提出索赔,航空公司是否应承担责任,为什么?

　　d. 在此案中,航空公司是否有权享受责任限额,为什么?

【案例点评】

　　a. 不影响。原因在于:托运人未能出示货运单、货运单不符合规定或货运单遗失均不影响托运人与航空公司之间运输合同的存在或者有效。

　　b. 适用。原因在于:托运人无论是以合同,还是以侵权起诉,都只能按照公约的规定条件和责任限额向承运人或其代理人提出索赔。

　　c. 应承担责任。承运人应对其代理在代理范围内的过失造成的货损负责。

　　d. 未签发货运单的那包电器无权享受责任限额,其余3包电器有权享受责任限额。原因在于:当承运人承运货物而不出具货运单时,则无权享受法律所规定的责任限额。因此,承运人对未出具货运单的1包货物无权享受责任限额,只能以货主的实际损失给予赔偿,但对其他3包货物则有权享受责任限额。

国内航空运输承运人赔偿责任限额规定(2006年3月28日起施行):

　　a. 对每名旅客的赔偿责任限额为人民币40万元;

　　b. 对每名旅客随身携带物品的赔偿责任限额为人民币3000元;

　　c. 对旅客托运的行李和对运输的货物的赔偿责任限额,为每公斤人民币100元。

思考复习题

1. 代理的含义是什么?
2. 代理的适用领域有哪些?
3. 代理人承担的法律责任有哪些?
4. 什么是运输代理?
5. 简述运输代理与交通运输系统的关系?
6. 运输代理有哪几大类?简述各类代理的基本业务?
7. 货运代理人的责任与义务有哪些?

8 集装箱运输业务

集装箱运输能更好地实现货物"门到门"的运输,是一种新型、高效率和高效益的运输方式,是资本密集、管理技术要求高的产业,近年来,在世界范围得到快速的发展。

8.1 集装箱运输概述

本节主要介绍集装箱运输的特点、集装箱运输的发展趋势、集装箱运输的关系人等方面的内容。

8.1.1 国际海上集装箱运输的发展历程

萌芽阶段(1830—1956年)。主要标志是:欧美发达国家在国内开始尝试陆上集装箱运输,运距较短。

开创阶段(1956年—1966年)。主要标志是:美国改装的集装箱船开始从事海上集装箱运输。

成长阶段(1966年—1971年)。主要标志是:集装箱运输从美国的沿海运输向国际远洋运输发展(第一代集装箱船)。

发展阶段(1971年—1989年)。主要标志是:集装箱运输迅速发展,世界各主要航线开展了集装箱运输。在运输组织上出现了集装箱多式联运,集装箱管理水平不断提高(第二、三代集装箱船)。

现代成熟阶段(1989年—)主要标志是:集装箱运输的船舶、码头泊位、装卸机械、道路桥梁等硬件设施日趋完善,多式联运得到进一步发展,各种业务管理及经营管理越来越现代化(发展中国家之间的集装箱多式联运正处于起步阶段)。

20世纪50年代以陆运,中、小型集装箱为主;60年代以海运,大型集装箱为主,国际标准集装箱迅速发展;70年代后,水路、公路、铁路的集装箱的运输成为件杂货运输的主导形式;80年代后,集装箱运输逐渐形成"门到门"的水路、公路、铁路、航空的联合运输时代。

8.1.2 集装箱运输的特点

集装箱运输是指以集装箱这种大型容器为载体,将货物集合组装成集装单元,以便在现代流通领域内运用大型装卸机械和大型载运车辆进行装卸、搬运作业和完成运输任务,从而更好地实现货物"门到门"运输的一种新型、高效率和高效益的运输方式。

在集装箱化之前,件杂货运输的传统方式通常有两种:一是用原始的袋、箱、盒、桶、捆等方式进行运输;二是用托盘将上述原始包装的货物成组后进行运输。与集装箱运输相比,在标准化、运输效率、运输成本以及运输质量等方面存在诸多不足。

集装箱运输与传统的件杂货运输相比,具有以下特点:

1) 运输效益好

(1) 提高装卸效率,加速车船周转,降低货运成本;

(2) 便利货物运输,简化货运手续,加快货运速度,缩短货运时间;

(3) 提高货运质量,减少货损货差;

(4) 节约货物包装用料,减少运杂费;

(5) 减少营运费用,降低运输成本。

2) 运输效率高

集装箱运输是实现全部机械化作业的高效率运输方式。将不同形状、尺寸的件杂货装入具有标准规格的集装箱内进行运输,从根本上解决了现代化生产的标准化前提,为实现高效的机械化作业创造了最为重要的条件。

3) 运输质量好

集装箱运输是保证货运质量、简化货物包装的安全节省的运输方式。集装箱具有坚固密封的箱体,一般来说,不易发生盗窃事故,且足以防止恶劣天气对箱内货物的侵袭。

4) 便于多式联运

集装箱作为运输单元,集装箱运输是最适于组织多式联运的运输方式。由一种运输方式转换到另一种运输方式进行联合运输时,只需换装的是集装箱,大大简化和加快了换装作业,由于集装箱具有坚固、密封的特点,口岸监管单位可以加封和验封转关放行。

5) 投资费用高

集装箱运输虽然是一种高效率的运输方式,但是它同时又是一种资本高度密集的行业。

首先,船公司必须对船舶和集装箱进行巨额投资。根据有关资料表明,集装箱船每立方英尺的造价约为普通货船的 3.7~4 倍。集装箱的投资相当大,目前每只 20 英尺集装箱价格约为 1 500 美元,每只 40 英尺集装箱价格约为 2 400 美元,全球流动的集装箱数以百万计,仅此一项就耗费资金数十亿美元。

其次,集装箱运输中的港口的投资也相当大。专用集装箱泊位的码头设施包括码头岸线和前沿、货场、货运站、维修车间、控制塔、门房以及集装箱装卸机械等,耗资巨大。

6) 有利于实现现代化管理

集装箱的标准化和单元化特点,使集装箱运输非常适合使用现代科学方法加以管理,特别是可使用计算机进行管理,不但可以提高运输服务质量,同时也可降低运输成本。

8.1.3 集装箱运输的发展趋势

随着集装箱运输走向成熟以及经营管理的现代化,集装箱运输将朝着物流中心化、管理计算机及网络化、港口高效化、船舶大型化、运输综合化的方向发展,以降低运输成本、缩短运输周期,真正为客户提供优质、快速、准时、便捷、价廉的服务。

1) 干线船向大型化发展

20 世纪末以来,集装箱船的大型化十分明显。1998 年,箱位数 2 000TEU 以上的大型船和 4 500TEU 以上的超巴拿马型船的合计载箱量已占全球集装箱船总载箱量的 45%。一批箱位数近万 TEU 的超巴拿马型船已经成为集装箱运输的中坚力量。马士基船舶 2006 年开始涉足集装箱船舶大型化领域,2007 年 8 月容量为 10 050TEU 的"中远亚洲"轮首航于天津。与此同时,中海宣布订购 8 艘 13 300TEU 集装箱船。2010 年,长荣海运订购 32 艘约 8 000TEU 的船舶和 20 艘 7 024TEU 的船舶;东方海皇在大宇船厂订造 2 艘 10 700TEU 的船舶。需要指出的是,11 000TEU 只是假设甲板上堆放 7 层集装箱的计算结果,如果在甲板上堆放 8 层集装箱,则集装箱装载量最多可达 15 000TEU。但基于安全、航道水深的限制,最大集装箱装载量实际上为 12 000TEU 左右。干线集装箱船向大型化发展的趋势显而易见。

2) 世界主要集装箱港口向大型、高效、自动化、综合服务方向发展

世界主要集装箱港口应拥有长度至少 300 m 以上、前沿水深 12 m 以上、陆地纵深 500~1 000 m 的集装箱泊位,采用大跨距、重负荷、自动化的装卸机械,全面实现计算机化管理,能够向船东和货主提供全方位的优质服务。2002 年我国港口集装箱总量为 3 721万TEU,比 2001 年增长 38%;2003 年吞吐量达到 4 800万TEU,同比增长 30.9%,超过美国,跃居世界第一位;2007 年,我国港口集装箱吞吐量首次突破 1 亿标箱;2014 年,我国港口完成集装箱吞吐量 2.02 亿 TEU,首次突破 2 亿TEU。2017 年,我国港口完成集装箱吞吐量 2.38 亿 TEU,比上年增长 8.3%。2013 年 10 月,青岛港自动化码头建设正式启动,2017 年 5 月 11 日,自动化码头一期工程 2 个泊位正式投入商业运营。2017 年 12 月 10 日,上海洋山港四期自动化码头正式开港试运行。这个耗时 3 年建设、拥有 7 个大型深水泊位的"超级工程"将成为世界最大的自动化集装箱码头。

3) 港口的中转作用日益重要

一些港口由于其优越的地理位置和其他有利条件,吸引了大量中转箱,从而使集装箱吞吐量飞速上升。1990 年以后,在世界集装箱港口吞吐量的排名中,香港、新加坡曾

一度长期占据前两位,主要原因就是中转箱量占其总吞吐量的比例高达 50%～60%。目前国内的上海港,自 2005 年以来已经跃升为世界第一大港。究其原委,也是依赖它独特的外联和内联(长江水道)相互中转的黄金地理位置。

4) 多式联运日益完善

发展多式联运的关键在于:一是港口必须拥有完善的内陆集疏运网络;二是联运的经营管理必须正规化、现代化、国际化。发达国家除了大力发展港口基础设施和海运船队外,还重视配套建设,使海运船队、专用码头、内陆集疏运网络相互匹配,形成日益完善的多式联运综合运输系统。同时,他们也非常重视管理。在国际组织中积极活动,拟定与集装箱运输有关的国际公约;并通过国内立法,完善集装箱运输的规章制度,在全球建立货运代理和多式联运经营的网络。

5) 管理手段日趋现代化

现代管理已进入信息时代,集装箱运输也不例外。尤其是电子数据交换系统(EDI)已开始在航运界发挥日益重要的作用。集装箱运输有关单位之间,依靠计算机和网络技术,实现信息的自动交换和处理,使集装箱运输由原来复杂的纸面单证走向电子单证所,使各种业务手续大大简化。同时,先进的计算机通信、全球定位技术等还可对集装箱箱体及船舶进行动态跟踪,从而大大提高运输效率和运输服务质量。

6) 箱型发展大型化、专用化

发达国家为了充分利用运输工具的载运能力,近年来在国际标准化组织的会议上多次提出了修改集装箱标准的建议,其内容主要围绕增大集装箱的尺寸和总重量。近年来,超重箱的比例逐年上升;冷藏、罐式、开顶等特种货物的专用箱也呈增长趋势。

8.1.4 集装箱运输的关系人

为了适应国际集装箱运输业务的开展,一些与集装箱有关的运输机构应运而生。它们在整个集装箱运输过程中,起着各自不同的作用。

1) 无船公共承运人

集装箱运输大多是海陆空多种运输方式的联合运输。从一个国家内陆启运至另一个国家内陆交货,中途需要使用多种不同运输方式和经过多次换装,这样庞大和复杂的工作,如单独由海运承运人或铁路、公路承运人负全程运输责任,显然是困难的,但客观上为了保证集装箱在各个环节上迅速顺利流通,又必须有一个机构全面负责集装箱运输的全过程,无船承运人就是在这种情况下产生的。它本身一般不掌握运输工具,它一方面以承运人身份向货主揽载;另一方面,又以托运人名义向实际承运人托运。在国外,经营这种业务,必须在政府有关部门登记注册,领有营业执照才能开业经营。它在实际承运人的授权下,可签发联运提单。无船承运人首先在航运界出现而得此名,但目前陆上经营这种业务的人也称为无船承运人或称运输经营人。

2) 集装箱码头经营人

集装箱码头经营人是集装箱装卸、交接、保管的具体经办部门,它受承运人或其代理人的委托进行下列各项业务：

(1) 对整箱货运的交接、存储和保管；

(2) 与集装箱货运站办理拼箱货运的交接；

(3) 办理集装箱的装卸配载以及有关货运单证编签；

(4) 办理集装箱的维修以及空箱的清扫、熏蒸等工作。

集装箱码头经营人一般均有自己的集装箱专用码头和集装箱堆场以及有关设备。根据提供的服务项目，收取一定的费用。

3) 集装箱货运站

集装箱货运站一般均设在港口车站附近的内陆大城市中交通比较方便的地方。集装箱货运站主要有以下三种类型：

(1) 设在集装箱码头内的货运站。它是整个集装箱码头的有机组成部分。它所处的位置，实际工作和业务隶属关系都与集装箱码头无法分割。我国大多数集装箱专用码头均属此类型。其主要任务是承担收货、交货、拆箱和装箱作业，并对货物进行分类保管。

(2) 设在集装箱码头附近的货运站。这种货运站设置在靠近集装箱码头的地区，处于集装箱码头外面。它不是码头的一个组成部分，但在实际工作中与集装箱码头的联系十分密切，业务往来也很多，它承担的业务与上述货运站相同，我国台湾地区不少集装箱码头的货运站属此类型。

(3) 内陆货运站。集装箱内陆货运站的主要特点是设置于运输经济腹地，深入内陆主要城市及外贸进出口货物较多的地方。主要承担将货物预先集中，进行装箱，装箱完毕后，再通过内陆运输将集装箱运至码头堆场，具有集装箱货运站和集装箱码头堆场的双重功能。它既接受托运人交付托运的整箱货与拼箱货，也负责办理空箱的发放和回收。

承运人在一个地区只能委托一个集装箱货运站，货运站代表承运人办理以下工作：

① 拼箱货的理货、检验、交接；

② 拼箱货的配载和装箱；

③ 进口货箱的拆箱、卸货、保管、交接；

④ 集装箱的铅封并签发站场收据；

⑤ 办理各项单证的编签工作。

有些陆路交通比较发达的国家，在内陆地区还设有内陆集装箱货运站，专门办整箱或拼箱货的交接工作以及相应的通关业务。

4) 集装箱租赁公司

集装箱租赁公司是随着集装箱运输发展而产生的另一种新行业，专门经营集装箱租赁业务，包括出租、回收、存放、保管以及维修等，其出租对象主要是承运人和无船承运人以及货主。集装箱的租赁方式一般有以下 3 种：

(1) 定程，如从甲地至乙地租用一个航程，也可以是来回程，租费按时间（每天）或包干租费计算。

(2) 定期，即约定租用时间，有长有短，长的有数年，短的只有 6 个月。

(3) 包租,即租赁公司与租箱人之间订有较长期的协议,在定限额内,租箱人可根据需要随时增减。

5) 全程联运保赔协会

全程联运保赔协会是 1968 年 6 月在伦敦建立起来的一种由船公司互保的保险组织,由英国三大保赔协会,即联合王国保赔协会、西英格兰保赔协会和标准保赔协会组成,对集装箱运输可能遭受的一切责任、损害、费用等进行全面统一的保险。参加的成员可以是海运集装箱承运人,也可以是海运以外的陆运、空运、沿海或内河的集装箱承运人,这是集装箱运输发展后所产生的新的保险组织。

8.2 集装箱标准及其种类

本节在阐述集装箱定义的基础上,介绍集装箱的结构、集装箱标准与集装箱类型等方面的内容。

1) 集装箱的定义

国际标准化组织(ISO)对集装箱下的定义为"集装箱是一种运输设备",应满足以下要求:

(1) 具有耐久性,其坚固强度足以反复使用;

(2) 便于商品运送而专门设计的,在一种或多种运输方式中运输时无须中途换装;

(3) 设有便于装卸和搬运的装置,特别是便于从一种运输方式转移到另一种运输方式;

(4) 设计时应注意到便于货物装满或卸空;

(5) 内容积为 $1\ m^3$ 或 $1\ m^3$ 以上。

目前,我国国家标准 GB1992—85《集装箱名称术语》中,也全文引用了上述定义。

2) 集装箱的结构

集装箱的基本结构示意如图 8.1、8.2 所示。

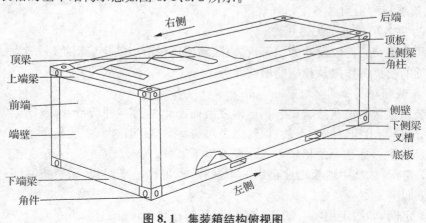

图 8.1 集装箱结构俯视图

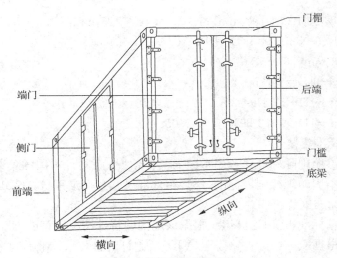

图 8.2 集装箱结构仰视图

3) 集装箱标准

集装箱实行标准化,不仅能提高集装箱作为共同运输单元在海、陆、空运输中的通用性和互换性,而且能够提高集装箱运输的安全性和经济性,促进国际集装箱多式联运的发展。

(1) 国际标准集装箱

1961 年 6 月国际标准化组织集装箱技术委员会成立后,开始着手制定国际集装箱标准。第一个国际集装箱标准系列在 1964 年第三次大会上提出,到目前为止,国际标准集装箱共有 13 种规格,其宽度均为 2 438 mm(8 ft),长度有四种(12 192 mm、9 125 mm、6 058 mm、2 991 mm)、高度有四种(2 896 mm、2 591 mm、2 438 mm、2 438 mm)。

箱高为 2 896 mm(9 ft 6 in)的集装箱,其型号定位 1AAA 和 1BBB 型。

箱高为 2 591 mm(8 ft 6 in)的集装箱,其型号定位 1AA、1BB 和 1CC 型。

箱高为 2 438 mm(8 ft)的集装箱,其型号定位 1A、1B、1C 和 1D 型。

箱高小于 2 438 mm(8 ft)的集装箱,其型号定位 1AX、1BX、1CX 和 1DX 型。

国际标准集装箱长度关系,如图 8.3 所示。

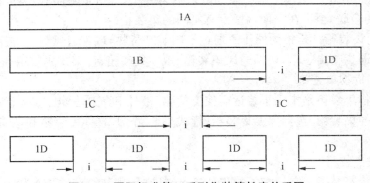

图 8.3 国际标准第一系列集装箱长度关系图

其中，1A 型 40 ft(12 192 mm)；1B 型 30 ft(9 125 mm)；
1C 型 20 ft(6 058 mm)；1D 型 10 ft(2 991 mm)；
间距 i 为 3 min(76 mm)；
1A＝1B＋i＋1D＝9 125＋76＋2 991＝12 192 mm；
1B＝1D＋i＋1D＋i＋1D＝3×2 991＋2×76＝9 125 mm；
1C＝1D＋i＋1D＝2×2 991＋76＝6 058 mm。

(2) 国家标准集装箱

各国政府参照国际标准并考虑本国的具体情况，而制订本国的集装箱标准。我国也制定了适用本国的现行国家标准《集装箱外部尺寸和额定重量》(GB1413—85)。

(3) 地区标准集装箱

此类集装箱标准，是由地区组织根据该地区的特殊情况制订的，此类集装箱仅适用于该地区。如根据欧洲国际铁路联盟(VIC)所制订的集装箱标准而建造的集装箱。

(4) 公司标准集装箱

某些大型集装箱船公司，根据本公司的具体情况和条件而制订的集装箱船公司标准，这类箱主要在该公司运输范围内使用。如美国海陆公司的 35 ft 集装箱。此外，目前世界还有不少非标准集装箱。如非标准长度集装箱有美国海陆公司的 35 ft 集装箱、总统轮船公司的 45 ft 及 48 ft 集装箱；非标准高度集装箱，主要有 9 ft 和 9.5 ft 两种高度集装箱；非标准宽度集装箱有 8.2 ft 宽度集装箱等。

4) 集装箱类型

集装箱可以分别按用途、结构等进行分类。

(1) 按用途分类

根据设计中所考虑的装运货物品类的不同，集装箱可分为普通货物集装箱、特种货物集装箱和航空集装箱。

① 普通货物集装箱

普通货物集装箱是指除装运需控温货物、液体和气体货物、散货、汽车和活动物等的特种货物集装箱及航空集装箱以外的各类集装箱的总称。

a. 通用集装箱。又称干货集装箱或杂货集装箱，是指全封闭式，具有刚性的箱顶、侧壁、端壁和箱底，至少在一面端壁上有箱门的集装箱。

b. 专用集装箱。是指为便于不通过端门装卸货物，或为通风等特殊用途而设有独特结构的普通货物集装箱，包括通风集装箱、敞顶集装箱、台架式集装箱和平台集装箱。

② 特种货物集装箱

特种货物集装箱是指用于装运需控温货物、液体和气体货物、散货、汽车和活动物等特种货物的集装箱，包括保温集装箱、罐式集装箱、干散货集装箱和按货物命名的集装箱。

③ 航空集装箱

航空集装箱是指与空运有关的集装箱，包括空运集装箱和空陆水联运集装箱。

（2）按结构分类

集装箱按结构可分为整体式集装箱、框架式集装箱、罐体式集装箱、折叠式集装箱和软式集装箱。

① 整体式集装箱

整体式集装箱为整体的刚性结构，一般具有完整的箱壁、箱顶和箱底，如通用集装箱、封闭式通风集装箱、保温集装箱、干散货集装箱等。对铝质的整体式集装箱，又有内柱式和外柱式之分。内柱式集装箱是指侧柱和端柱位于侧壁和端壁之内；外柱式集装箱则是指侧柱和端柱位于侧壁和端壁之外。内柱式集装箱的优点是：外表平滑，印刷标记方便。另外，由于外板与内衬板之间留有空隙，故隔热效果好，并能减少货物湿损；外柱式集装箱的优点是：集装箱受外力作用时，外力由侧柱和端柱承受，起到保护外板的作用，有时还能省去内衬板。

② 框架式集装箱

框架式集装箱一般呈框架结构，没有壁板和顶板，如某些台架式集装箱，有时甚至没有底板，如汽车集装箱。

③ 罐体式集装箱

罐体式集装箱外部为刚性框架，内有罐体，适于装运液体、气体和粉状固体货物。

④ 折叠式集装箱

折叠式集装箱的主要部件（指侧壁、端壁和箱顶）能够折叠或分解，再次使用时，可以方便地组合起来。这种集装箱的优点是在回空和保管时能缩小集装箱的体积，但由于其主要部件是铰接的，故其强度受到一定的影响。

⑤ 软式集装箱

软式集装箱是指用橡胶或其他复合材料制成的有弹性的集装箱。其优点是结构简单，空状态时体积不大，自重系数小。

8.3 集装箱码头作业

集装箱码头是水陆联运的枢纽，是集装箱货物在转换运输方式时的缓冲地，也是货物的交接点。因此，集装箱码头在整个集装箱运输过程中占有重要地位。做好集装箱码头工作，对于加速车船和集装箱的周转，提高集装箱运输效益和降低运输成本有着非常重要的意义。

8.3.1 集装箱码头

1）集装箱码头的基本构成

集装箱码头作为运输系统中货物的交汇点，由以下几部分组成（如图8.4所示）。

（1）泊位

这是专为停靠船舶使用的场所，应有一定的岸壁线。其长度应根据所要停靠的集

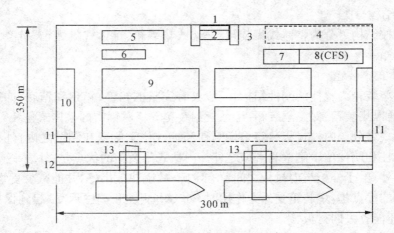

图 8.4 集装箱码头平面布置图

图中：1.大门；2.地磅；3.检查桥；4.停车场；5.维修车间；6.冲洗场；7.办公楼；8.拆装箱库；
9.堆场；10.冷藏电源；11.照明设备；12.码头前沿；13.集装箱装卸桥。

装箱船舶的主要技术参数来确定，并有一定的水深。一般集装箱船舶泊位长度在300米左右，水深在12米左右。

（2）码头前沿

前沿是指码头岸线从码头岸壁到堆场前这一部分区域；前沿处设有集装箱装卸桥，供船舶装卸集装箱之用。前沿的宽度主要根据集装箱装卸桥的跨距以及使用的装卸机械种类而定，一般为30～50米。

（3）集装箱码头堆场

集装箱码头堆场是指在集装箱船舶进港前，将准备装船的集装箱按预先制定的船舶配载图、堆场的场地以及将从船上卸下的集装箱按交货计划要求暂存所占用的场地。集装箱码头堆场面积大小不等，主要视到港的集装箱船舶载箱量以及船舶靠泊率确定。

（4）集装箱货运站

集装箱货运站是指出口拼箱货的接收、装箱，进口拼箱货的掏箱、交货的场所。

（5）控制塔

控制塔也叫指挥塔，是集装箱码头的指挥中心。负责指挥和督促集装箱装卸作业和集装箱码头工作计划的执行。

（6）大门

大门是集装箱码头的出入口，是划分集装箱码头与其他部门责任的地方。出入集装箱码头的箱子.均在大门进行检查，办理交接手续。

（7）维修车间

维修车间主要是对码头所有的机械设备进行维修、保养的地方，以保证集装箱码头机械化作业高效而有序地进行。

2) 集装箱码头的经营类型

20 世纪 90 年代以来,国际集装箱运输迅速发展,其中国际集装箱码头经营业发展最快。全球越来越多的公司致力于经营国际集装箱码头,据预测,全球国际集装箱码头经营业的发展前景是比较乐观的。目前,全球国际集装箱码头经营主要有三大类型:

(1) 专业的码头经营公司。这类公司主要经营和管理集装箱码头,如李嘉诚所掌握的和记黄埔港口控股港务公司,美洲装卸服务公司等。

(2) 国有的码头经营机构。由港务局以各种形式直接控制集装箱码头的经营管理,如广州港务局、印尼港务公司、迪拜港务局等。

(3) 航运公司自行经营的码头。航运公司自行经营管理自建或租赁的集装箱码头,如中国远洋运输(集团)总公司、海陆联运公司、马士基轮船有限公司、长荣海运股份有限公司。

此外,还有兼备两种性质的码头经营者。如新加坡港务集团,它既是独立经营的国际码头公司,又是新加坡国有的码头经营机构。

3) 集装箱码头箱务管理

(1) 集装箱码头收箱业务

码头堆场收箱业务一般是指出口重箱集港堆场收箱交接,码头货运站装箱后重箱返回堆场交接,以及受船公司委托返空箱的交接。前两种重箱,在堆场出口区域内进行交接,而返空箱的交接则在堆场专门设置的空箱堆存区域内进行。

出口重箱收箱业务流程如下:

① 公路承运人凭进场设备交接单(如表 8.1 所示)和其他相应业务单证,在码头检查桥进场通道与堆场理货办理集装箱进场交接。

② 公路承运人将拖车开到检查桥地磅上称重,过磅理货用计算机输入箱号、箱型、车号,打印过磅计量单。

③ 检查桥理货核对设备交接单,检查箱体、箱号、铅封、船名、航次、车队、车号后双方签字,理货留下两联存底,第三联交运箱人。

④ 检查桥理货在出口箱入场单加盖箱检章、过磅章。

⑤ 运箱人将拖车开到堆场指定场位卸箱。

⑥ 堆场理货根据堆场积载计划安排,指挥场地机械将重箱卸到指定场位、箱位。

⑦ 堆场站编制堆场箱位图并输入计算机,供调度部门编制出口装船计划。

⑧ 货运站装箱出口重箱返场作业流程,大致与上述程序相同,所不同的是码头内部交接,交接双方是在码头堆场理货与货运站理货间进行交接。

⑨ 空箱返回进场业务,是码头堆场受船公司委托而进行的。其进场交接程序与出口重箱交接相同。码头堆场对进场空箱,按照不同船公司分别堆码。

(2) 集装箱码头提箱业务

码头堆场提箱作业,是码头制订陆运作业计划的重要内容之一。集装箱码头堆场在卸船进场时,在考虑堆场合理积载的同时,更要考虑货主提箱的方便与快捷。

码头堆场提箱作业,涉及以下几个方面业务:一是进口重箱出场交接;二是货运站

表 8.1 集装箱进场设备交接单

集装箱发放/设备交接单
EQUIPMENT INTERCHANGE RECEIPT   NO:
IN 进场

用箱人/运箱人（CNTR. USER/HAULIER）			提箱地点（PLACE OF DELIVERY）	
来自地点（WHERE FROM）			返回/收箱地点（PLACE OF RETURN）	
航名/航次（VESSEL/VOYAGE NO.）	集装箱号（CNTR. NO.）	尺寸/类型（SIZE/TYPE）		营运人（CNTR.ORTR.）
提单号（B/L NO.）	危品类别（IMCO CLASS）	铅封号（SEAL NO.）	免费期限（FREE TIME PERIOD）	运载工具牌号（TRUCK WAGON. BARG NO.）
货重（CARGO W.）	出场目的/状态（PPS OF GATE-OUT/STATUS）		进场目的/状态（PPS OF GATE-IN/STAUS）	进场日期（TIME-IN） 月 日 时
进场检查记录（INSPECTION AT THE TIME OF INTERCHANGE）				
普通集装箱（GP. CNTR.）	冷藏集装箱（RF. CNTR.）	特种集装箱（SPL. CNTR.）		发电机（GEN. SET）
□ 正常（SOUND） □ 异常（DEFECTIVE）	□ 正常（SOUND）设定温度（SET） □ 异常（DEFECTIVE）记录温度（RECORDED）	□ 正常（SOUND） □ 异常（DEFECTIVE）		□ 正常（SOUND） □ 异常（DEFECTIVE）

损坏记录及代号（DAMAGE & CODE）　BR 破损（BROKEN）　D 凹损（DENT）　M 丢失（MISSING）　DR 污箱（DIRTY）　DL 危标（DG LABEL）

左侧（LEFT SIDE）　右侧（RIGHT SIDE）　前部（FRONT）　集装箱内部（CONTAINER INSIDE）

顶部（TOP）　底部（FLOOR BASE）　箱门（REAR）　如有异状，请注明程度及尺寸（REMARK）

除列明者外，集装箱及集装箱设备交换时完好无损，铅封完整无误。
CONTAINER EQUIPMENT INTERCHANGED IN SOUND CONDITION AND SEAL INTACT UNLESS OTHERWISE STATED

用箱人/运箱人签署　　　　　　　　　码头/堆场值班员签署
(CONTAINER USER/HAULIER'S SIGNATURE)　　(TERMINAL/DEPOT CLERK'S SIGNATURE)
　　　年　　月　　日　　　　　　　　　　年　　月　　日

交货重箱出场交接；三是进口超期箱转栈出场交接；四是调运空箱出场交接。

提箱作业在码头堆场进口区域内进行。堆场进口区域一般设置在码头堆场靠近公路一侧。

① 进口重箱提箱业务流程如下

a. 公路承运人凭出场设备交接单（如表 8.2 所示）、交货记录、集装箱提箱凭证，在检查桥出场通道与堆场理货办理出场交接。

表 8.2 集装箱出场设备交接单

集装箱设备交接单　OUT 出场
箱管单位名称（中文）
（英文）　　　　OUT 出场
集装箱设备交接单
EQUIPMENT INTERCHANGE RECEIPT　　NO：

用箱人/运箱人（CNTR. USER/HAULIER）		提箱地点(PLACE OF DELIVERY)	
发往地点(DELIVERED TO)		返回/收箱地点(PLACE OF RETURN)	
航名/航次(VESSEL/VOYAGE NO.)	集装箱号(CNTR. NO.)	尺寸/类型(SIZE/TYPE)	营运人(CNTR.OPTR.)
提单号(B/L NO.)	危品类别(IMCO CLASS)	铅封号(SEAL NO.)	免费期限(FREE TIME PERIOD)	运载工具牌号(TRUCK WAGON.BARGE NO.)
货重(CARGO W.)	出场目的/状态(PPS OF GATE-OUT/STATUS)	进场目的/状态(PPS OF GATE-IN/STATUS)	出场日期(TIME-OUT)　月　日　时

出场检查记录 (INSPECTION AT THE TIME OF INTERCHANGE)

普通集装箱(GP. CNTR.)	冷藏集装箱(RF. CNTR.)	特种集装箱(SPL. CNTR.)	发电机(GEN. SET)
□ 正常（SOUND）	□ 正常(SOUND) 设定温度(SET)	□ 正常（SOUND）	□ 正常（SOUND）
□ 异常 (DEFECTIVE)	□ 异常 (DEFECTIVE) 记录温度 (RECORDED)	□ 异常 (DEFECTIVE)	□ 异常 (DEFECTIVE)

损坏记录及代号(DAMAGE & CODE)

BR 破损 (BROKEN)　　D 凹损 (DENT)　　M 丢失 (MISSING)　　DR 污箱 (DIRTY)　　DL 危标 (DG LABEL)

左侧(LEFT SIDE)　　右侧(RIGHT SIDE)　　前部(FRONT)　　集装箱内部(CONTAINER INSIDE)

顶部(TOP)　　底部(FLOOR BASE)　　箱门(REAR)　　如有异状，请注明程度及尺寸(REMARK)。

除列明者外，集装箱及集装箱设备交换时完好无损，铅封完整无误。
CONTAINER EQUIPMENT INTERCHANGED IN SOUND CONDITION AND SEAL INTACT UNLESS OTHERWISE STATED

用箱人/运箱人签署　　　　　　　　码头/堆场值班员签署
(CONTAINER USER/HAULIER'S SIGNATURE)　　(TERMINAL/DEPOT CLERK'S SIGNATURE)
＿＿＿年＿＿＿月＿＿＿日　　　　　　＿＿＿年＿＿＿月＿＿＿日

b. 堆场理货核对运箱人所持出场设备交接单、交货记录、集装箱提箱凭证、提箱顺序表、费用结算单证、有效放行单证，并经双方检查箱体、铅封后在设备交接单上签字、交接。

c. 运箱人凭检查桥理货开具的出门证，从检查桥出场通道运箱出场。

d. 堆场理货将提箱信息及时输入计算机，及时变更堆场箱位图。

e. 货运站交货由堆场提重箱，需向调度部门提出"摆重计划"，由货运站与堆场办理重箱自堆场提离并进行交接后，运至货运站拆箱作业场地，进行拆箱作业。

② 转栈出场提箱业务流程

码头堆场根据有关规定（一般卸船后 10 天），对于超期尚未提离堆场的进口集装箱，有权按照与船公司所签转栈协议，安排转到存栈场地。转栈出场的业务流程如下：

a. 码头调度负责转栈的计划员根据堆场堆存箱量和卸船日期，确定转栈集装箱的船名、航次、箱数和转栈地点，打印该船在港集装箱清单，核对提单号，送堆场部门，堆场据此打印转栈顺序表。

b. 堆场站打印转栈顺序表一式四份，加盖提箱计划章，一份送调度部门转栈计划员备查，其余三份交堆场当班理货备用。

c. 转栈计划员将准备转栈集装箱的船名、航次、箱量、转栈地点通知调度陆运计划员，由陆运计划员组织堆场、转栈车队、转栈场站，按照转栈顺序表实施转栈提箱作业。

d. 转栈完毕，调度转栈计划员与堆场、转栈车队、转栈场站共同核对转栈箱数，并将转栈顺序表复印件送交海关和码头有关部门。

（3）集装箱码头集装箱堆存保管业务

据测算，在我国现行技术装备和现有管理水平的条件下，一座年装卸 10 万箱的码头，其操作量与装卸自然量之比，大约是 2∶1，也就是说，一座年装卸自然量 10 万箱的码头，一年中要有 20 万箱的处理能力。堆场业务管理基础工作包括以下几方面：

① 堆场作业计划图

它是用来安排集装箱在堆场堆存计划时使用的一种"看板作业图"，也可称作"场地积载图"。它的重要作用在于根据船期表和船舶积载图，预先编制的堆场堆存计划，按时交付和接收进出口集装箱。若堆场计划安排不周，就会造成场地紧张，产生不必要的倒箱作业，甚至导致整个码头作业停顿。

② 建立核查、盘存制度

即建立一条船一核查、每日在港箱核查、每月一次全场盘点制度，做到每船清、每日清、每月清。通过三核查办法及时发现并处理溢装、溢卸、漏装、漏卸、错箱位、错箱号等问题。

③ 通过三核查办法的实施，达到三个统一

即集装箱在堆场的实际场位、箱位与计算机存储的信息和场地积载图三位一体，准确可靠。

④ 建立一套完整的内外部集装箱交接管理办法,并按办法严格实施

对堆场集装箱所发生的收发、交接、搬倒、移动实施严格的动态管理,并把信息及时输入计算机。

8.4 集装箱运输生产方式

本节主要介绍集装箱货物的装载方法、特殊货物的装载要求、集装箱货物的流转程序、集装箱货物的交接方式、海运出口程序、集装箱运输的运费计算等内容。

8.4.1 集装箱货物装载方法

1) 箱体要求

在进行集装箱货物装箱前,首先应根据所运输的货物种类、包装、性质和其运输要求,选择合适的集装箱。因此,采用统一标准规格的集装箱,不仅能保证货运质量,而且还是提高集装箱运输效率的必要条件、无论由谁负责装箱,所选择的集装箱应具备:符合 ISO 标准;四柱、六面、八角完好无损;箱子各焊接部位牢固;箱子内部清洁;干燥、无味、无尘;不漏水、漏光;具有合格检验证书等。

2) 集装箱装载方法

随着集装箱货物国际多式联运的发展,种类繁多、性质且包装不同的货物进入了集装箱运输领域;与此同时从事集装箱运输的管理人员及操作人员不断增多,为确保货运质量的安全,做好箱内货物的积载工作是非常重要的。

集装箱货物在积载、堆装时应注意的事项有:

(1) 在不同件杂货混装在同一箱内时,宜根据货物的性质、重量、外包装的强度等情况,将货物区分开。将包装牢固、重件货装在箱子底部,包装不牢、轻货则装在箱子上部。

(2) 货物在箱子内的重量分布应均衡。如箱子某一部位装载的负荷过重.则有可能使箱子底部结构发生弯曲或脱开的危险。

(3) 在进行货物堆码时,则应根据货物的包装强度,决定货物的堆码层数。另外,为使箱内下层货物不致被压坏,应在货物堆码之间垫入缓冲器材。

(4) 货物与货物之间,也应加隔板或隔垫器材,避免货物相互擦伤、沾湿、污损。

(5) 货物的装载要严密整齐,货物之间不应留有空隙。这样不仅可充分利用箱内容积,也可防止货物相互碰撞而造成损坏。

(6) 在目的地掏箱时,由于对靠箱口附近的货物没有采取系固措施,曾发生过货物倒塌,造成货物损坏和人身伤亡的事故。因此,在装箱完毕、关箱前应采取措施,防止箱口附近货物的倒塌。

(7) 应使用清洁、干燥的垫料(胶台板、草席、缓冲器材、隔垫板),如使用潮湿的垫料,易发生货损事故。

(8) 应根据货物的不同种类、性质、包装,选用不同规格的集装箱,选用的箱子应符合国际标准,经过严格的检查,并具有检验部门颁发的合格证书。

3) 特殊货物的装载要求

特殊货物是指在装卸、运输、存储过程中,容易引起集装箱箱体(冷冻机组)破损、污染、腐蚀的货物。特殊货物装载要求如下:

(1) 冷藏(冻)货

装载冷藏(冻)货的集装箱应具有供箱人提供的该集装箱检验合格证书。货物装箱前,箱体应根据使用规定的温度进行预冷。货物装箱时的温度应达到规定的装箱温度。温度要求不同或气味不同的冷藏货物绝不能配入一箱。装货高度不能超过箱中的货物积载线。装完货关门后,应立即使通风孔处于要求的位置,并按货主对温度的要求及操作控制好箱内温度。

(2) 危险货物

集装箱内装载的每一票危险货物必须具备危险货物申报单。装箱前先应对货物及应办的手续、单证进行审查,不符合国际危险品运输规则规定的包装要求或未经商检、港监等部门认可或已发生货损的危险货物,一律不得装箱。

(3) 超尺度、超重货物

① 超高货物。干货箱箱门有效高度是有一定范围的(20 ft 箱为 2 135—2 154 mm;40 ft 箱为 2 265—2 284 mm),如货物超过这一范围,则为超高货。超高货物必须选择开顶箱或板架箱装载。超高货物装载集装箱时,应充分考虑运输全程中给内陆运输(铁、公路)车站、码头、装卸机械、船舶装载带来的问题。

② 超宽货物。超宽货物一般应采用板架箱、平台箱运输。集装箱运输允许货物横向突出(箱子)的尺度要受到集装箱船舶结构(箱格)、陆上运输线路(特别是铁路)允许宽度限制,受到使用装卸机械种类的限制(如跨运车对每边超宽量大于 10 cm 以上的集装箱无法作业),超宽货物装载时应给予充分考虑。

③ 超长货物。超长货物一般应采用板架箱装载,装载时应事先征得船公司的同意。

④ 超重货物。集装箱标准(ISO)对集装箱(包括货物)总重量是有明确限制的,20 ft 箱为 20.32 t(20 长吨)或 24.00 t,40 ft 为 30.48 t(30 长吨),所有的运输工具和装卸机械都是根据这一总重量设计的。

(4) 其他货物

① 液体货物。液体货物采用集装箱运输有两种情况.一是装入其他容器(如桶)后再装入集装箱运输,在这种情况下货物装载应注意的事项与一般货物或危险货物类似;二是散装液体货物,一般需用罐式箱运输。在这种情况下货物散装前应检查罐式集装箱本身的结构、性能和箱内能否满足货物运输要求,应具备必要的排空设备、管道及阀门,其安全阀应处于有效状态。

② 动、植物与食品。运输该类货物的集装箱一般有密闭和非密封式(通风)两类。

装载这类货物时应注意,货物应根据进口国要求,经过检疫并得到进口国许可。一般要求托运人(或其代理人)事先向港监、商检、卫检、动植物检疫等管理部门申请检验并出具合格证明后方可装箱。

8.4.2 集装箱货物的流转程序

1) 集装箱货物流转程序

集装箱货物的运输,是根据各国的运输法规和每条航线上的经济、地理等条件,决定其不同的流转程序以及运输方式的组成。图8.5是集转箱货物运输中一个比较典型的情况。

图 8.5 集装箱货物典型运输流程

从运输成本分析,只有采用这样的组织方式把小批量货流组成大批量货流后,才能使运输总成本减至最小。

在上述集装箱货物流通过程中,对于货物的交接主要有两种不同的形态:

① 整箱货。是指由发货人自行装箱,并负责填写装箱单、场站收据,并由海关加铅封的货;整箱货又习惯理解为一个发货人、一个收货人。

② 拼箱货。是指由集转箱货运站负责装箱、填写装箱单,由海关加铅封的货物;拼箱货又可理解为几个发货人,几个收货人。

2) 整箱货流转程序

(1) 在发货人工厂或仓库配置集装箱;

(2) 由发货人在自己工厂或仓库装箱;

(3) 通过内陆或内河运输;

(4) 在集装箱码头堆场办理交接;

(5) 将集装箱根据堆场计划堆放;

(6) 装船;

(7) 通过海上运输;

(8) 卸船;

(9) 将集装箱根据堆场计划堆放;

(10) 在集装箱码头堆场办理交接;

(11) 通过内陆运输;

(12) 在收货人工厂或仓库掏箱;

(13) 集装箱空箱回运。

3) 拼箱货流转程序

(1) 货运站从码头堆场领取空箱;

(2) 货运站配箱、装箱；
(3) 对已装箱的实箱加铅封；
(4) 将实箱运至码头堆场；
(5) 装船；
(6) 通过海上运输；
(7) 卸船；
(8) 将实箱运货运站；
(9) 货运站掏箱；
(10) 货运站交货；
(11) 箱子回空。

8.4.3 集装箱货物的交接方式

1) 按整箱与空箱分类

集装箱货运分为整箱和拼箱两种。因此，在交接方式上也有所不同，纵观当前国际上的做法，大致可有以下 4 类：

(1) 整箱交、整箱接。货主在工厂或仓库把装满货后的整箱交给承运人，收货人在目的地以同样整箱接货。

(2) 拼箱交、拆箱接。货主将不足整箱的小票托运货物在集装箱货运站或内陆转运站交给承运人，由承运人负责拼箱和装箱，运到目的地货运站或内陆转运站，由承运人负责拆箱，拆箱后收货人凭单接货。

(3) 整箱交、拆箱接。货主在工厂或仓库把装满货后的整箱交给承运人，在目的地的集装箱货运站或内陆转运站由承运人负责拆箱后，各收货人凭单接货。

(4) 拼箱交、整箱接。货主将不足整箱的小票托运货物在集装箱货运站或内陆转运站交给承运人。由承运人分类调整，把同一收货人的货集中拼装成整箱，运到目的地后，承运人以整箱交，收货人以整箱接。

在上述各种交接方式中，以整箱交、整箱接效果最好，也最能发挥集装箱的优越性。

2) 按交接地点分类

根据承运人从发货人手中接收货物和向收货人交付货物地点的不同组合，集装箱货物的交接方式可分为以下 9 种：

(1) "门到门"交接方式。发货人负责装箱办理通关和加封，承运人在发货人处接收货物后，对货物运输的全程负责直到运至收货人处交付货物时止，货物交接的形态均为整箱货。

(2) "门"至堆场交接方式。发货人负责装箱、办理通关和加封，承运人在发货人处接收货物后，对货物运输全程负责，直到运至运输合同中指定的码头或内陆堆场向收货人交付货物为止，货物交接形态均为整箱货。

(3) "门"至集装箱货运站交接方式。发货人负责装箱、办理通关和加封，承运人在发货人处接收货物后，对货物全程运输负责，直到运至运输合同中指定的码头或码头附近或内陆地区的集装箱货运站，并负责拆箱，直至向收货人交付为止。

（4）堆场至"门"交接方式。发货人负责装箱，办理通关及加封手续，并自行负责将集装箱由装箱地运至运输合同中指定的码头或内陆堆场，承运人在该堆场接收货物后负责至收货人处的全程运输，并在收货人处交付货物。

（5）堆场至堆场交接方式。发货人负责装箱，办理通关及加封手续，并自行负责将集装箱由装箱地运至运输合同中指定的码头或内陆堆场，承运人在该堆场接收货物后，负责将货物运至合同中指定的目的地堆场的全程运输，并在目的地堆场向收货人交付货物，收货人负责至拆箱地运输和拆箱、还箱工作。

（6）堆场至集装箱货运站交接方式。发货人负责装箱，办理通关及加封手续，并自行负责将集装箱由装箱地运至运输合同中指定的堆场交给承运人。承运人负责将货物运至合同中指定的目的地堆场的全程运输，并负责拆箱后向收货人交付货物。

（7）集装箱货运站至"门"交接方式。发货人以原来的形态把货物运至运输合同指定的集装箱货运站，承运人集装箱货运站接收货物负责装箱加封后，负责将货物运至收货人处交付货物。

（8）集装箱货运站至堆场交接方式。与第（7）种方式类似，差别仅是承运人在集装箱货运站接收货物后，负责将货物运至合同指定的目的地堆场的货物运输，并向收货人交付货物。

（9）集装箱货运站至集装箱货运站交接方式。承运人接收货物与（7/8）相似，但在集装箱货运站接收货物后，要负责将货物运至运输合同指定的目的地集装箱货运站，并负责拆箱后向收货人（一个或多个）交付货物，货物交接形态均为拼箱，一般对应于多个发货人、多个收货人的情况。

8.5 集装箱国际多式联运

本节主要介绍国际多式联运的基本概念和特征、集装箱的运输方式、国际多式联运的运输组织形式、国际多式联运业务、国际多式联运经营人的责任范围与责任期限等内容。

8.5.1 国际多式联运的基本概念和特征

联合国为了适应并促进国际贸易和运输的顺利发展，于1980年制定了《联合国国际货物多式联运公约》，其中对国际多式联运做了如下的定义，即"国际多式联运是按照多式联运合同，以至少两种不同的运输方式，由多式联运经营人将货物从一国境内接收货物的地点运至另一国境内指定交付货物的地点。"

多式联运是货物运输的一种较高组织形式，它集中了各种运输方式的特点，扬长避短融会一体，组成连贯运输，达到简化货运环节、加速货运周转、减少货损货差、降低运

输成本、实现合理运输的目的,它比传统单一运输方式具有无可比拟的优越性,主要表现在:

1) 责任统一,手续简便

在多式联运方式下,不论全程运输距离多么遥远,也不论需要使用多少种不同运输工具,更不论途中要经过多少次转换,一切运输事宜统一由多式联运经营人负责办理,而货主只要办理一次托运、签订一个合同、支付一笔全程单一运费,取得一份联运单据,就履行全部责任。

2) 减少中间环节,缩短货运时间,降低货损货差,提高货运质量

多式联运通常是以集装箱为媒介的直达连贯运输,货物从发货人仓库装箱验关铅封后直接运至收货人仓库交货,中途无须拆箱倒载,减少很多中间环节,即使经多次换装,也都是使用机械装卸,丝毫不触及箱内货物,货损货差和偷窃丢失事故就大为减少,从而较好地保证货物安全和货运质量。

3) 降低运输成本,节省运杂费用,有利贸易开展

多式联运是实现"门到门"运输的有效方法。对货方来说,货物装箱或装上第一程运输工具后就可取得联运单据进行结汇,结汇时间提早,有利于加速货物资金周转,减少利息支出。采用集装箱运输,还可以节省货物包装费用和保险费用。

4) 实现"门到门"运输的有效途径

多式联运综合了各种运输方式,扬长避短,组成直达连贯运输,不仅缩短运输里程,降低运输成本,而且加速货运周转,提高货运质量,是组织合理运输、取得最佳经济效果的有效途径。尤其是采用多式联运,可以把货物从发货人内地仓库直运至收货人内地仓库,为实现"门到门"的直达连贯运输奠定了有利基础,工业上自动化大生产是通过自动化生产线,那么多式联运可以说是运输大生产的多式联运生产线。

8.5.2 集装箱的运输方式

集装箱的运输方式有船舶、铁路、公路、航空四种。

1) 船舶运输

按船舶装运集装箱化程度的不同,可将集装箱运输所使用船舶分为如下几种:

(1) 全集装箱船。这类船舶的设计目的在于使全船所有载货空间可以适合集装箱装载。因其装载方式的不同,全集装箱又可分为舱格式全集装箱船与拖车式全集装箱船。前者将船舱划分为格状以起重机吊上吊下方式装卸集装箱;后者则是利用船上的跳板将载有集装箱的托车驶上船舱固定停放,到达目的港后再将拖车驶出船舱。

(2) 半集装箱船。这类船舶除在船上装有专供集装箱使用的舱格之外,并保留有空间,以供装载散装杂货之用。

(3) 混合式集装箱船。这类集装箱船是将舱格式与拖车式集装箱船混合成一体,除可使用起重机担任装卸工作外又可以承载载箱拖车。

(4) 可变集装箱船。这类船舶的货舱通常以装载集装箱为主,必要时可以改变成

装载散装杂货的货轮。

（5）子母船。这类船舶是一种独特的集装箱船，系将整艘集装箱轮分为子母两部分，子船负责进港装载集装箱，母船在港外接运子船，然后以母船担任越洋长途运送。这类船舶适于在浅水码头或内陆河道中使用，可不受港口拥挤的影响，以提高船舶的运转率。但其缺点是船舶的保养及维修费用相当昂贵。

2）陆上运输

在整个集装箱运输系统中，陆上集装箱运输企业主要是担当集装箱的接运与转运的工作，它或许是将集装箱自港口或机场运至收货人处，或是将集装箱自托运人处运抵港口或机场等待集装箱船或飞机的长程运送；也可能是担当内陆不同港口间的集装箱转运工作。因此，集装箱运输系统如果要实现"门到门"服务的目标，势必要利用完善的陆上运输系统，而陆上运输方式为铁路与公路。

（1）铁路集装箱运输系统

利用铁路平车装载集装箱以担当陆上较长运距的集装箱运输服务，是一种所谓"背载运输"的作业方式。根据集装箱的装载情况不同，它又可分为下列两种方法（如图8.6所示）：

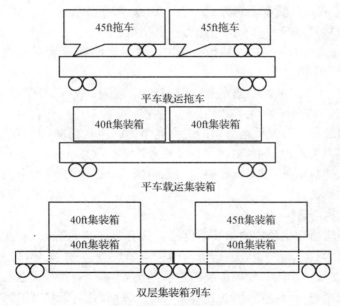

图 8.6　铁路集转箱运输

① 平车载运拖车将集装箱运同载运拖车一起固定于铁路平车上，作长距离运送服务，到达目的站以后，则可以拖车将集装箱直接送往收货人处。

② 平车载运集装箱利用机具将集装箱直接固定于铁路平车上，待运抵目的站后，再以机具将集装箱卸放拖车的车架上送抵收货人货仓，这种运输方式是较为常见的。近年来，又有双层集装箱列车的出现，使得铁路集装箱运输的经济效益又有了进一步的提高。

（2）公路集装箱运输系统

在铁路无法到达或运程较短的运输中，公路集装箱运输正可以发挥其可及性高的优点，以完成集装箱运输系统的末梢运输任务。一般而言，运送方法有下列 4 种（如图 8.7 所示）：

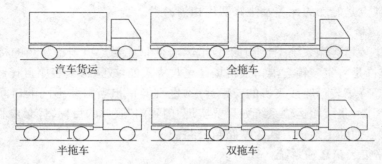

图 8.7　公路集装箱运输

① 汽车货运方式是以一般货车来运送集装箱，集装箱对于货车而言，只是一件较为庞大的货物而已，货车除了可用于装运集装箱外，还可适用于其他货物。

② 全拖车方式是从货车运送方式上演变而来，除了以一般货车装载集装箱外，再与货车尾端以一拖杆牵带一辆车架运送另一集装箱。

③ 半拖车方式是以一辆拖车后拖一车架以装运集装箱，拖车可脱离车架而灵活调度使用，以增加使用率。

④ 双拖车合并方式是在半拖车之后以一台引车衔接另一车架用以装运第二个集装箱。

扩展公路集装箱运输是航运公司的提高竞争力的重要措施，因为航运企业若是在目的港拥有公路集装箱运输权，则可将集装箱直接运往收货人处所，亦可利用公路集装箱运输企业扩大揽货业务，以对抗新兴起的无船公共承运人的竞争，并可节省运送成本进而建立公司的商誉。

（3）航空集装箱运输

由于航空运输所运送的货物均属高价值且具有时间性的物品，因此集装箱化运输的引进至少可以为航空运输企业创造下列两项竞争优势：一是安全，另一则是快速性。就安全性而言，在航空运输未使用集装箱之前，航空运输企业往往无法有效防止所运载的高价值商品发生盗窃及碰撞，因此托运人与运送人间常因所运货的遗失而发生争执；其次就快速性而言，由于目前国际贸易的发达，产品或原料的成本计算方式已向考虑总成本方向发展，因此虽然航空运费在所有运输工具中仍属最昂贵者，但是由于其在运送速度上所带来的高品质及时间效用，却为商业企业在仓储成本的节省及商品配送速度方面，创造了另一项竞争优势。

航空集装箱与一般集装箱在外形上有所差异，而这些差异的主要目的，是为了让集装箱更适用于飞机，而且机场上的集装箱搬运机具，亦与海运的集装箱搬运机具有所差异。

【案例】商贸有限公司与集装箱运输有限公司沿海货物运输合同纠纷案

原告:A商贸有限公司

被告:B集装箱运输有限公司

案情:

原告诉称:2013年11月27日,原告与被告签订合同,约定由被告为原告承运79个集装箱货物,从广西防城港至天津的东丽区或河北省唐山,运价为至天津东丽区每吨118元人民币,运至唐山为每吨135元人民币。合同签订后,原告将79个集装箱货物交于被告,被告分5批承运。2013年12月11日,第一批共计20个集装箱货物运至天津港,由于华北地区整顿公路超载,致使公路运输运费上涨,被告不顾合同义务,将原告的货物搁置天津港不予办理陆运,并要求原告自行解决内陆运输,将原运输方式由堆场至门更改为堆场至堆场,由于原告急需货物为避免损失扩大,被迫委托代理在天津港办理提货及内陆运输手续,由于被告的变更以及拖延,致使原告多支付陆运费、仓储费、滞箱费等共计人民币129 247.64元。

被告辩称:原告与被告已经协商更改了沿海内贸货物托运委托书中的运输方式以及运费的约定,并且原、被告均按照更改后的协议履行了各自的义务。原告索赔的相关费用被告不应承担任何责任。

法院查明的事实:

2013年11月27日原告和被告签订编号为CSVFCTJ50994沿海内贸货物托运委托书,约定被告为原告从防城港至天津港运输79个20尺集装箱铁矿,货物重量为2 181.37吨,运费约定为,运至唐山为135元/吨,运至天津东丽区为118元/吨。原告的货物分5批由被告承运至天津港,实际原、被告双方确认运费共计228 736元,平均每吨105元。原告已经向被告支付完毕,在第一批货物由被告指定的天津开发区C运业有限公司代理原告提货,由于对陆运费的问题没有达成一致,原告又重新委托中储发展股份有限公司天津新港分公司向B集装箱运输有限公司办理提货。期间发生滞箱费66 383元、修箱费11 862元由原告支付给了中海集装箱运输天津有限公司,发生洗箱费7 900元由原告付给了被告。在原告与被告2014年1月6日和1月9日的往来函件中有关于上述费用双方进行协商确认的内容。原告确认承担洗箱费,被告确认产生的滞箱费、修箱费与原告无关。

另查明,在B集装箱运输有限公司收取的滞箱费中,中储发展股份有限公司天津新港分公司为原告垫付13 240元。

审判:

天津海事法院认为,原告与被告之间存在沿海货物运输合同关系,双方的权利义务应按照合同中约定的条款执行,但在执行过程中双方对合同条款可以协商变更,本案原告所属的集装箱货物由被告运抵天津港后,按原合同条款,应由被告负责陆地运输,但实际上,原告将由被告指定的天津港提货代理人更换,另行委托代理人在港口提货并进行陆地运输,表明原告自行负责了陆地运输,另外,原告将货物运至天津港的海运费按被告的要求如数支付完毕,表明双方对合同条款进行了变更。即被告将货物运抵天津港,不负责陆地运输。因此,原告主张被告没有负责陆地运输而违反了合同约定,没有法律依据。

案外人中海集装箱运输天津有限公司在天津港与原告的代理人中储发展股份有限公司天津新港分公司办理货物交付,中海集装箱运输天津有限公司应属被告在天津港的放货代理人,其向原告及原告的代理人收取滞箱费、修箱费(有中海集装箱天津有限公司开具的发票和放箱联系单佐证)属于代被告收取。而被告向原告确认滞箱费、修箱费与原告无关,所以被告收取原告的滞箱费、修箱费,没有合法依据,使原告遭受损失,属于不当得利,被告对此应予返还原告。鉴于被告收取的滞箱费中有 13 240 元是由中储发展股份有限公司天津新港分公司为原告垫付,如因此本案原告与中储发展股份有限公司天津新港分公司之间产生纠纷,双方可另案解决。

原告请求的集装箱港口堆存费,没有证据证明是由于被告的原因产生的,本院不予支持。原告向中储发展股份有限公司天津新港分公司及其他单位支付的相关费用和本案涉及的运输合同无关,与本案缺乏关联性,该费用不应由被告承担。

综上所述,被告对原告不构成运输合同违约,但被告收取滞箱费、修箱费,属于不当得利,应予返还。原告的其他诉讼请求缺乏证据支持。据此,依照《中华人民共和国民法通则》第九十二条、《中华人民共和国民事诉讼法》第六十四条第一款的规定,判决如下:

一、被告 B 集装箱运输有限公司向原告 A 商贸有限公司返还收取的滞箱费 66 382 元、修箱费 11 862 元,共计 78 244 元。

二、驳回原告 A 商贸有限公司其他诉讼请求。

评析:

本案是一起沿海货物运输合同纠纷,但由于承运人的卸港代理人参与其中,使本案显得并不平常。由于承运人属于集团经营,下属单位独立核算,分别管理某一项业务,本案中,被告负责原告集装箱货物承运,而所谓被告的卸港代理并不受被告的授权管理,自己单独行使对集装箱空箱的管理,在向原告放货时,发现集装箱有滞期、破损等情况,不论什么原因,不管承运人与托运人及收货人之间有何协议,一律收取相关费用,本案就是在承运人被告与托运人原告之间约定集装箱在目的港不收取滞箱费,但实际上,作为目的港的承运人放货代理不听从承运人的指令,以不交滞箱费不放货的优势地位,强迫收货人交出本不应该交的费用,收货人为了不耽误生产,只能交费提货。在此情况下,收货人的权益受到损害。依照我国民法通则的相关规定,首先承运人的代理人无权收取这种费用,同时,收取这种费用的后果应由承运人向收货人承担。由于代理人的行为使承运人违约,属于不当得利,因此,承运人应将收取的滞箱费予以返还。

复习思考题

1. 集装箱运输的发展分哪几个阶段?
2. 什么是集装箱?集装箱运输有何优点?
3. 集装箱箱型如何分类?
3. 什么是集装箱码头?
4. 集装箱货物流转程序是什么?
5. 集装箱货物的交接有哪几种方式?
6. 什么是集装箱多式联运?
7. 国际多式联运有哪几种组织形式?

9 危险货物运输

危险品运输是特种运输的一种,是指专门组织或技术人员对非常规物品使用特殊车辆进行的运输。危险品的运输存在巨大的危险性,稍不注意可能会造成物资损失或者人员伤亡,一般只有经过国家相关职能部门严格审核,并且拥有能保证安全运输危险货物的相应设施设备,才能有资格进行危险品运输。

9.1 危险货物运输概述

本节主要介绍危险货物与道路危险货物运输、危险货物运输法规及标准、危险货物的分类等内容。

9.1.1 危险货物与道路危险货物运输

1) 危险货物的概念

危险货物(Dangerous goods, Dangerous cargo)系指具有爆炸、易燃、毒害、腐蚀、放射性等特性,在运输、装卸和储存过程中,容易造成人身伤亡、财产毁损或环境污染而需要特别防护的货物。

随着我国国民经济建设速度的加快,工农业生产和人民生活水平的提高,对危险货物运输的需求越来越大,道路危险货物运输的运输量不断上升。据有关部门统计,近几年我国每年通过公路运输的危险货物约在 1 亿～2 亿 t。除运输量上升外道路危险货物运输的品种越来越多,危险程度也越来越高。据世界卫生组织统计,目前仅用于工农业的化工物质就达 60 万种,并且每年还要增加 3 000 余种,在这些物质中,有明显或潜在危险的就达 3 万余种。

近几年由于社会对危险货物的需求量增长迅速,加之我国危险货物运输行业的基础比较薄弱,从业人员,包括管理人员素质也不能适应现代危险货物运输形势的需要,使得道路危险货物运输事故频繁发生,事故造成的危害程度也越来越严重。一次事故就可能有几吨甚至 10 多吨剧毒或腐蚀性或易燃危险货物泄漏侵入环境,进而造成对生态的严重破坏和污染,并对人民生命财产产生严重威胁,给国家造成严重经济损失和不良的社会影响。道路危险货物运输已覆盖了爆炸品,压缩气体和液化气体,易燃液体,易燃固体、自燃物品和遇湿易燃物品,氧化剂和有机过氧化物,毒害品和感染性物品,放射形物品,腐蚀品和杂类等9类危险物品。

我国现有的道路危险货物运输企业1万多家,危险货物运输车辆30万余辆,与普通货物运输相比,由于危险货物具有爆炸、易燃、毒害、腐蚀、放射性等危害特性,在运输、装卸过程中稍有不慎,便可能造成人员伤亡、财产损失和环境污染,因此对危险货物运输的安全性要求比普通货物运输要高得多。

目前,国际危险货物海运量约占各种货物海运总量的50%,其中包装危险货物约占总量的10%~15%。常运的危险货物品种约3 000种。

从目前危险货物运输行业从业人员的基本情况来看,不论其文化基础还是专业知识都与要求有一定的差距,因此迫切需要危险货物运输行业从业人员进行相关知识的技术培训,以适应形势发展的需要。

2) 道路危险货物运输

公路、水路、铁路、航空、管道5种运输方式都可以进行危险货物的运输,危险货物主要以列入国家标准《危险货物品名表》(GB 12268)的为准,危险货物运输的要求、管理规定等大同小异。

交通运输部颁布的自2016年4月11日起施行的《道路危险货物运输管理规定》中对道路危险货物运输的定义是:道路危险货物运输是指使用载货汽车通过道路运输危险货物的作业全过程。

【案例】京沪高速液氯泄漏事故

2005年9月29日晚,一辆载有约35吨液氯的山东槽罐车与山东货车相撞,导致槽罐车液氯大面积泄漏。肇事的槽罐车驾驶员逃逸,货车驾驶员死亡,延误了最佳抢险救援时机,造成公路旁3个乡镇村民中毒死亡27人,送医治疗285人,组织疏散村民群众1万人,造成京沪高速公路宿迁至宝应段关闭20个小时。液氯泄漏事故人员伤亡和财产损失达到2 900多万元人民币。据罐装车司机交代,事故发生是由于其所驾车辆左前胎爆裂,与迎面驶来的货车相撞,造成液氯泄漏。

【案例】义昌大桥烟花爆竹运输车爆炸事故

2013年2月1日上午9点,陕西省蒲城县宏盛花炮制造有限公司委托河北省石家庄市凯达运输有限公司一辆厢式货车(核载5.9吨,实载9.8吨)装运烟花爆竹,在途经河南省境内连霍高速741公里900米处义昌大桥时发生爆炸,致使约80米长的桥面垮塌,多辆车自桥上坠落,造成14人死亡、8人受伤。据初步调查,主要是因为宏盛花炮制造有限公司违法转包、分包、超许可范围生产烟花爆竹,委托不具备相应资质的企业承运烟花爆竹,运输前未取得运输许可,发货前未查验车辆及驾驶人、押运人资质(凯达运输有限公司未取得危险货物运输资质,其驾驶人、押运人未取得相应从业资格),使用非危险货物专用运输车辆承运烟花爆竹。

调查认为，凯达公司疏于管理，无危险货物道路运输资质、使用普通货运车辆从事危险货物运输；陕西省蒲城县宏盛花炮制造有限公司违法包给无资质人员生产经营，超标准、超范围违法生产；蒲城县小郭货运部、虎子货运部违反危险货物运输管理规定为不具有危险货物运输资质的企业和车辆联系介绍运输危险货物，用百货名义替代危险物品填写运输合同；河北省石家庄市运输管理处、陕西省蒲城县政府及当地安监、公安、工商、交通、质监等部门在安全生产、日常监管等方面工作不到位，是导致事故发生的间接原因。

包括陕西宏盛花炮制造有限公司、凯达公司以及蒲城县小郭货运部、虎子货运部等在内的20名犯罪嫌疑人，已于2013年7月5日移送三门峡市检察院审查起诉。

2015年11月12日，三门峡市中级人民法院一审判定7人获刑，其中被告人张×林、薛×芳犯非法制造爆炸物罪和假冒注册商标罪，分别被判处死缓和无期徒刑。2016年5月24日，河南省高级人民法院二审维持原判。

【案例】贵州福泉"11.1"爆炸事故

2011年11月1日两辆运载共计72吨炸药的汽车在福泉市马场坪办事处一汽车监测站内发生爆炸。事故共造成9人死亡，200余人不同程度受伤，5 200多户房屋受到不同程度损坏，直接经济损失8 869万元。

原因分析及处理结果：

办理运输许可证开始就出了问题，"管理制度"规定"一车一证"，每车载重不能超过10吨，而办证机关却办理出了4张运输许可证，每张24吨，共计96吨。其次，装车也出了问题，车厢底板该铺垫胶皮、木板等，销售单位装载人员却没有铺垫；两辆货车核准装载质量是33吨，销售单位的出票人员却开具36吨的"出库传票"。驾驶员、押运员改变运输线路，停靠马场坪，"以车代库"违规运行（购买单位的仓库容量仅26吨，远远不能满足两车72吨的需要）。

检察机关初步查明事故背后隐藏的职务犯罪，7名相关责任人涉嫌行贿或渎职。

9.1.2 危险货物运输法规及标准

1）危险货物运输国际规则

(1) 危险货物运输国际规则是包括我国在内国际社会危险货物运输立法的基础和指南。危险货物运输国际规则主要有：

①《联合国危险货物运输建议书·规章范本》（俗称大桔皮书）和《联合国危险货物运输建议书·试验和标准手册》（俗称小桔皮书），由联合国危险货物运输（TDG）专家小组委员会制定；

②《国际海运危险货物规则》（IMDG CODE），由国际海事组织（IMO）制定；

③《危险物品航空安全运输技术细则》（DOC9284－AN/905），由国际民航组织（ICAO）制定；

④《国际铁路危险货物运输规则》（RID），由国际铁路运输政府间组织（OTIF）

制定；

⑤《国际危险货物公路运输欧洲协定》(ADR)，根据欧洲国际道路危险货物运输协议制定；

⑥《国际危险货物内河运输欧洲协定》(AND)，根据欧洲国际内河危险货物运输协议制定。

(2) 危险货物运输国际规则的特点和发展背景

"大桔皮书"凝聚了各国专家尤其是发达国家专家的智慧，吸收了世界范围内最新成果，重要性和约束性逐步显现，但没有法律约束力和强制性。为解决日益增长的对保护生命、财产和环境的关注，迫切需要制定一部危险货物运输国际公约。

除各种运输方式以及相关产业国际规则外，世界上多数国家尚未进行本国国内运输法规更新修订工作。全球运输规章的不统一，严重阻碍了危险货物运输国际公约的制定。

经联合国经济及社会理事会在1975年7月30日第1975号决议中要求TDG专家委员会同其他有关机构协商，研究共同草拟一项多种运输方式危险货物运输国际公约的可能性。但TDG专家委员会认为，在制定该公约之前应统一各有关危险货物运输国际协定或公约。

目前各种运输方式的危险货物运输国际规则以及一部分联合国成员国的危险货物运输规则已逐步与大桔皮书相统一。

(3) 联合国TDG专家委员会的成立和组成

联合国TDG专家委员会是由联合国经济及社会理事会于1953年设立，专门研究国际间危险货物安全运输问题并提出具体解决建议。

中国于1988年12月加入联合国TDG专家委员会。目前该组织正式成员国包括中国在内有阿根廷、澳大利亚、日本、英国、美国等26个国家。

其他非成员国如赞比亚和一些国际组织如国际劳工组织、国际海事组织、国际民航组织以及经济合作发展组织等政府间组织和欧洲化学工业理事会等非政府组织均派观察员或代表参加会议。

该委员会最初以工作报告和建议书的形式提出了危险品的分类、编号、包装、标志和运输文件以及最低操作要求。

该委员会每两年召开一次大会，每半年一次小组会。通过会议交流信息、统一认识、研讨提案、对重要规则、规定以及其他有关重大问题做出决定。每两年修订并出版一次"大桔皮书"。

(4) "大小桔皮书"的内容及其演变

大桔皮书规定了危险货物分类原则和各类别的定义、主要危险货物品名表、一般包装和特殊包装及容器制造要求、试验程序、标记、标签或标志牌、托运程序等。

1996年12月10日，TDG专家委员会第19次会议通过《规章范本》第1版，并将其作为附件列入《关于危险货物运输的建议书》第10次修订版。这样做是为了方便将《规章范本》直接纳入所有运输方式的国家和国际规章,从而加强协调统一,便利所有相关法律文书的定期修订,也可为各成员国政府、联合国各专门机构和其他国际组织节省资源。2013年出版第18次修订版大桔皮书(英文版)。

《试验和标准手册》是《关于危险货物运输的建议书》及其附件《规章范本》的补充,根据TDG专家委员会各次会议的决定进行编写并出版。小桔皮书第1版于1986年出版,2009年出版第5次修订版。小桔皮书第5次修订版增补1和2分别于2011年和2013年出版。2015年出版小桔皮书第6次修订版。

(5) 国际海事组织和《国际海运危险货物规则》

中国于1973年正式加入国际海事组织(IMO),现为该组织的A类理事国。IMO颁布的《国际海运危险货物规则》(IMDG CODE)作为国际间危险品海上运输的基本制度和指南,得到了海运国家的普遍认可和遵守。

IMDG CODE主要由总则、定义、分类、品名表、包装、托运程序、积载等内容和要求组成,每两年修订出版一次。

自2000年第30版开始,IMO对其改版,主要采用《联合国危险货物运输规章范本》推荐的分类和品名表,迈出了统一"危规"的第一步。新版本还增加了培训、禁运危险货物品名表和放射性物质运输要求等内容。中国从1982年开始在国际海运中执行《国际海运危险货物规则》和相关的国际公约和规则,并参加修订工作。

(6) 国际民航危规和国际铁路危规

《危险物品航空安全运输技术细则》(DOC9284—AN/905)是由国际民航组织(ICAO)根据国际民用航空公约附件18《危险物品安全航空运输》的原则,对附件18的基本要求做出了详细规定;共分八部分,其内容与桔皮书(共分十章)大致相同。国际民用航空组织的专家组定期召开会议,听取和接受来自不同国家和有关国际组织的意见,对技术细则进行修改。国际民用航空组织理事会批准、修改《技术细则》版本并授权发行。

RID是由国际铁路运输政府间组织(OTIF)制订。该组织系根据1980年5月9日缔结的国际公约于1985年5月1日成立的。该组织的前身是1893年建立的国际铁路运输中央办公厅。该组织的重要任务之一是推进危险货物的运输,并制定了危险货物铁路运输标准,即:国际铁路危险货物运输规则(RID)。RID每两年修订一次。RID1997版主要结构和内容已与联合国大桔皮书相一致。

(7) 国际危险货物公路运输欧洲协定和国际危险货物内河运输欧洲协定

ADR是在联合国欧洲经济委员会帮助下,于1957年9月30日在日内瓦签署。该协议于1968年1月29日生效。协议本身非常简短和简单。协议生效后,其附件A和B定期进行修订和更新,最新一次修订版于2007年1月1日开始实施。ADR2007的结构已与联合国危险货物运输规章范本、国际海运危险货物规则、国际航空危险货物技术规则以及国际铁路运输政府间组织的国际铁路危险货物运输规则相统一。

ADN是于2000年5月26日在由欧洲经济委员会和莱茵河航运中央委员会联合

组织的外交会议上提出的。它由协议法律条款和所附的规则组成,意在确保国际间通过内河高水平安全运输危险货物,有效保护环境,防止内河运输危险货物时发生事故造成污染,促进危险货物国际贸易和运输。

2) 危险货物运输国家标准

(1) 中国危险货物运输国家标准的特点与发展历程

中国危险货物运输国家标准(简称"中国危规")是由国际规则转化而来并逐步完善的。中国危规与国际规则特别是大桔皮书的统一化进程加快。

联合国规章范本已经出版第 18 次修订版。为适应需要、确保运输安全和方便国际贸易,近年来我国有关部门已对国家标准《危险货物包装标志》(GB 190)《危险货物分类与品名编号》(GB 6944)和《危险物品名表》(GB 12268)等组织进行了多次修订。GB 190 第 2 次修订版于 2009 年发布实施。GB 6944 和 GB 12268 已修订 2 次,而最新修订版增加了大桔皮书的特殊规定等内容。还制定并发布了国家标准《危险货物例外数量及包装要求》(GB 28644.1—2012)《危险货物有限数量及包装要求》(GB 28644.2—2012)和《有机过氧化物分类及品名表》(BG 28644.3—2012)。

小桔皮书中许多内容也在逐步转化为中国国家标准。

从 GB 6944、GB 12268 的 2005 年修订版开始,取消了原标准"中国危险货物编号"(即 CN 号),代之以"联合国编号"(即 UN 号),解决了多年来中国危规和国际规则的危险货物编号不统一的问题,方便了危险货物的国际贸易和国内流通。

(2) 道路危险货物运输行政法规

我国道路危险货物运输的主要法规是《危险化学品安全管理条例》《中华人民共和国道路运输条例》《中华人民共和国安全生产法》《中华人民共和国刑法》《中华人民共和国固体废物污染环境防治法》《中华人民共和国道路交通安全法》《特种设备安全监察条例》《中华人民共和国港口法》《中华人民共和国海上交通安全法》《内河交通安全条例》《烟花爆竹安全管理条例》《民用爆炸品安全管理条例》《放射性物品运输安全管理条例》和《医疗废物管理条例》等。

《危险化学品安全管理条例》(国务院令 2002 年第 344 号)2002 年 3 月 15 日起施行,是现行危险化学品货物运输安全管理法规中内容全面、层次最高的行政法规。

《中华人民共和国道路运输条例》(2004 年 4 月 14 日国务院第 48 次常务会议通过,2004 年 4 月 30 日中华人民共和国国务院令第 406 号公布,2004 年 7 月 1 实施;2012 年 11 月 9 日中华人民共和国国务院令第 628 号《国务院关于修改和废止部分行政法规的决定》第 1 次修订;根据 2016 年 1 月 13 日中华人民共和国国务院令第 666 号《国务院关于修改部分行政法规的决定》第二次修订)。该《条例》分总则、道路运输经营、道路运输相关业务、国际道路运输、执法监督、法律责任、附则 7 章 82 条。

(3) 道路危险货物运输技术标准

道路危险货物运输及其管理,是一项技术性很强的工作。根据 1989 年 4 月 1 日施行的《中华人民共和国标准法》规定,国家标准和行业标准又分为强制性标准和推荐性标准两种。
① 国家标准
a.《危险货物分类和品名编号》(GB 6944—2012);
b.《危险货物品名表》(GB 12268—2012);
c.《道路运输危险货物车辆标志》(GB 13392—2005);
d.《危险货物例外数量及包装要求》(GB 28644.1—2012);
e.《危险货物有限数量及包装要求》(GB 28644.2—2012);
f.《有机过氧化物分类及品名表》(GB 28644.3—2012)。
② 行业标准
a.《汽车运输危险货物规则》(JT 617—2004);
b.《水路危险货物运输规则》(交通部令[1996]第 10 号);
c.《汽车运输、装卸危险货物作业规程》(JT 618—2004);
d.《公路、水路危险货物运输包装基本要求和性能试验》(JT 0017—88);
e.《港口危险货物安全管理规定》(中华人民共和国交通运输部令 2017 年第 27 号);
f.《道路危险货物运输管理规定》(2016 年修订);
g.《船舶载运危险货物安全监督管理规定》(交通运输部令 2012 年第 4 号);
h.《中国民用航空危险品运输管理规定》(交通运输部令 2016 年第 42 号)。

9.1.3 危险货物的分类

1) 危险货物的分类

按照联合国大桔皮书以及我国国家标准《危险货物分类和品名编号》(GB6944—2012),将危险货物按其主要特性和运输要求分为 9 类:

第一类:爆炸品;
第二类:压缩气体和液化气体;
第三类:易燃液体;
第四类:易燃固体、自燃物品和遇湿易燃物品;
第五类:氧化剂和有机过氧化物;
第六类:毒害品和感染性物品;
第七类:放射性物品;
第八类:腐蚀品;
第九类:杂类。

2) 危险货物分类下的分项

除第 3 类易燃液体、第 7 类放射性物品、第 8 类腐蚀品和第 9 类杂类外,其他类别危险货物还进一步细分成项:

第 1 类爆炸品:1.1 项:有整体爆炸危险的物质和物品;1.2 项:有进射危险但无整

体爆炸危险的物质和物品；1.3项：有燃烧危险并有局部爆炸危险或局部迸射危险或这两种危险都有、但无整体爆炸危险的物质和物品；1.4项：不呈现重大危险的物质和物品；1.5项：有整体爆炸危险的非常不敏感物质；1.6项：无整体爆炸危险极端不敏感物品。

第2类气体：2.1项：易燃气体；2.2项：非易燃无毒气体；2.3项：毒性气体。

第4类易燃固体：4.1项：易燃固体、自反应物质和固态退敏爆炸品；4.2项：易于自燃的物质；4.3项：遇水放出易燃气体的物质。

第5类氧化性物质和有机过氧化物：5.1项：氧化性物质；5.2项：有机过氧化物。

第6类毒性物质和感染性物质：6.1项：毒性物质；6.2项：感染性物质。

9.2 道路危险货物运输管理

道路危险货物运输管理主要介绍道路危险货物运输企业资质要求、危险货物运输单证、危险货物的托运、危险货物的承运、危险货物安全承运条件、装货过程途中保管卸货过程危险品运输中注意事项。

1）道路危险货物运输企业资质要求

① 从事营业性道路危险货物运输的单位，必须具有十辆以上专用车辆的经营规模，五年以上从事运输经营的管理经验，配有相应的专业技术管理人员，并已建立健全安全操作规程、岗位现任制、车辆设备保养维修和安全质量教育等规章制度。

② 直接从事道路危险货物运输、装卸、维修作业和业务管理的人员，必须掌握危险货物运输的有关知识，经当地地(市)级以上道路运政管理机关考核合格，发给《道路危险货物运输操作证》，方可上岗作业。

③ 运输危险货物的车辆、容器、装卸机械及工具，必须符合交通部JT3130《汽车危险货物运输规则》规定的条件，经道路运政管理机关审验合格。

《道路危险货物运输管理规定》经2012年12月31日中华人民共和国交通运输部第10次部务会议通过，2013年1月23日中华人民共和国交通运输部令2013年第2号公布。该《规定》分总则，道路危险货物运输许可，专用车辆、设备管理，道路危险货物运输，监督检查，法律责任，附则7章71条，自2013年7月1日起施行。原交通部2005年发布的《道路危险货物运输管理规定》及交通运输部2010年发布的《关于修改〈道路危险货物运输管理规定〉的决定》予以废止。

运输剧毒、爆炸、易燃危险货物的，应当具备罐式车辆或厢式车辆、专用容器，车辆应当安装行驶记录仪或定位系统。

罐式专用车辆的罐体应当经质量检验部门检验合格。运输爆炸、强腐蚀性危险货物的罐式专用车辆的罐体容积不得超过20立方米，运输剧毒危险货物的罐式专用车辆的罐体容积不得超过10立方米，但符合国家有关标准的罐式集装箱除外。

运输剧毒、爆炸、强腐蚀性危险货物的非罐式专用车辆，核定载质量不得超过10

吨,但运输符合国家有关标准的集装箱的非罐式专用车辆除外。

申请从事道路危险货物运输经营的企业,应当向所在地设区的市级道路运输管理机构提出申请,并提交以下材料:

　　a.《道路危险货物运输经营申请表》;

　　b. 拟运输的危险货物类别、项别及运营方案;

　　c. 企业章程文本;

　　d. 投资人、负责人身份证明及其复印件,经办人的身份证明及其复印件和委托书;

　　e. 拟投入车辆承诺书,内容包括专用车辆数量、类型、技术等级、通信工具配备、总质量、核定载质量、车轴数以及车辆外廓长、宽、高等情况,罐式专用车辆的罐体容积,罐体容积与车辆载质量匹配情况,运输剧毒、爆炸、易燃危险货物的专用车辆配备行驶记录仪或者定位系统情况。若拟投入专用车辆为已购置或者现有的,应提供行驶证、车辆技术等级证书或者车辆技术检测合格证、罐式专用车辆的罐体检测合格证或者检测报告及其复印件;

　　f. 拟聘用驾驶人员、装卸管理人员、押运人员的从业资格证及其复印件,驾驶人员的驾驶证及其复印件;

　　g. 具备停车场地、专用停车区域和安全防护、环境保护、消防设施设备的证明材料;

　　h. 有关安全生产管理制度文本。

④ 非营业性运输单位需从事道路危险货物运输,须事前向当地道路运政管理机关提出书面申请,经审查,符合本规定运输基本条件的报地(市)级运政管理机关批准,发给《道路危险货物非营业运输证》,方可进行运输作业。从事一次性道路危险货物运输,须报以县级运政管理机关审查核准,发给《道路危险货物临时运输证》,方可进行运输作业。

需要提交的材料如下:

　　a.《道路危险货物运输申请表》;

　　b. 下列形式之一的单位基本情况证明:省级以上安全生产监督管理部门颁发的《危险化学品登记证》;能证明科研、军工、通用民航等企事业单位性质或者业务范围的有关材料;

　　c. 特殊运输需求的说明材料;

　　d. 经办人的身份证明及其复印件,所在单位的工作证明或者委托书。

⑤ 凡申请从事营业性道路危险货物运输的单位,及已取得营业性道路运输经营资格需增加危险货物运输经营项目的单位,均须按规定向当地县级道路运政管理机关提出书面申请,经地(市)级道路运政管理机关审核,发给加盖道路危险货物运输专用的《道路运输经营许可证》和《道路运输营运证》,方可经营道路危险货物运输。

2) 危险货物运输单证

海运危险货物中主要涉及的单证有:

① 危险货物在交付运输时,托运人应提交危险货物适运申报单。
② 装运危险货物的船舶在抵港卸货前应向港方提供危险货物装载清单及实积图。
③ 当危险货物采用集装箱托运时,船方在装船前必须取得经法定机构签认的危险货物装箱证明。

《放射性货物剂量检查证明书》

托运放射性货物时必须附有经主管机关或其委托的权威机构确认的此类证书。其内容包括:货名、物理状态、射线类型、运输指数、货包表面污染情况、包装等级、外包装破损时的最小安全距离等。

④ 托运《国际危规》未列明危险货物时,托运人应向船方提供危险货物技术说明书。承运《国际危规》中"未列明"(N.O.S)的危险货物时,船方必须向托运人索取经主管部门审核、批准的技术说明书。其内容包括:品名、类别、理化性质、主要成分、包装方法、急救措施、撒漏处理、消防方法及其他运输注意事项等。

⑤ 装载危险品集装箱的国际航行船舶,《国际危规》要求的随船单证包括集装箱装运危险货物装箱证明书、危险货物舱单或积载图、危险货物监装证书。

⑥ 危险货物托运时需要提交包装检验证明、包装适用证书。

《包装检验证明书》表明:指定类型的包装已经取样进行了所列的包装试验,并获得相应的试验结果;《包装适用证明书》表明:指定的包装适用于所列特定的危险货物装载。这两种证书都须经主管机关或其委托的权威机构确认才能有效。

3) 危险货物的托运

① 必须向已取得道路危险货物运输经营资格的运输单位办理托运;
② 必须在托运单上填写危险货物品名、规格、件重、件数、包装方法、起运日期、收发货人详细地址及运输过程中的注意事项;
③ 货物性质或灭火方法相抵触的危险货物,必须分别托运;
④ 对有特殊要求或凭证运输的危险货物,必须附有相关单证,并在托运单备注栏内注明;
⑤ 托运未列入《汽车运输危险货物品名表》的危险货物新品种,必须提交《危险货物鉴定表》。

凡未按以上规定办理危险货物运输托运,由此发生运输事故,由托运人承担全部责任。

4) 危险货物的承运

① 根据托运人填写的托运单和提供的有关资料,予以查对核实,必要时应组织承托双方到货物现场和运输线路进行实地勘察,其费用由托运人负担;
② 承运爆炸品、剧毒品、放射性物品及需控温的有机过氧化物、使用受压容器罐(槽)运输烈性危险品,以及危险货物月运量超过 100 吨,均应于起运前十天,向当地道路运政管理机关报送危险货物运输计划,包括货物品名、数量、运输线路、运输日期等;

③ 在装运危险货物时，要按《汽车危险货物运输规则》规定的包装要求，进行严格检查。凡不符合规定要求，不得装运。危险货物性质或灭火方法相抵触的货物严禁混装；

④ 运输危险货物的车辆严禁搭乘无关人员，运行中司乘人员严禁吸烟，停车时不准靠近明火和高温场所；

⑤ 运输结束后，必须清扫车辆，消除污染，其费用由货主负担。

凡未按以上规定受理托运和承运，由此发生运输事故，由承运人承担全部责任。

5）危险货物安全承运条件

（1）具有合格的包装

危险货物运输包装作用：

① 能防止被包装的危险货物因接触雨雪、阳光、潮湿空气和杂志而使货物变质，或发生剧烈化学反应所造成的事故。

② 可以减少货物在运输过程中所受到的碰撞、震动、摩擦和挤压，使危险货物在包装的保护下，保持相对稳定状态，从而保证运输过程的安全。

③ 可以防止对应货物撒漏、挥发以及与性质相棒的货物直接接触而发生事故或污染运输设备及其他货物的事情发生。

④ 便于储运过程中的堆垛、搬动、保管、提高车辆生产率、运送速度和工作效率。

⑤ 可以防止放射性物质放出的射线对人体的内照射和外照射所造成的危害。

危险运输包装的基本要求：

① 包装材质应与所包装的危险货物的理化性质相适应；

② 包装物应具有相适应的强度，其构造和封闭装置能经受起运输过程中正常的冲撞、震动、挤压和摩擦；

③ 包装的封口应与所装危险货物的性质相适应；

④ 内外包装之间应有适当的衬垫；

⑤ 运输危险货物包装应能适应一定范围的温度、湿度变化；

⑥ 件包装货物的重量、规格和形式应满足运输要求；

⑦ 包装的外表应按规定表明各种包装标志；

⑧ 危险货物运输包装必须按规定进行性能实验。

危险货物运输包装分类：

① 按危险货物的物质种类分

a. 通用包装。b. 爆炸品专用包装。c. 压缩气体和液化气体专用包装。d. 放射性物品包装。e. 腐蚀性物品包装。f. 特殊物品专用包装。

② 按危险货物的包装材料分

木制包装：a. 木材。b. 木桶：一般规定盛装危险货物的容积不得超过 60 L，净重不得超过 50 kg。c. 木箱：一般规定盛装危险货物的净重不得超过 50 kg。金属制包装：主要形式有桶和箱包装 2 大类。

③ 按危险货物的包装类型分

主要归纳为桶、箱、袋 3 大类。

危险货物运输包装的代号和代码：

包装容器的标记代号：1—桶；2—木琵琶桶；3—罐；4—箱、盒；5—袋、软管；6—复合包装；7—压力容器；8—筐、篓；9—瓶、坛。

包装容器材质标记代号：A—钢；B—铝；C—天然木；D—胶合板；E—再生木板（锯木板）；F—硬质纤维板、硬纸板、瓦楞纸板、钙塑板；G—塑料材料；H—编织材料；I—多层纸；J—金属（铜、铝除外）；K—玻璃、陶瓷；L—柳条、荆条、藤条及竹篾。

单一包装代码由一个阿拉伯数字和一个英文字母组成，如同一类型容器有不同开口的型号，则英文字母右下方加阿拉伯数字：1A1—钢桶；1A2—小开口钢桶；1A3—中开口钢桶；1A4—全开口钢桶。

复合包装型号由一个表示复合包装的阿拉伯数字 6 和一组表示包装材质和包装型式的字符组成：6HA1—内包装为塑料容器，外包装为钢桶的复合包装。

其他标记代号：S—拟装固体的包装标记；L—拟装液体的包装标记；R—修复后的包装标记；GB—复合国家标准要求。

（2）具有正确的标记、标志、标牌

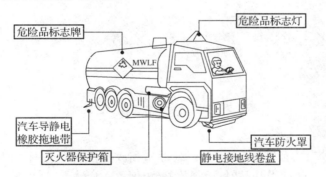

图 9.1 运输危险货物车辆标志

每一标志① 如果包件尺寸足够大，贴在包件表面靠近正确运输名称标记的地方；② 贴在包件表面不会被包件任何部分和配件或其他任何标记和标志盖住或挡住的地方；③ 主危险标志和副危险标志都有时，须紧挨着贴；④ 标志和包件形成鲜明的颜色对比。

包件尺寸足够大时，标志不小于 100 mm×100 mm。

（3）具有正常完备的托运单证

正确运输名称：货物的类别、危险类别编号；包装类（如包装类Ⅱ）；危险货物的件数、总量（体积或质量，如是第 1 类货物，应说明内装爆炸物的净质量）。

向船检部门申请检验，取得装运危险货物合格证书。

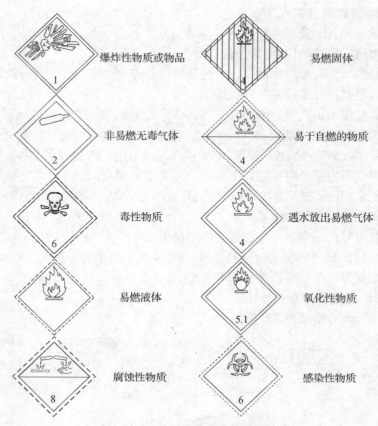

图 9.2　主要危险货物运输标志式样

6) 装货过程

(1) 装卸爆炸品、有机过氧化物、一级毒品和放射性物品时,装卸机具应按额定负荷降低 25% 使用。装卸爆炸品时,不得检修和使用雷达、无线电电报发射机,船舶烟囱应设置防火网罩;

(2) 严格按照积载图进行操作;

(3) 遇有雷鸣、闪电、雨雪或附近发生火警时,应立即停止作业;

(4) 装货结束后,做好系固及全面检查工作。

7) 途中保管

(1) 对危险货物进行有效的监管,包括检查、测量、通风等;

(2) 遵循装运危险货物的有关规定,保证人身、财产安全。

8) 卸货过程

(1) 卸货前,船方应向装卸、理货等有关方详细介绍危险货物的货位、状态、特性、卸货注意事项等;

(2) 按装货过程中的 1、3 项要求执行;

(3)督促装卸工人严格按有关操作规程作业,严禁撞击、滑跌、坠落、翻滚、挖井或拖关等不安全作业;

(4)卸货完毕后,应及时整理货舱。

9)危险品运输中注意事项

(1)注意包装。危险品在装运前应根据其性质、运送路程、沿途路况等采用安全的方式包装好。包装必须牢固、严密,在包装上做好清晰、规范、易识别的标志。

(2)注意装卸。危险品装卸现场的道路、灯光、标志、消防设施等必须符合安全装卸的条件。装卸危险品时,汽车应在露天停放,装卸工人应注意自身防护,穿戴必需的防护用具。严格遵守操作规程,轻装、轻卸,严禁摔碰、撞击、滚翻、重压和倒置,怕潮湿的货物应用篷布遮盖,货物必须堆放整齐,捆扎牢固。不同性质的危险品不能同车混装,如雷管、炸药等切勿同装一车。

(3)注意用车。装运危险品必须选用合适的车辆,爆炸品、一级氧化剂、有机氧化物不得用全挂汽车列车、三轮机动车、摩托车、人力三轮车和自行车装运;爆炸器、一级氧化剂、有机过氧物、一级易燃品不得用拖拉机装运。除二级固定危险品外,其他危险品不得用自卸汽车装运。

(4)注意防火。危货运输忌火,危险品在装卸时应使用不产生火花的工具,车厢内严禁吸烟,车辆不得靠近明火、高温场所和太阳暴晒的地方。装运石油类的油罐车在停驶、装卸时应安装好地线,行驶时,应使地线触地,以防静电产生火灾。

(5)注意驾驶。装运危险品的车辆,应设置GB 13392—2005《道路运输危险货物车辆标志》规定的标志。汽车运行必须严格遵守交通、消防、治安等法规,应控制车速,保持与前车的距离,遇有情况提前减速,避免紧急刹车,严禁违章超车,确保行车安全。

(6)注意漏散。危险品在装运过程中出现漏散现象时,应根据危险品的不同性质,进行妥善处理。爆炸品散落时,应将其移至安全处,修理或更换包装,对漏散的爆炸品及时用水浸湿,请当地公安消防人员处理;储存压缩气体或液化气体的罐体出现泄漏时,应将其移至通风场地,向漏气钢瓶浇水降温;液氨漏气时,可浸入水中。其他剧毒气体应浸入石灰水中。易燃固体物品散落时,应迅速将散落包装移于安全处所,黄磷散落后应立即浸入水中,金属钠、钾等必须浸入盛有煤油或无水液状石蜡的铁桶中;易燃液体渗漏时,应及时将渗漏部位朝上,并及时移至安全通风场所修补或更换包装,渗漏物用黄沙、干土盖没后扫净。

(7)注意停放。装载危险品的车辆不得在学校、机关、集市、名胜古迹、风景游览区停放,如必须在上述地区进行装卸作业或临时停车时,应采取安全措施,并征得当地公安部门的同意。停车时要留人看守,闲杂人员不准接近车辆,确保车辆安全。

(8)注意清厢。危险品卸车后应清扫车上残留物,被危险品污染过的车辆及工具必须洗刷清毒。未经彻底清毒,严禁装运食用药用物品、饲料及动植物。

【案例】以非危险物品品名替换危险物品办理托运的行为认定

被告:宋××、马××、宋××

裁判规则：

明知运输物品是危险物品，却违反危险物品管理规定，以非危险物品品名进行替换并办理托运，发生重大事故的，构成危险物品肇事罪。

基本案情：

三被告人接受某树脂厂的委托，运输一批易燃易爆物品，为方便运输，三被告人将货物品名替换为非危险品，并办理了集装箱运输手续，装载该集装箱的列车，在途经的火车站重新编组期间，发生爆炸，造成工作人员重伤3人、轻伤8人及货物、设备严重损失的重大事故，直接经济损失数百万元。

争议要点：

三被告人的行为是否构成危险物品肇事罪。

裁判理由：

违反爆炸性、易燃性、放射性、毒害性、腐蚀性物品的管理规定，在生产、储存、运输、使用中发生重大事故，造成严重后果的，构成危险物品肇事罪。本罪主观方面表现为过失。即行为人应当知道自己违反危险物品管理规定的行为可能发生重大事故，由于疏忽大意而没有预见，或者虽已预见但轻信能够避免，因而发生重大事故的。若行为人是故意制造事故的，则应适用其他条款定罪处罚。至于行为人对违反危险物品管理规定的本身则既可能出于过失，也可能出于故意。

本案三被告人明知运输物品是危险物品，却轻信能够避免，违反危险物品管理规定，以非危险物品品名进行替换并办理托运，致使承运部门未按运输危险物品的规定进行运输和装卸，发生重大事故，造成严重后果，危害公共安全，其行为均已构成危险物品肇事罪。

适用法律：

《中华人民共和国刑法》

第一百三十六条违反爆炸性、易燃性、放射性、毒害性、腐蚀性物品的管理规定，在生产、储存、运输、使用中发生重大事故，造成严重后果的，处三年以下有期徒刑或者拘役；后果特别严重的，处三年以上七年以下有期徒刑。

《中华人民共和国铁路法》

第六十条第一款违反本法规定，携带危险品进站上车或者以非危险品品名托运危险品，导致发生重大事故的，依照刑法第一百一十五条的规定追究刑事责任。企业事业单位、国家机关、社会团体犯本款罪的，处以罚金，对其主管人员和直接责任人员依法追究刑事责任。

复习思考题

1. 什么是危险货物？危险货物有哪些类型？
2. 危险货物运输包装的作用是什么？
3. 如何运输《危规》未列名的危险的货物？
4. 危险货物托运和承运有哪些要求？
5. 企业自备罐车罐体标志如何设置？
6. 危险品运输中需注意哪些事项？

10 货物运输风险与保险

货物运输风险与保险是交通运输商务管理的重要内容,对保证运输安全、降低运输风险具有重要意义。本章主要内容包括运输风险与风险管理、保险和保险合同、货物运输保险概述、货物运输保险的种类与业务流程、货物运输保险的赔偿处理等方面的内容。

10.1 风险与风险管理

风险与风险管理主要介绍风险的概念、风险的种类、风险的特征以及风险管理等内容。

1) 风险的概念

目前,学术界对风险的内涵还没有统一的定义,由于对风险的理解和认识程度不同,或对风险的研究的角度不同,不同的学者对风险概念有着不同的解释,归纳起来有以下几种代表性观点。

(1) 风险是事件未来可能结果发生的不确定性。A. H. Mowbray 称风险为不确定性;C. A. Williams 将风险定义为在给定的条件和某一特定的时期,未来结果的变动;March&Shapira 认为风险是事物可能结果的不确定性,可由收益分布的方差测度。

(2) 风险是损失发生的不确定性。J. S. Rosenb 将风险定义为损失的不确定性;F. G. Crane 认为风险意味着未来损失的不确定性。

(3) 风险是指可能发生损失的损害程度的大小。段开龄认为,风险可以引申定义为预期损失的不利偏差,这里的所谓不利是指对保险公司或被保险企业而言的。例如,若实际损失率大于预期损失率,则此正偏差对保险公司而言即为不利偏差,也就是保险公司所面临的风险。

(4) 风险是指损失的大小和发生的可能性。朱淑珍在总结各种风险描述的基础上,把风险定义为:风险是指在一定条件下和一定时期内,由于各种结果发生的不确定性而导致行为主体遭受损失的大小以及这种损失发生可能性的大小。

(5) 风险是由风险构成要素相互作用的结果。风险因素、风险事件和风险结果是风险的基本构成要素,风险因素是风险形成的必要条件,是风险产生和存在的前提。风险事件是外界环境变量发生预料未及的变动从而导致风险结果的事件,它是风险存在的充分条件,在整个风险中占据核心地位。风险事件是连接风险因素与风险结果的桥梁,是风险由可能性转化为现实性的媒介。根据风险的形成机理,郭晓亭、蒲勇健(2002)等将风险定义为:风险是在一定时间内,以相应的风险因素为必要条件,以相应的风险事件为充分条件,有关行为主体承受相应的风险结果的可能性。

综上所述,风险的基本含义是指在一定条件下和一定时期内可能发生的各种结果变动程度的不确定性,这种不确定性是主观对客观事物运作规律认识到不完全确定,一时尚无法操纵和控制其运作过程;另外也包括了事务结果的不确定性,人们不能完全得到所设计和希望的结局,而且常常会出现不必要的或预想不到的损失。从企业的角度来说,企业风险是企业在生产经营过程中,由于各种事先无法预料的不确定因素带来的影响,使得企业的实际收益与预期收益发生一定的偏差,从而有蒙受损失或获得额外机会的可能性。

风险是指某种事件发生的不确定性。包括何时发生、是否发生以及发生所带来的后果等等。

风险由风险因素、风险事故和损失组成,如图10.1所示。有形风险因素是指实质性风险因素,比如健康状况、车辆超载或超速行驶等;道德风险因素是指与人的品德有关的无形的因素,即是指由于个人不诚实、不正直或不轨企图,促使风险事故发生,以致引起社会财富损毁和人身伤亡的原因和条件。如有人对社会或他人心怀不满,故而蓄意进行破坏活动,比如纵火、抢劫、欺诈,造成社会财产或他人财产及生命蒙受损失。心理风险因素是与人的心理状态有关的无形的因素,它指由于人的不注意、不关心、侥幸或存在依赖保险的心理,以致增加风险事故发生的概率和损失幅度的因素。

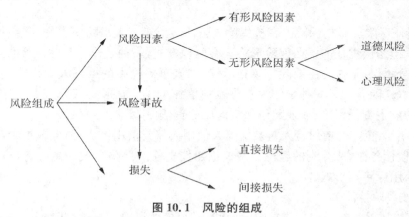

图 10.1 风险的组成

2)风险的种类
(1)按风险产生的原因分:
① 自然风险。因自然力的不规则变化产生的现象所导致危害经济活动、物质生产

或生命安全的风险。如地震、水灾、火灾、风灾、雹灾、冻灾、旱灾、虫灾以及各种瘟疫等自然现象,其特征是:自然风险形成的不可控性,自然风险形成的周期性,自然风险事故引起后果的共沾性,即自然风险事故一旦发生,其涉及的对象往往很广。

② 社会风险。是一种导致社会冲突,危及社会稳定和社会秩序的可能性,更直接地说,社会风险意味着爆发社会危机的可能性。

③ 政治风险。是东道国的政治环境或东道国与其他国家之间政治关系发生改变而给外国投资企业的经济利益带来的不确定性。给外国投资企业带来经济损失的可能性的事件包括:没收、征用、国有化、政治干预、东道国的政权更替、战争、东道国国内的社会动荡和暴力冲突、东道国与母国或第三国的关系恶化等。

④ 经济风险。是指因经济前景的不确定性,各经济实体在从事正常的经济活动时,蒙受经济损失的可能性。它是市场经济发展过程中的必然现象。在简单商品生产条件下,商品交换范围较小,产品更新的周期较长,故生产经营者易于把握预期的收益,经济风险不太明显。随着市场经济的发展,生产规模不断扩大,产品更新加快,社会需求变化剧烈,经济风险已成为每个生产者、经营者必须正视的问题。

⑤ 技术风险。是指伴随着科学技术的发展、生产方式的改变而产生的威胁人们生产与生活的风险。如核辐射、空气污染和噪音等。

(2) 按风险标的分:

① 财产保险。是指投保人根据合同约定,向保险人交付保险费,保险人按保险合同的约定对所承保的财产及其有关利益因自然灾害或意外事故造成的损失承担赔偿责任的保险。

② 人身保险。是以人的生命或身体为保险标的,在被保险人的生命或身体发生保险事故或保险期满时,依照保险合同的规定,由保险人向被保险人或受益人给付保险金的保险形式。

③ 责任保险。是指保险人在被保险人依法应对第三人负赔偿责任,并被提出赔偿要求时,承担赔偿责任的财产保险形式。有两种方式,一种是作为其他保险的组成部分或附加部分承保,不作为主要险别单独承保,如汽车保险中的第三人责任险、船舶保险中的碰撞责任险等。另一种是作为主要险别单独承保。其形式有公众责任保险、产品责任保险、雇主责任保险、职业赔偿保险即职业责任保险等。

④ 信用保险。是指保险人对被保险人信用放款或信用售货,债务人拒绝履行合同或不能清偿债务时,所受到的经济损失承担赔偿责任的保险方式。主要有出口信用保险、抵押信用保险等形式。

(3) 按风险性质分:

① 纯粹风险。指只有损失机会,而无获利可能的风险。这种风险可能造成的结果只有两个,即没有损失和造成损失。例如,自然灾害,人的生老病死等。

② 投机风险。是指既可能产生收益也可能造成损失的不确定性。比如股票投资,投资者购买某种股票后,可能会由于股票价格上升而获得收益,也可能由于股票价格下

降而蒙受损失,但股票的价格到底是上升还是下降,幅度有多大,这些都是不确定的,因而这类风险就属于投机风险。

(4) 按风险产生的社会环境分:

① 静态风险。是指在社会政治经济环境正常的情况下,由于自然力的不规则变动和人们的错误判断和错误行为所导致的风险。如地震、洪水、飓风等自然灾害,交通事故、火灾、工业伤害等意外事故均属静态风险。

② 动态风险。是指与社会变动有关的风险,主要是社会经济、政治以及技术、组织机构发生变动而产生的风险。如通货膨胀、汇率风险、罢工、暴动、消费者偏好改变、国家政策变动等均属于动态风险。

(5) 按产生风险的行为分:

① 基本风险。指非个人行为引起的风险。它对整个团体乃至整个社会产生影响,而且是个人无法预防的风险,例如地震、洪水等引起的风险。

② 特定风险。指个人行为引起的风险。它只与特定的个人或部门相关,不影响整个团体和社会。特定风险一般较易为人们所控制和防范,例如火灾、爆炸、盗窃及对他人财产损害或人身伤害所负的法律责任等均属此类风险。

3) 风险的特征

① 不确定性。风险什么时候发生、什么原因导致、后果会有多严重等方面都具有不确定性。

② 客观性。风险的发生不以人的主观意志为转移,是独立于人的主观意识之外的事件。

③ 普遍性。无处不在、无时不又体现了风险的普遍性。人类历史就是与各种风险相伴的历史。自从人类出现后,就面临着各种各样的风险,如自然灾害、疾病、伤残、死亡、战争等。随着科学技术的发展、生产力的提高、社会的进步、人类的进化,又产生了新的风险,且风险事故造成的损失也越来越大。在当今社会,个人面临着生、老、病、残、死、意外伤害等风险;企业面临着自然风险、市场风险、技术风险、政治风险等;甚至国家和政府机关也面临着各种风险。风险无处不在,无时不有。正是由于这些普遍存在的对人类社会生产和人们的生活构成威胁的风险,才有了保险存在的必要和发展可能。

④ 可测定性。个别风险的发生是偶然的,不可预知的,但通过对大量风险统计观察会发现,风险往往呈现出明显的规律性。根据以往大量资料,利用概率论和数理统计的方法可测算风险事故发生的概率及其损失程度,并且可构造出损失分布的模型,成为风险估测的基础。例如,交通事故保险中,根据精算原理,利用对交通事故的长期观察得到的大量伤亡、损失记录,就可以测算交通事故平均的死亡率、平均损失金额,进而可以计算交通事故意外伤害保险、机动车保险等的保险费率。

⑤ 发展性。人类社会自身进步和发展的同时,也创造和发展了风险。尤其是当代高新科学技术的发展和应用,使风险的发展性更为突出。风险会因时间、空间因素的不断变化而不断发展变化。

4）风险管理

（1）风险管理的概念

风险管理是社会组织或个人用以降低风险的消极结果的决策过程。风险管理的环节如图 10.2 所示。

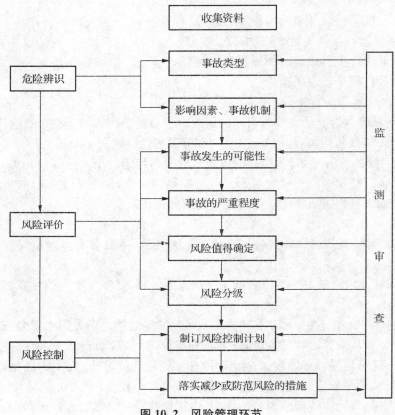

图 10.2　风险管理环节

（2）风险管理的目标

风险管理的对象是风险，风险管理的主体是组织、个人或家庭。风险管理的目标是以最小的成本获得最大的安全保障，分为损失前目标（以各种方法减少发生概率）和损失后目标（抢险救灾、经济补偿）。

（3）风险管理方法

控制型风险管理技术主要是通过避免（事前主动回避、放弃）、预防（风险发生前消除、减少风险因素）、抑制（风险发生时降低损失）来降低风险带来的危害。

财务型风险管理技术主要应用自留风险（企业自己设置基金防范风险）和转移风险（包括财务型非保险转移、财务型保险转移）技术来减轻风险带来的损失。

(4) 运输环节存在的风险

狭义的运输风险包括货物在海上、陆上、内海船舶的运输过程中发生的自然灾害和意外事故两大类。

① 自然灾害

a. 恶劣气候（海上飓风八级以上、大浪 3 米以上）；b. 雷电；c. 海啸；d. 浪击落海；e. 洪水；f. 地震；g. 火山爆发；h. 海水、湖水或河水进入船舶、驳船、船舱、运输工具、集装箱、大型海运箱或储存处所。

② 意外事故

a. 火灾；b. 爆炸；c. 搁浅；d. 触礁；e. 沉没；f. 碰撞；g. 倾覆；h. 投弃；i. 吊索损害；j. 海盗行为；k. 船长、船员的不法行为。

此外，运输环节存在外来风险：

① 一般外来风险

由一般外来原因所造成的风险称为一般外来风险。a. 偷窃；b. 短少和提货不着；c. 渗漏；d. 短量；e. 碰损；f. 破碎；g. 钩损；h. 淡水雨淋；i. 生锈；j. 玷污；k. 串味；l. 受潮受热；m. 提货不着；n. 混杂；o. 恶意损坏。

② 特殊外来风险

特殊外来风险指由于政治、军事、国家法令、政策及行政措施等特殊外来原因所造成的风险，如战争、罢工、交货不到、拒收等风险。

10.2　保险和保险合同

保险是现代社会生产、生活中分摊风险的普遍工具，保险合同是保障投保人与保险人权利义务的重要协议。本节主要介绍保险的含义、保险的职能、保险的分类、保险合同方面的内容。

1) 保险的含义

保险本意是稳妥可靠，后延伸成一种保障机制。

保险是集合具有同类危险的众多单位或个人，以合理计算分担金的形式，实现对少数成员因风险事故所致经济损失或达到约定条件时的赔付行为。

从经济角度看，保险是分摊意外事故损失的一种财务安排；从法律角度看，保险是一种合同行为，是一方同意补偿另一方损失的一种合同安排；从社会角度看，保险是社会经济保障制度的重要组成部分，是社会生产和社会生活"精巧的稳定器"；从风险管理角度看，保险是风险管理的一种方法。

(1) 保险是一种经济制度

保险是为了确保经济生活的安定，对特定危险事故或特定的事件的发生所导致的损失，运用多数单位的集体力量，根据合理的计算，共同建立基金，以为补偿或给付的经济制度。构成保险应具备 4 个要件：

① 保险必须有危险存在。建立保险制度的目的是对付特定危险事故的发生,无危险则无保险。

② 保险必须对危险事故造成的损失给以经济补偿。所谓经济补偿是指这种补偿不是恢复已毁灭的原物,也不是赔偿实物,而是进行货币补偿。因此,意外事故所造成的损失必须是在经济上能计算价值的。

③ 保险必须有互助共济关系。保险制度是采取将损失分散到众多单位分担的办法,减少遭灾单位的损失。通过保险,投保人共同交纳保险费,建立保险补偿基金,共同取得保障。

④ 保险的分担金必须合理。保险的补偿基金是由参加保险的人分担的,为使各人负担公平合理,就必须科学地计算分担金。

(2) 保险是一种法律关系

保险是根据法律规定或当事人双方约定,一方承担支付保险费的义务,换取另一方对其因意外事故或特定事件的出现所导致的损失负责经济补偿或给付的权利的法律关系。其特点是:

① 保险是一种合同法律关系;

② 保险合同对双方当事人均有约束力;

③ 保险合同中所约定的事故或事件是否发生必须是不确定的,即具有偶然性;

④ 事故的发生是保险合同的另一方当事人即被保险人无法控制的;

⑤ 保险人在保险事故发生后承担给付金钱或其他类似的补偿;

⑥ 保险应通过保险单的形式经营。

保险一般可分为财产保险和人身保险两大类。财产保险是以物或其他财产利益为标的的保险;人身保险是以人的生命及身体为标的的保险。保险还可以分为自愿保险、强制保险;又可以分为单保险和复保险以及原保险和再保险等。

2) 保险的职能

保险是集合具有同类危险的众多单位或个人,以合理计算分担金的形式,实现对少数成员因风险事故所致经济损失或达到约定条件时的赔付行为。

(1) 单一职能说

主要观点:保险只有经济补偿的职能。该学说强调了保险的目的和社会效应。

(2) 基本职能论

主要观点是:

① 保险具有分散危险和经济补偿职能。

② 分散危险是手段,是保险的内在职能,经济补偿是保险内在职能的外在表现,是保险的外部功能。

③ 分散危险职能与经济补偿职能的统一就是保险。

该学说比较准确表述了保险运行过程中手段和目的的统一。

④ 多元职能论

主要观点是保险不仅具有分散危险和经济补偿职能,还有给付保险金、积累资金、融通资金、储蓄、防灾防损等职能。这种观点以动态的发展观认识保险的职能值得肯定。

⑤ 二元职能论

主要观点:因保险类别的差异,保险具有补偿职能(财产保险)和给付职能(人身保险)。这种观点只是二元说的延续。

(3) 现实视角中保险的职能

① 基本职能之一:分散风险职能

保险的内涵是为确保经济生活的安定,将集中在某一单位或个人身上的因偶发的灾害事故或人身事件所致经济损失,通过直接摊派或收取保费的办法平均分摊给所有被保险人。分散风险包含空间上分散(分担风险者突破地域限制)和时间上分散(预提分担金)。

② 基本职能之二:补偿损失职能

保险具有把集中起来的保费用于补偿被保险人合同约定的保险事故或人身事件所致经济损失的能力。

补偿损失与分散风险的关系:分散风险是损失补偿的手段,损失补偿是分散风险的目的,两者的统一是保险本质特征的最基本反映,最能表现和说明保险分配关系的内涵。

③ 派生职能之一:积蓄基金职能

保险以保险费的形式预提分担金并将它储蓄下来,实现时间上分散风险的职能。积蓄基金职能是分散风险职能的派生职能(积蓄保险基金是为了达到时间上分散风险的目的),是维系和发展现代保险分配关系的客观要求。

④ 派生职能之二:监督危险职能

为减轻负担(会员或投保人)、减少损失补偿(保险人),发生在会员之间(行会合作保险和相互保险)风险监控职能。

监督危险职能保险人与被保险人之间(商业保险)的危险监督职能是补偿损失职能的派生职能,是保险分配关系良性循环的客观要求。

⑤ 派生职能之三:社会管理职能

全面的社会管理(辅助社会管理)功能是现代保险的重要特征。

保险制度的变迁:

a. 原始的"共同海损"分摊和初级的行会互助合作;

b. 以概率论和大数法则为基础的近代商业保险;

c. 以社会经济安全运行为目标的多重社会保障体系。

保险职能的变迁:

a. 小商品经济时代,保险是一种简单的集散风险的机制,经济补偿是其唯一的功能;

b. 市场经济时代，以精算为基础的险种不断创新，推动保险向各行业渗透，使其掌握了大量的保险基金，而内生的投资需求使其衍生了资金融通功能；

c. 后工业的知识经济时代，随着经济补偿和资金融通功能的进一步发展，保险所提供的已不仅仅是一种产品（服务），而是一种更有效率地实现社会安全稳定的制度安排，保险业的社会管理职能凸显。

3）保险的分类

（1）根据保险标的的不同，保险可分为财产保险和人身保险两大类。

财产保险是指以财产及其相关利益为保险标的的保险，包括财产损失保险、责任保险、信用保险、保证保险、农业保险等。它是以有形或无形财产及其相关利益为保险标的的一类补偿性保险。

人身保险是以人的寿命和身体为保险标的的保险。当人们遭受不幸事故或因疾病、年老以致丧失工作能力、伤残、死亡或年老退休时，根据保险合同的约定，保险人对被保险人或受益人给付保险金或年金，以解决其因病、残、老、死所造成的经济困难。

按保险保障的对象分，可以把人身保险分为个人保险和团体保险。

个人保险是为满足个人和家庭需要，以个人作为承保单位的保险。团体保险一般用于人身保险，它是用一份总的保险合同，向一个团体中的众多成员提供人身保险保障的保险。在团体保险中，投保人是"团体组织"，如机关、社会团体、企事业单位等独立核算的单位组织，被保险人是团体中的在职人员。已退休、退职的人员不属于团体的被保险人。另外，对于临时工、合同工等非投保单位正式职工，保险人可接受单位对其提出的特约投保。

团体保险包括团体人寿保险、团体年金保险、团体人身意外伤害保险、团体健康保险等，在国外发展很快。特别是由雇主、工会或其他团体为雇员和成员购买的团体年金保险和团体信用人寿保险发展尤为迅速。团体信用人寿保险是团体人寿保险的一种，是指债权人以债务人的生命为保险标的的保险。

社会保险是指在既定的社会政策的指导下，由国家通过立法手段对公民强制征收保险费，形成保险基金，用以对其中因年老、疾病、生育、伤残、死亡和失业而导致丧失劳动能力或失去工作机会的成员提供基本生活保障的一种社会保障制度。社会保险不以营利为目的，运行中若出现赤字，国家财政将会给予支持。两者比较，社会保险具有强制性，商业保险具有自愿性；社会保险的经办者以财政支持作为后盾，商业保险的经办者要进行独立核算、自主经营、自负盈亏；商业保险保障范围比社会保险更为广泛。

（2）按保险的实施方式分，保险可分为自愿保险和强制保险。

自愿保险是投保人和保险人在平等互利、等价有偿的原则基础上，通过协商，采取自愿方式签订保险合同建立的一种保险关系。具体地讲，自愿原则体现在：投保人可以自行决定是否参加保险、保什么险、投保金额多少和起保的时间；保险人可以决定是否承保、承保的条件以及保费多少。保险合同成立后,保险双方应认真履行合同规定的责任和义务。

强制保险又称法定保险,是指根据国家颁布的有在法律和法规,凡是在规定范围内的单位或个人不管愿意与否都必须参加的保险。

4）保险合同

保险合同是投保人与保险人约定保险权利义务关系的协议。

保险合同的当事人是投保人和保险人；保险合同的内容是保险双方的权利义务关系。投保人是指与保险人订立保险合同,并按照保险合同负有支付保险费义务的人。保险人是指与投保人订立保险合同,并承担赔偿或者给付保险金责任的保险公司。

保险合同属于民商合同的一种,其设立、变更或终止时具有保险内容的民事法律关系。因此,保险合同不仅适用保险法,也适用合同法和民法通则等。

保险条款包括基本条款和附加条款。

投保人与保险人之间签订的保险合同的主要内容,主要包括投保人的有关保险标的的情况、保险价值与保险金额、保险风险、保险费率、保险期限违约责任与争议处理以及双方当事人的应尽义务与享受的权利。

（1）投保人的姓名与住所：明确投保人姓名与住所,是签订保险合同的前提。这里需说明几点：被保险人不是一人时,需在保险合同中一一列明,经保险人核定承保后签发保险单。保险合同中除载明投保人外,若另有被保险人或受益人,还需要加以说明；在货物运输保险中,有特别约定：货物运输保险合同有指示式和不记名两种。在指示式合同中,除记载投保人的姓名外,还有"其他指定人"字样,则可由投保人背书而转让第三人,在无记名式保险合同中,无须记明投保人的姓名,而随保险标的物的转移而同时转让第三人。

（2）保险标的：保险标的是保险合同当事人双方权利与义务所指的对象,是保险作用的对象,也是可保利益的物质形式。

（3）保险风险：是保险人对投保人承担损失赔偿责任或保险金给付的风险因素,也必须在合同中一一列明。

（4）保险价值与保险金额：保险价值是指投保人在投保时保险标的用货币计量的实际价值,保险金额是指保险人对投保标的的承保金额或订入保险合同中的保险价值,它是保险人计算保险费的依据和承担补偿或给付责任的最大限额。

（5）保险费和保险费率：保险费是指被投保人参加保险时,根据其投保时所订的保险费率,向保险人交付的费用。保险费率是保险人按保险金额向投保人或被保险人收取保险费的比例。

（6）保险赔款或保险金的给付：保险金是保险人根据保险合同的约定,对被保险人或者受益人进行给付的金额；或者当保险事故发生时,对物质损失进行赔偿的金额。

(7) 保险期限：保险单所提供的保障期限，即从保险责任开始到终止的时间。

(8) 违约责任与争议处理：违约责任是指保险合同当事人因其过错致使保险合同不能完全履行，或违反保险合同规定的义务而需承担的法律责任。

(9) 保险合同当事人双方的权利和应尽的义务。

10.3 货物运输保险概述

本节主要介绍货物运输保险的概念及特点、国内货物运输保险的责任范围、国内货物运输保险的责任期限等内容。

10.3.1 货物运输保险的概念及特点

1) 货物运输保险的概念、作用

(1) 货物运输保险的概念

货物运输保险是以各种运输工具运输过程中的货物作为保险标的，保险人承保因自然灾害或意外事故导致运输过程中的货物遭受损失的一种保险。

《合同法》第三百一十一条：承运人对运输过程中货物的毁损、灭失承担损害赔偿责任，但承运人证明货物的毁损、灭失是因不可抗力、货物本身的自然性质或者合理损耗以及托运人、收货人的过错造成的，不承担损害赔偿责任。

(2) 货物运输保险的作用

① 及时补偿在运输中的货物因自然灾害事故而遭受的经济损失，有利于商品生产和流通顺利进行。

② 把不定的灾害事故损失变为固定的运输保险费支出，并将此项费用计入生产或营业成本，从而增强企业经营的财务稳定性，完善经济核算制。

③ 有利于促进货物运输的安全防损工作。保险人协助运输部门，加强对运输货物的检查。

④ 有利于完善运输部门的运输负责制，保障货主利益，减少货物运输中的赔偿纠纷。

⑤ 有利于维护企业和国家在对外贸易中的信誉，增加外汇的收入，节省外汇支出。

2) 货物运输保险的基本内容

(1) 货物运输保险的分类

① 按照适用范围划分

可分为国内货物运输保险和海洋货物运输保险。

② 按照运输工具划分

可分为水路、铁路、公路、航空货物运输保险。

③ 按照运输方式划分

可分为直运险和联运险。

④ 按照保险人承担责任的方式划分

可分为基本险、综合险和附加险。

(2) 保险标的

① 一般保险标的。

② 特约可保标的。

a. 贵重物品,如：如金银、珠宝、玉器、首饰、古玩、字画、邮票、艺术品、稀有金属等。

b. 鲜活品：活牲畜、禽鱼类、水果、蔬菜等。

③ 不保标的

a. 非法财物。

b. 枪支弹药。

(3) 保险金额

① 离岸价(F. O. B)以货物起运地的销售价,即发货人的卖出价作为保险金额,买方为投保人,一旦出险,保险人按投保人在启运地的买入价即离岸价作为保险货物的实际价值负责赔偿。

② 到岸价(C. I. F)以货物起运地的销售价(发货人的卖出价)加上到达目的地的各种运杂费(如包装费、运费、装卸费等),再加上保险价,一起作为保险金额。由卖方投保。

③ 目的地市价,即到岸价加上期得利益,即在到岸价的基础上再加上被保险人的期得利益即货物的目的地销售依法应纳的合法税金和可获得的利润。

(4) 保险费率

费率厘定要考虑的主要因素有：

① 运输方式。运输方式可分为直达运输、联运和集装箱运输等。其中,由于联运需要采取两种以上的运输工具才能将货物从起运地运达目的地,所以,联运的基本费率应按联运中收费最高的一种运输工具来确定。

② 运输工具。运输工具可分为陆运、水运和空运三种。不同的运输工具客观上存在着不同的运输风险。

③ 货物的性质与包装。按货物的性质可分为：一般货物、一般易损货物、易损货物和特别易损货物四类。对不同性质的货物也应制定相应的级差费率,易损程度越高,保险费率也就越高。

④ 运输途程。路线、距离。时间长,受损概率加大。途经区域地势险峻,费率较高。

⑤ 保险险别。货物运输保险的费率包括基本险(能够独立投保的保险险种,亦称主险)、综合险费率和附加险费率。

⑥ 其他

比如：船舶吨位、使用年限；港口的管理和设备；有无中转。

表 10.1　国内水路、铁路货物运输保险费率表　（元/保险金额每千元）

运输方式			直达运输					陆运	联运
			水运						
			江河		沿海				
			201 吨以上船舶	200 吨以下船舶	3 001 吨以上船舶	201—3 000 吨船舶	200 吨以下船舶	火车	
基本险	一类货物	省内	0.30	0.50	0.50	1.00	1.50	0.20	按第一种主要运输工具确定费率并另加 5‰
		省外	0.60	0.80	0.80	1.50	2.50	0.40	
综合险	二类货物		1	2	1	2	5	1	
	三类货物		3	4	3	4	7	2	
	四类货物		5	6	5	6	10	4	
	五类货物		7	8	7	8	12	6	
	六类货物		10	12	10	12	15	8	

表 10.2　航空货物运输保险费率（元/保险金额每千元）

物资类别	费率：‰
第一类：一般货物	1
第二类：易损货物	4
第三类：特别易损货物	8

第一类：一般货物。属于非危险品，受碰撞或包装破裂时，所装物资无明显影响或者有一定损坏但不显著。如机器设备、一般金属原材料、电子元器件、马达、开关磁棒、变压器、录音磁带、10CC 以下针剂药品、金属桶或听装液体、半液体商品、中西药材等等。

第二类：易损货物。较易燃烧、破裂、渗漏、挥发等。由于包装破裂或所装物品一经碰撞就容易受损。如仪器仪表、医疗器械、录像机、电视机、复印机、电冰箱、洗衣机、电风扇、照相机、电唱机、收录机、有机玻璃制品、图书纸张货、服装、皮货、绸缎呢绒、纸箱、桶、篓装的块粒、粉状物资、两公斤以下各种玻璃瓶装液体，一般特种工艺品、景泰蓝以及属于有毒危险品和较易挥发物品等等。

第三类：特别易损货物。属于危险品，特别容易燃烧、破裂、渗漏、挥发等。

由于包装破裂或所装物品受碰撞后极易损坏或者在其损坏后没有残余价值的。如各种玻璃制品、陶瓷制品、石膏制品、箱装玻璃、两公斤以上玻璃装液体、半液体、显像管、电子管以及各种灯泡、灯管和特别易损的高度精密仪器仪表。

3) 货物运输保险的基本特点

(1) 承保标的具有流动性

货物运输保险承保的是流动中或运行状态下的货物,它不受一个固定地点的限制。

(2) 承保风险具有广泛性

货物运输保险承保的风险范围远远超过一般财产保险承保的风险范围。从性质上看,既有财产和利益上的风险,又有责任上的风险;从范围上看,既有海上风险,又有陆上和空中风险;从风险种类上看,既有自然灾害和意外事故引起的客观风险,又有外来原因引起的主观风险;从形式上看,既有静止状态中的风险,又有流动状态中的风险。

(3) 保险估价具有定值性

保险金额确定采用定值保险的方法,保险金额可由被保险人和保险人双方具体协商确定。一般可按离岸价、到岸价和目的地市价确定保险金额。大多数财产保险公司的国内水路、陆路货物运输保险的保险金额是按照到岸价确定的。

(4) 保单可以随提货单背书转让

货物运输保险的保险合同可以随着货物所有权的转移而自由转移,而无须事先征得保险人的同意。因而,在实践中货物运输保险的保险合同往往被视同提货单的附属物,随着提货单的转移而转移。

(5) 保险期限采用"仓至仓条款"

以约定的运输途程为准,即将从起运地仓库到达目的地仓库的整个运输过程作为一个保险责任期限。这一特征使得货物运输保险的保险期限具有空间性特征,因而,"仓至仓条款"是确定货物运输保险的保险责任期限的主要依据。

(6) 承运方的影响巨大

货物发生保险责任范围内的损失,根据法律规定或者有关约定,应当由承运人或其他第三者负责赔偿一部分或全部责任的,被保险人应首先向承运人或其他第三者索赔。如被保险人提出要求,保险人也可以先予赔偿,但被保险人应签发权益转让书给保险人,并协助保险人向责任方追偿。

10.3.2 国内货物运输保险的责任范围

从世界范围来说,货物运输保险起源于海上保险,是最古老的险种之一。

无论是对外贸易还是国内贸易,商品从生产者到消费者手中,都要经过相应的运输过程。货物运输保险已经成为贸易,尤其是国际贸易的一个重要内容。

为货物在运输过程中可能遭受的各种自然灾害和意外事故造成的损失提供保险,不仅能够保障货主的经济利益,而且有利于商品交易和运输业的正常发展。

1) 基本险的保险责任

(1) 货物本身可能遭受的自然灾害或意外事故引起的损失。

(2) 运输工具可能遭受的自然灾害或意外事故造成货物的损失。

(3) 按国家规定或一般惯例应分摊的共同海损的费用。

(4) 施救或保护货物所支付的直接、合理的费用。

(5) 火灾、爆炸、雷电、冰雹、暴雨、洪水、地震、海啸、地陷、崖崩、滑坡、泥石流所造成的损失。

(6) 由于运输工具发生碰撞、搁浅、触礁、倾覆、沉没、出轨或隧道、码头坍塌（意外事故）所造成的损失。

2) 综合险的保险责任

保险人除承担基本险的责任外，还负责赔偿保险货物遭受的下列损失：

(1) 因受震动、碰撞、挤压而造成破碎、弯曲、凹瘪、折断、开裂或包装破裂致使货物散失的损失；

(2) 液体货物因受震动、碰撞或挤压致使所用容器（包括封口）损坏而渗漏的损失，或用液体保藏的货物因液体渗漏而造成保藏货物腐烂变质的损失；

(3) 遭受盗窃或整件提货不着的损失；

(4) 符合安全运输规定而遭受雨淋所致的损失。

10.3.3 国内货物运输保险的责任期限

1) 保险责任的开始

国内货物运输保险的保险期限是依据航程确定的，保险责任起讫以约定的运输途程为准，即从被保险货物离开起运地点的仓库或储存处所开始。

2) 中转

中途经过一次以上落地并换装的运输方式。

3) 保险责任的终止

至该保险凭证上注明的目的地收货人在当地的第一个仓库或储存处所时终止。若保险货物运抵目的地后，收货人未及时提货，则保险责任的终止期最多延长至以收货人接到"收货通知单"后的15天为限（以邮戳日期为准）。

4) 保险责任期限的分类

(1) 一年期定期保险

主要适用与制造商、批发商、零售商经常有大量货物运输者。先交付约定的保险费，期满时多退少补，也可以按月交付保险费。

(2) 单程运输保险（航程保险）

保险期限是依据航程确定的，保险责任起讫以约定的运输途程为准，即从被保险货物离开起运地点的仓库或储存处所开始，直至到达目的地收货人的仓库或储存处所时终止。保费一次性付清。

10.4 货物运输保险的种类与业务内容

本节主要介绍货物运输保险的分类、货物运输保险主要险种的业务内容。

10.4.1　货物运输保险的分类

1）按运输方式分类

（1）直运货物运输保险。货物从起运至目的地只用一种运输工具的运输方式,即使中途货物需转运。

（2）联运货物运输保险。两种以上不同的运输工具运送货物,可以水陆联运、江海联运、陆空联运。费率高于直达运输下的货运险费率。

（3）集装箱运输保险。也叫货柜运输,20世纪50年代出现的运输方式。能做到集装单位化,把零散包件货物集中在大型标准化货箱内,简化甚至避免沿途货物的装卸和转运,从而可以降低货物运输成本,投保集装箱货物运输保险,其费率较其他运输方式要低。

2）按运输工具分类

（1）水上货物运输保险

承保用水上运输工具承运货物的一种运输保险。水上运输工具指轮船、驳船、机帆船、木船、水泥船等。

（2）陆上货物运输保险

承保除水上运输工具和飞机以外的所有其他运输或手段运载货物的运输保险。运输工具包括机动的、人力的、畜力的,例如火车、汽车、驿运等。

（3）航空货物运输保险

承保以飞机为运输工具运载货物的运输保险。

10.4.2　货物运输保险主要险种的业务内容

1）铁路货物运输保险

（1）基本险

由于下列保险事故造成保险货物的损失和费用,保险人负责赔偿:

① 火灾、爆炸、雷电、冰雹、暴风、暴雨、洪水、海啸、地陷、崖崩、突发性滑坡、泥石流;

② 由于运输工具发生碰撞、出轨或桥梁、隧道、码头坍塌;

③ 在装货、卸货或转载时,因意外事故造成的损失。

④ 在发生上述灾害、事故时,因施救或保护货物而造成货物的损失及所支付的直接合理的费用。

（2）综合险

基本险责任外,保险人还负责赔偿:

① 因受震动、碰撞、挤压而造成货物破碎、弯曲、凹瘪、折断、开裂的损失;

② 因包装破裂致使货物散失的损失;

③ 液体货物因受震动、碰撞或挤压致使所用容器(包括封口)损坏而渗漏的损失,

或用液体保藏的货物因液体渗漏而造成保藏货物腐烂变质的损失；

④ 遭受盗窃的损失；

⑤ 因外来原因致使提货不着的损失；

⑥ 符合安全运输规定而遭受雨淋所致的损失。

(3) 责任免除

由于下列原因造成保险货物的损失，保险人不负责赔偿：

① 战争、军事行动、扣押、罢工、哄抢和暴动；

② 地震造成的损失；

③ 核反应、核子辐射和放射性污染；

④ 保险货物的自然损耗、本质缺陷、特性所引起的污染、变质、损坏以及货物包装不善；

⑤ 在保险责任开始前，被保险货物已存在的品质不良或数量短差所造成的损失；

⑥ 市价跌落、运输延迟所引起的损失；

⑦ 属于发货人责任引起的损失；

⑧ 被保险人或投保人的故意行为或违法犯罪行为；

⑨ 由于行政行为或执法行为所致的损失；

⑩ 其他不属于保险责任范围内的损失。

(4) 责任起讫

保险责任的起讫期，是自签发保险单（凭证）后，保险货物运离起运地发货人的最后一个仓库或储存处所时起，至该保险单（凭证）上的目的地的收货人在当地的第一个仓库或储存处所时终止。

保险货物运抵目的地后，如果收货人未及时提货，则保险责任的终止期最多延长至以收货人接到《到货通知单》后的15天为限（以邮戳日期为准）。

2) 海上运输保险

(1) 海上风险

海上风险又称为海难，是指船舶或货物在海上运输过程中所遇到的自然灾害和意外事故。在现代海上保险业务中，保险人所承担的海上风险是有特定范围的，一方面它并不包括一切在海上发生的风险，另一方面它又不局限于航海中所发生的风险。

① 自然灾害

是指不以人的意志为转移的自然界的力量所引起的灾害。它是客观存在的，人力不可抗拒的灾害事故，是承保人承保的主要风险。但在海运保险业中并不是泛指一切由于自然力量造成的灾害，而是仅指以下人力不可抗拒的自然力量造成的灾害：

a. 恶劣气候。又叫暴风雨是指海上发展的飓风、大浪引起船只颠覆和倾斜造成船体机械设备的损坏或者因此引起的船上所载货物相互挤压碰撞而导致破碎、泄漏、凹瘪等损失。

b. 雷电。雷电常在积雨云层中产生，若云层之间，云层和地面之间电位差增大到一定程度时就会发生猛烈的放电现象，这就是雷电，云层之间以及云层和空气之间的放电，一般不会危及人的生命和财产，而云层和地面之间的放电，往往会危及生命和财产并造成损失。

　　c. 地震。地震是指由于地壳发生急剧的自然变化，使地面发生震动、坍塌、地陷、地裂等造成的保险货物的损失。

　　d. 海啸。海啸是指由于海底地壳发生变异，有的地方下陷，有的地方升高引起剧烈震荡而产生巨大波浪，致使保险货物遭受损害或灭失。

　　e. 火山爆发。火山爆发是指由于火山爆发产生的地震以及喷发出的火山岩灰造成的保险货物的损失。

　　f. 洪水。洪水是指因江河泛滥、山洪暴发、湖水上岸及倒灌或暴雨等致使保险货物遭受泡损、淹没、冲散等损失。

　　g. 浪击落海。浪击落海是指存放在舱面上的货物在运输过程中受海浪的剧烈冲击而落海造成的损失。我国现行海运货物保险条款的基本险条款不保此项风险，但该项风险可以通过附加投保舱面险而获得保障。

　　② 意外事故

　　是指人或物体遭受外来的灾害的非意料之中的事故。但意外事故并不是泛指海上所有的意外事故，而仅指运输工具遭遇的以下风险：

　　a. 搁浅。搁浅是指船舶在航行中，由于意外或异常的原因，船底与水下障碍物紧密接触牢牢地被搁住，并且持续一定时间失去进退自由的状态。

　　b. 触礁。触礁是指船舶在航行中触及海中岩礁或其他障碍物如木桩、渔栅等造成的一种意外事故。

　　c. 沉没。沉没指船舶因海水侵入失去浮力，船体全部沉入水中，无法继续航行的状态，或虽未构成船体全部沉没，但是大大超过船舶规定的吃水标准，使应浮于水面的部分浸入水中无法继续航行，由此造成保险货物损失属沉没责任。如果船体只有部分浸入水中而仍能航行，则不能视为船舶沉没。

　　d. 碰撞。碰撞是指载货船舶同水以外的外界物体；如码头、船舶、灯塔、流冰等发生的猛力接触，由此造成的船上货物的损失。若发生的碰撞的是两艘船舶，则碰撞不仅会带来船体及船上货物的损失，还会产生碰撞责任损失，碰撞是船舶在海上航行中的一项主要风险。

　　e. 倾覆。倾覆是指船舶在航行中遭受自然灾害或意外事故导致船体翻倒或倾斜，失去正常状态，非经施救不能继续航行，由此造成保险货物的损失，属倾覆责任。

　　f. 火灾。火灾是指由于意外、偶然发生的燃烧失去控制，蔓延扩大而造成的船舶和货物的损失。海上货物运输保险不论是直接被火烧毁、烧焦、烧裂，或者间接被火熏黑、灼热或为救火而致损失，均属火灾风险。

　　g. 爆炸。爆炸是指物体内部发生急剧的分解或燃烧，进发出大量的气体和热力，致使物体本身及其周围的其他物体遭受猛烈破坏的现象。

③ 外来风险

是指由于自然灾害和意外事故以外的其他外来原因造成的风险,但不包括货物的自然损耗和本质缺陷。外来风险可分为一般外来风险和特殊外来风险两种。

a. 一般外来风险。海上货运保险业务中承保的一般外来风险主要有偷窃、提货不着;渗漏;短量;碰损破碎;钩损;淡水雨淋;生锈;混杂玷污;受潮受热;串味;包装破裂等。

b. 特殊外来风险。特殊外来风险是指战争、种族冲突或一国的军事、政治、国家政策法律以及行政措施等的变化所造成的全部或部分损失。包括战争;罢工;交货不到;进口关税;拒收等。

(2) 海上货损

货物在海上运输过程中,可能面临各种海上风险及外来风险,由于这些风险的客观存在,必然会给运输途中的货物造成各种损失,我们把被保险货物在运输途中因遭遇海上风险所造成的各种损失称为海上损失。

一般情况下,海上货损按损失的程度不同可分为全部损失与部分损失。

① 全部损失

全部损失简称全损,包括实际全损和推定全损。

a. 实际全损。它是指货物完全灭失或变质而失去原有用途即货物完全损失已经发生或者不可避免,也称为绝对全损。实际全损有下列四种情况:

a) 被保险货物完全灭失。如船只遇海难后沉没,货物同时沉入海底。

b) 被保险货物遭受严重损害,已丧失了原有的用途和价值。如水泥遭海水浸泡后变成水泥硬块,无法使用;茶叶被海水浸泡后,丧失了茶叶的香味,无法再食用。

c) 被保险人对被保险货物的所有权已无可挽回地被完全剥夺。如船、货被海盗劫去或被敌对国扣押。

d) 载货船舶失踪达到一定时期仍无音讯。

b. 推定全损。推定全损又称商业全损是指被保险货物在海上运输途中遭遇到承保风险之后,虽未达到完全灭失的状态,但是可以预见到它的全损将不可避免;或者为了避免全损,需要支付的抢救、修理费用加上继续将货物运抵目的地的费用之和将超过货物的保险价值或超过货物到达目的地时的价值,这种情况下,被保险人可以推定货物发生了全部损失。

推定全损主要有以下四种情况:

a) 被保险货物遭受严重损害,完全灭失已不可避免,或者为了避免实际全损需要施救等所花费用,将超过获救后被保险货物的价值。

b) 被保险货物受损害后,修理费用估计要超过货物修复后的价值。

c) 被保险货物遭受严重损害之后,整理和续运目的地的运费超过了残存货物到达目的地的价值。

d) 被保险货物遭受责任范围内的事故,使被保险人失去被保险货物所有权,而收回这一所有权,其所需费用将超过收回被保险货物的价值。

实际全损和推定全损虽然都各为全损,但两者是有区别的:被保险货物遭受实际全损时,被保险货物确定已经或不可避免地完全丧失,被保险人自然可以向保险人要求全部赔偿,而不需要办理委付手续;在被保险货物遭受推定全损时,被保险货物并未完全丧失,是可以修复或者可以收回的,只是支出的费用将超过被保险货物的价值或者收回希望很小。因此,被保险人可以向保险人办理委付,要求保险人按全部损失赔偿,也可以不办理委付,由保险人按部分损失进行赔偿。

② 部分损失

是指被保险货物没有达到全部损失的程度,包括共同海损与单独海损。

a. 共同海损。它是指载货船舶在海运途中遇到危难,船长为了维护船舶和所有货物的共同安全或使航程得以继续完成,而采取的有意并且合理的行为,所产生的某些特殊牺牲或支出的特殊费用。

常见的共同海损牺牲项目有:

a) 抛弃:指抛弃船上载运的货物或船舶物料。

b) 救火:为扑救船上的火灾,向货舱内灌浇海水、淡水、化学灭火剂造成舱内货物或船舶的灭失。

c) 自动搁浅:为了共同安全,采取紧急的人为搁浅措施造成舱内货物或船舶的灭失。

d) 起浮脱浅:船舶因海上自然灾害或意外事故而造成舱内货物或船舶的损失。

e) 船舶在避难港卸货、重装或倒移货物、燃料或物料,这些操作造成货物或船舶的损失。

f) 将船上货物或船舶物料当作燃料以保证船舶继续航行。

g) 割断锚链:为避免发生碰撞等紧急事故,停泊的船舶来不及进行正常起锚,有意识的砍断锚链、丢弃锚具,以便船舶启动,由此造成的断链、弃锚损失。

构成共同海损必须具备以下条件:一是船方在采取措施时,必须确有危及船、货共同安全的危险存在而不是臆测的,或者是不可避免地发生的;二是船方所采取的措施,必须是为了解除船、货的共同危险,有意识而且是合理的,其费用支出是额外的;三是必须是属于非常情况下的损失。

根据惯例,共同海损的牺牲和费用,应由受益方,即船方、货方和运费方按最后获救的价值多少,按比例分摊。

b. 单独海损。它是指除共同海损以外的,由海上风险直接导致的船舶或货物的部分损失。这种损失只属于特定利益方,而不属于所有其他的货主或船方,由受损方单独承担。例如,在运输过程中,有面粉、机器设备、钢材三种货物,途中遇到暴风雨,部分海水进入船舱,海水浸泡了部分面粉,使其变质。面粉的损失只是使面粉一家货主的利益受到影响,跟同船所装的其他货物的货主和船东利益无关,因而属于单独海损。

共同海损与单独海损都属于部分损失,两者的主要区别为:

a）损失的构成不同。单独海损一般是指货物本身的损失，不包括费用损失，而共同损失既包括货物损失，又包括因采取共同海损行为而引起的费用损失。

b）造成损失的原因不同。单独海损是海上风险直接导致的货物损失，而共同海损是为了减轻船、货、运费三方共同危险而人为造成的损失。

c）损失的承担者不同。单独海损由受损方自行承担损失，而共同海损则由船、货、运费三方按获救财产价值大小的比例分别承担费用。

保险公司对为减少货物的实际损失而支付的费用也负责赔偿，它分为施救费用和救助费用。

a）施救费用。它是指被保险货物在遭受保险责任范围内的灾害事故时，被保险人或其代理人为防止损失扩大而采取抢救所支出的费用。此项费用由保险人给予补偿。

b）救助费用。它是指被保险货物在遭遇保险责任范围内的灾害事故时，由保险人和被保险人以外的第三者对受损货物采取抢救措施而支付的费用。

（3）海上运输保险主要险别

海上运输货物保险是运输保险中最早的一个险种。早在1906年，英国就制定了《海上保险法》，对承保方法、范围及责任期间进行了界定。目前，根据C.I.C.条款，可将海上运输货物保险分为：

① 平安险

平安险这一名称在我国保行业中沿用甚久。其英文原意是指单独海损不负责赔偿。根据国际保险界对单独海损的解释，它是指部分损失。因此，平安险的原来保障范围只赔全部损失。但在长期实践的过程中对平安险的责任范围进行了补充和修订，当前平安险的责任范围已经超出只赔全损的限制。概括起来，这一险别的责任范围主要包括：

a. 在运输过程中，由于自然灾害和运输工具发生意外，导致被保险货物的实物的实际全损或推定全损。

b. 由于运输工具遭搁浅、触礁、沉没、互撞。与流域其他物体碰撞以及失火、爆炸等意外事故造成被保险货物的部分损失。

c. 只要运输工具曾经发生搁浅、触礁、沉没、焚毁等意外事故，不论这意外事故发生之前或者以后曾在海上遭恶劣气候、雷电、海啸等自然灾害所造成的被保险货物的部分损失。

d. 在装卸转船过程中，被保险货物一件或数件落海所造成的全部损失或部分损失。

e. 运输工具遭自然灾害或意外事故，在避难港卸货所引起被保险货物的全部损失或部分损失。

f. 运输工具遭自然灾害或意外事故，需要在中途的港口或者在避难港口停靠，因而引起的卸货、装货、存仓以及运送货物所产生的特别费用。

g. 发生共同海损所引起的牺牲、公摊费和救助费用。

h. 发生了保险责任范围内的危险,被保险人对货物采取抢救、防止或少损失的各种措施,因而产生合理施救费用。但是保险公司承担费用的限额不能超过这批被救货物的保险金额。施救费用可以在赔款金额以外的一个保险金额限度内承担。

② 水渍险

水渍险的责任范围除了包括上列"平安险"的各项责任外,还负责被保险货物由于恶劣气候、雷电、海啸、地震、洪水等自然灾害所造成的部分损失。

③ 一切险

一切险的责任范围除包括上列"平安险"和"水渍险"的所有责任外,还包括货物在运输过程中,因各种外来原因所造成保险货物的损失。不论全损或部分损失,除对某些运输途耗的货物,经保险公司与被保险人双方约定在保险单上载明的免赔率外,保险公司都给予赔偿。

上述三种险别都有货物运输的基本险别,被保险人可以从中选择一种投保。此外,还有附加险别可供选择。

附加险分为一般附加险和特别附加险两类。

一般附加险负责承保一般外来风险所造成的损失,共有 11 种:

a. 偷窃、提货不着险。保险有效期内,保险货物被偷走或窃走,以及货物运抵目的地以后,整件未交的损失,由保险公司负责赔偿。

b. 淡水雨淋险。货物在运输中,由于淡水、雨水以至雪融所造成的损失,保险公司都应负责赔偿。淡水包括船上淡水舱、水管漏水以及汗等。

c. 短量险。负责保险货物数量短少和重量的损失。通常包装货物的短少,保险公司必须要查清外装包是否发生异常现象,如破口、破袋、扯缝等,如属散装货物,往生育装船和卸重量之间的差额作为计算短量的依据。

d. 混杂、沾险。保险货物在运输过程中,混进了杂质所造成的损换。例如矿石等混进了泥土、草屑等因而使质量受到影响。此外保险货物因为和其他物质接触而被沾污,例如布匹、纸第、食物、服装等被油类或带色的物质污染因而引起的经济损失。

e. 渗漏险。流质、半流质的液体物质和油类物质,在运输过程中因为容器损坏而引起的渗漏损坏。如以液体装存的湿肠衣,因为液体渗漏而使肠发生腐烂、变质等损失,均由保险公司负责赔偿。

f. 碰损、破碎险。碰损主要是对金属、木质等货物来说的,破碎则主要是对易碎性物质来说的。前者是指在运输途中,因为受到震动、颠簸、挤压而造成货物本身的损失;后者是在运输途中由于装卸野蛮、粗鲁、运输工具的颠震造成货物本身的破裂、断碎的损失。

g. 串味险。例如,茶叶、香料、药材等在运输途中受到一起堆储的皮革、樟脑等异味的影响使品质受到损失。

h. 受热、受潮险。船舶在航行途中,由于气温骤变,或者因为船上通风设备失灵等使舱内水汽凝结、发潮、发热引起货物的损失。

i. 钩损险。保险货物在装卸过程中因为使用手钩、吊钩等工具所造成的损失,例如粮食包装袋因吊钩钩坏而造成粮食外漏所造成的损失,保险公司在承保该险的情况下,应予赔偿。

j. 包装破裂险。因为包装破裂造成物资的短少、沾污等损失。此外,对于因保险货物运输过程中续运安全需要而产生的候补包装、调换包装所支付的费用,保险公司也应负责。

k. 锈损险。保险公司负责保险货物在运输过程中因为生锈造成的损失。不过这种生锈必须在保险期内发生,如原装时就已生锈,保险公司不负责任。

上述11种附加险,不能独立承保,它必须附属于主要险别下。也就是说,只有在投保了主要险别以后,投保人才允许投保附加险。投保"一切险"后,上述险别均包括在内。

特别附加险也属附加险类,但不属于一切险的范围之内。它往往与政治、国家行政管理规章所引起的风险相关联。目前中国人民保险公司承保的特别附加险别有交货不到险、进口关税险、黄曲霉素险和出口货物到香港(包括九龙在内)或澳门存储仓火险责任扩展条款。此外,还包括战争险和罢工险等。

【案例】化肥运输过程中损失的责任划分

我国A公司与某国B公司于2011年10月20日签订购买52 500吨化肥的CFR合同。A公司开出信用证规定,装船期限为2012年1月1日至1月10日,由于B公司租来运货的"顺风号"轮在开往某外国港口途中遇到飓风,结果装至2012年1月20日才完成。承运人在取得B公司出具的保函的情况下签发了与信用证条款一致的提单。"顺风号"轮于1月21日驶离装运港。A公司为这批货物投保了水渍险。2012年1月30日"顺风号"轮途经巴拿马运河时起火,造成部分化肥烧毁。船长在命令救火过程中又造成部分化肥湿毁。由于船在装货港口的延迟,使该船到达目的地时正遇上了化肥价格下跌。A公司在出售余下的化肥时价格不得不大幅度下降,给A公司造成很大损失。请根据上述事例,回答以下问题:

问题:

(1) 途中烧毁的化肥损失属什么损失,应由谁承担?为什么?

(2) 途中湿毁的化肥损失属什么损失,应由谁承担?为什么?

(3) A公司可否向承运人追偿由于化肥价格下跌造成的损失?为什么?

分析:

(1) 途中烧毁的化肥属单独海损,应由保险公司承担损失。途中烧毁的化肥属于单独海损,依CFR术语,风险由A公司即买方承担;而A公司购买了水渍险,赔偿范围包含单独海损,因此由保险公司承担这部分损失。

(2) 运输途中湿毁的化肥属共同海损,应由A公司与船公司分别承担。因船舶和货物遭到了共同危险,船长为了共同安全,有意又合理地造成了部分化肥的湿毁。

(3) A公司可以向承运人追偿由于化肥价格下跌造成的损失。因为承运人迟延装船,又倒签提单,须对迟延交付负责。

【案例】投保水渍险的货物遇雨水浸渍损失由谁承担

某出口公司按 CIF 条件成交货物一批向中国人民保险公司投保了水渍险,货物在转船过程中遇到大雨,货到目的港后,收货人发现货物有明显的雨水浸渍,损失达70%,因而向我方提出索赔。

问:我方能接受吗?

分析:

不能接受。货物被雨水浸湿属淡水雨淋险范围;保险公司和卖方对货损都不负责,由买方承担损失。

3) 公路货物运输保险

(1) 保险标的范围

在国内经公路运输的货物均可为本保险之标的。

下列货物非经投保人与保险人特别约定,并在保险单(凭证)上载明,不在保险标的范围以内:金银、珠宝、钻石、玉器、首饰、古币、古玩、古书、古画、邮票、艺术品、稀有金属等珍贵财物。

下列货物不在保险标的范围以内:蔬菜、水果、活牲畜、禽鱼类和其他动物。

(2) 保险责任

由于下列保险事故造成保险货物的损失和费用,保险人依照本条款约定负责赔偿:

① 火灾、爆炸、雷电、冰雹、暴风、暴雨、洪水、海啸、地陷、崖崩、突发性滑坡、泥石流;

② 由于运输工具发生碰撞、倾覆或隧道、码头坍塌,或在驳运过程中因驳运工具遭受搁浅、触礁、沉没、碰撞;

③ 在装货、卸货或转载时因意外事故造成的损失;

④ 在发生上述灾害事故时,因纷乱造成货物的散失以及因施救或保护货物所支付的直接合理的费用;

⑤ 因碰撞、挤压而造成货物破碎、弯曲、凹瘪、折断、开裂的损失;

⑥ 因包装破裂致使货物散失的损失;

⑦ 液体货物因受碰撞或挤压致使所用容器(包括封口)损坏而渗漏的损失,或用液体保藏的货物因液体渗漏而造成该货物腐烂变质的损失;

⑧ 符合安全运输规定而遭受雨淋所致的损失。

(3) 责任免除

由于下列原因造成保险货物的损失,保险人不负赔偿责任:

① 战争、敌对行为、军事行动、扣押、罢工、暴动、哄抢;

② 地震造成的损失;

③ 盗窃或整件提货不着的损失;

④ 在保险责任开始前,被保险货物已存在的品质不良或数量短差所造成的损失;

⑤ 被保险货物的自然损耗、本质缺陷、特性所引起的损失或费用；

⑥ 市价跌落、运输延迟所引起的损失；

⑦ 属于发货人责任引起的损失；

⑧ 投保人、被保险人的故意行为或违法犯罪行为；

⑨ 经国家有关部门认定的违法、非法货物，保险人不负赔偿责任；

⑩ 其他不属于保险责任范围的损失。

4）航空货物运输保险

航空货物运输保险是以航空运输过程中的各类货物为保险标的，当货物在运输途中因保险责任造成货物损失时，由保险公司提供经济补偿的一种保险业务。

（1）保险标的范围

在中国境内经航空运输的货物均可为本保险之标的。

下列货物非经投保人与保险人特别约定，并在保险单（凭证）上载明，不在保险标的范围以内：金银、珠宝、钻石、玉器、首饰、古币、古玩、古书、古画、邮票、艺术品、稀有金属等珍贵财物。

下列货物不在航空货物保险标的范围以内：蔬菜、水果、活牲畜、禽鱼类和其他动物。

（2）航空货物运输险保险责任

由于下列保险事故造成保险货物的损失，保险人应该负航空货物保险赔偿责任：

① 火灾、爆炸、雷电、冰雹、暴风、暴雨、洪水、海啸、地陷、崖崩；

② 因飞机遭受碰撞、倾覆、坠落、失踪（在3个月以上），在危难中发生卸载以及遭受恶劣气候或其他危难事故发生抛弃行为所造成的损失；

③ 因受震动、碰撞或压力而造成破碎、弯曲、凹瘪、折断、开裂的损失；

④ 因包装破裂致使货物散失的损失；

⑤ 凡属液体、半流体或者需要用液体保藏的保险货物，在运输途中因受震动、碰撞或压力致使所装容器（包括封口）损坏发生渗漏而造成的损失，或用液体保藏的货物因液体渗漏而致保藏货物腐烂的损失；

⑥ 遭受盗窃或者提货不着的损失；

⑦ 在装货、卸货时和港内地面运输过程中，因遭受不可抗力的意外事故及雨淋所造成的损失。

在发生航空运输保险责任范围内的灾害事故时，因施救或保护保险货物而支付的直接合理费用，但最高以不超过保险货物的保险金额为限。

（3）责任免除

由于下列原因造成保险货物的损失，保险人不负责赔偿：

① 战争、军事行动、扣押、罢工、哄抢和暴动；

② 核反应、核子辐射和放射性污染；

③ 保险货物自然损耗、本质缺陷、特性所引起的污染、变质、损坏以及货物包装

不善；

④ 在保险责任开始前，保险货物已存在的品质不良或数量短差所造成的损失；

⑤ 市价跌落、运输延迟所引起的损失；

⑥ 属于发货人责任引起的损失；

⑦ 被保险人或投保人的故意行为或违法犯罪行为；

⑧ 由于行政行为或执法行为所致的损失，保险人不负责赔偿；

⑨ 其他不属于保险责任范围内的损失，保险人不负责赔偿。

(4) 航空货物运输保险期限

① 本保险负"仓至仓"责任。自被保险货物运离保险单所载明的起运地仓库或储存处所开始运输时生效，包括正常运输过程中的运输工具在内，直至该项货物运达保险单所载明目的地收货人的最后仓库或储存处所或被保险人用作分配、分派或非正常运输的其他储存处所为止。如未运抵上述仓库或储存处所，则以被保险货物在最后卸载地卸离飞机后满30天为止。如在上述30天内被保险的货物需转送到非保险单所载明的目的地时，则以该项货物开始转运时终止。

② 由于被保险人无法控制的运输延迟、绕道、被迫卸货、重新装载、转载或承运人运用运输契约赋予的权限所做的任何航行上的变更或终止运输契约，致使被保险货物运到非保险单所载目的地时，在被保险人及时将获知的情况通知保险人，并在必要时加缴保险费的情况下，保险仍继续有效，保险责任按下述规定终止：

a. 被保险货物如在非保险单所载目的地出售，保险责任至交货时为止。但不论任何情况，均以被保险的货物在卸载地卸离飞机后满30天为止。

b. 被保险货物在上述30天期限内继续运往保险单所载原目的地或其他目的地时，保险责任仍按上述第1款的规定终止。

5) 邮包运输保险

(1) 邮包运输保险的概念

邮包运输保险是指承保邮包通过海、陆、空三种运输工具在运输途中由于自然灾害、意外事故或外来原因所造成的包裹内物件的损失。

(2) 邮包运输保险责任、除外责任

邮包运输保险分为邮包险(parcel post risks)和邮包一切险(parcel post all risks)。

① 邮包险

负责赔偿被保险邮包在运输途中由于恶劣气候、雷电、海啸、地震、洪水等自然灾害或由于运输工具遭受搁浅、触礁、沉没、碰撞、倾覆、出轨、坠落、失踪，或由于失火、爆炸等意外事故所造成的全部或部分损失。此外，该保险还负责被保险人对遭受承保责任范围内危险的货物采用抢救、防止或减少损失的措施而支付的合理费用，但以不超过获救货物的保险金额为限。

② 邮包一切险

包括邮包险的责任外，还负责被保险邮包在运输途中由于外来原因所致的全部或部分损失。

邮包运输保险除外责任:同陆路运输保险。

(3) 责任起讫

自被保险邮包离开保险单所载起运地点寄件人的处所运往邮局时开始生效,直至该项邮包运达本保险单所载目的地邮局,自邮局签发到货通知书当日午夜起算满15天终止。但是在此期限内邮包一经交至收件人的处所时,保险责任即行终止。

10.5 货物运输保险的赔偿处理

货物运输保险的赔偿处理包括检验受损货物和赔偿处理两部分内容。

10.5.1 检验受损货物

货物运输保险实务中,货物往往异地出险,通常建立代理制度,即委托出险地的保险人或保险中介人代为检验货物或办理理赔手续。

现场查勘的主要内容:

(1) 现场拍照,调查取证。

(2) 了解货物损失情况、出险地点、时间、经过、原因以及损失是否属于保险责任。

(3) 对受损货物进行清点,确定损失范围、数量及损失程度,做好记录,编写报告,聘请专业技术人员鉴定。在货物受损的原因不明显或不易区别,或无法判定货物的受损程度时,可以申请具有公正资格的检验人对货物进行检验。

10.5.2 赔偿处理

1) 赔偿的程序

(1) 被保险人申请赔偿时,应当提供下列单证:

① 确定发生损失原因的证件;

② 保险单、提货单或其他运单及发货单;

③ 救护保险货物所支出合理费用的单据。

(2) 保险公司接到上述申请和单证后,即根据保险责任范围,迅速核定应否赔偿。有关赔偿金额,经与被保险人达成协议后10天内赔付。

(3) 保险货物遭受损失以后的残余部分,应当充分利用,作价折归被保险人,并在赔款中扣除。

(4) 被保险人从获悉保险货物遭受损失的次日起,如果经过180天不向保险公司申请赔偿,不提出必要的单据、证件,或者不领取应得的赔款,即作为自愿放弃权益。

(5) 被保险人与本公司如果发生争议,应本着实事求是的精神协商解决。双方不能达成协议时,可提交仲裁机构仲裁或法院处理。

2）承运人的责任追偿

（1）货物发生保险责任范围内的损失，如果根据法律规定或者有关约定，应当由承运人或其他第三者负责赔偿一部分或全部责任的，被保险人应首先向承运人或其他第三者索赔。

（2）如被保险人提出要求，保险人可以先予赔偿。

（3）被保险人应签发权益转让书给保险人，并协助保险人向责任方追偿。

（4）《合同法》第三百一十一条：承运人对运输过程中货物的毁损、灭失承担损害赔偿责任，但承运人证明货物的毁损、灭失是因不可抗力、货物本身的自然性质或者合理损耗以及托运人、收货人的过错造成的，不承担损害赔偿责任。

3）合理计算赔款

（1）计算赔款的方法

国内货物运输保险的保险金额确定采用定值保险的方法，赔偿计算中不受市场价格涨跌影响。

货物发生保险责任范围内的损失时，按货价确定保险金额的，保险人根据实际损失按起运地货价计算赔偿。

按货价加运杂费确定保险金额的，保险人根据实际损失按起运地货价加运杂费计算。

最高赔偿金额以保险金额为限。

当货物全部损失时，按保险金额扣除残值计算赔款。

当货物部分损失时，足额投保，在保险金额内，按实际损失赔偿。计算公式：

$$赔偿金额 = 保险金额 \times 损失程度(\%)$$

如果被保险人投保不足，保险金额低于货价时，保险人对其损失金额及支付的施救保护费用按保险金额与货价的比例计算赔偿。计算公式：

$$赔偿金额 = 损失金额 \times 保险金额 / 起运地货物实际价值$$

保险人对货物损失的赔偿金额，以及因施救或保护货物所支付的直接和合理的费用，将分别计算，并各以不超过保险金额为限。

（2）数量损失赔款的计算

数量损失是指一批货物中有部分数量全部损失，计算公式：

$$赔款 = 保险金额 \times 受损物件数 \div 承保总件数$$
$$赔款 = 保险金额 \times 损失重量 \div 承保总重量$$

例 1 一车棉纱 50 包，每包 200 公斤，保险金额 500 000 元，承保短少险，运抵目的地后，发生短少 5 000 公斤，应赔偿金额是多少？

解：赔款 = 500 000 × [5 000 ÷ (50 × 200)]
    = 500 000 × (5 000 ÷ 10 000)
    = 250 000（元）

保险公司应赔偿 250 000 元。

（3）质量损失赔款的计算

质量损失是指部分货物受到一定程度的损失。在计算赔款时,应先确定货物的完好价值和受损价值,即得出贬值率。计算公式为:

赔款＝保险金额×(货物完好价值－受损后的价值)÷货物完好价值

货物完好价值－受损后的价值＝受损价值

例2 一车1 000台电视机投保货物运输保险,保险金额2 000 000元,每台保险金额2 000元。运输中有100台发生损失,平均贬值率为50%,赔款是多少?

解:方法1

赔款＝2 000×[(2 000－2 000×50%)÷2 000]×100＝100 000(元)

方法2

赔款＝保险金额×(受损价值)÷货物完好价值

保险金额＝货物完好价值

赔款＝2 000×(2 000×50%)÷2 000×100＝100 000(元)

保险公司需赔偿100 000元。

（4）赔偿注意事项

① 保险人对货物损失的赔偿金额,以及因施救或保护货物所支付的直接和合理的费用,将分别计算,并各以不超过保险金额为限。

② 货物发生保险责任范围内的损失,如果根据法律规定或者有关约定,应当由承运人或其他第三者负责赔偿一部分或全部责任的,被保险人应首先向承运人或其他第三者索赔。如被保险人提出要求,保险人可以先予赔偿。被保险人应签发权益转让书给保险人,并协助保险人向责任方追偿。

③ 保险货物遭受损失以后的残余部分,应当充分利用,作价折归被保险人,并在赔款中扣除。

【案例】海上货物运输保险合同保险费纠纷案

中国人民财产保险股份有限公司广州市黄埔支公司诉东马油脂(广州保税区)有限公司海上货物运输保险合同保险费纠纷案。

原告:中国人民财产保险股份有限公司广州市黄埔支公司。住所地:中国广东省广州市黄埔区丰乐中路55号。

代表人:马东亮,总经理。

被告:东马油脂(广州保税区)有限公司。住所地:中国广东省广州保税区金桥路15号。

法定代表人:关元崇,董事长。

原告中国人民财产保险股份有限公司广州市黄埔支公司诉被告东马油脂(广州保税区)有限公司海上货物运输保险合同保险费纠纷一案,本院于2004年3月23日受理后,依法由审判员邓宇锋独任审判,于4月27日召集各方当事人进行庭前证据交换,同日公开开庭进行了审理。原告中国人民财产保险股份有限公司广州市黄埔支公司委托

10 货物运输风险与保险

代理人温绍东、被告东马油脂(广州保税区)有限公司委托代理人梁彬到庭参加诉讼。本案现已审理终结。

原告中国人民财产保险股份有限公司广州市黄埔支公司诉称:原、被告之间就货物运输保险有长时间合作,原告作为保险人多次承保被告投保的国际货物运输险。原告曾分别于 2003 年 9 月 16 日、9 月 19 日、9 月 14 日、10 月 4 日、11 月 5 日向被告签发了 5 份货物运输保险单(下称保单),保单号分别为 PYII200344015100000010(下称 10 号保单)、PYII200344015100000013(下称 13 号保单)、PYII200344015100000014(下称 14 号保单)、PYII200344015100000026(下称 26 号保单)、PYII200344015100000036(下称 36 号保单),保险费分别为 3 831.11 美元、704.22 美元、3 370.74 美元、2 765.20 美元、7 057.87 美元,上述 5 份保单的保险费被告至今未付。11 月 20 日,原告将上述保险费发票送给被告,由被告财会部职员熊丽波签收,并要求被告即时支付保险费。12 月 17 日,原、被告双方就未支付保险费的保单号及保险费进行逐一确认。原告认为,原、被告之间的货物运输保险合同关系清楚明确,原告作为保险人依约履行了义务,被告作为投保人却至今拒绝支付上述保险费,给原告造成了经济损失,为维护原告的合法权益,请求法院判令被告支付原告上述 5 笔保险费共计人民币 146,763.58 元(下文未特指的金额均指人民币)及其利息(自保险费发票开具之日起计),判令被告承担本案诉讼费。

原告中国人民财产保险股份有限公司广州市黄埔支公司在举证期限内提供了如下证据:1. 5 份保单;2. 5 份保险费发票复印件;3. 2 份投保单;4. 保单及发票签收表;5. 名片;6. 保险费发票收回函及未付保险费清单;7. 2 份出险通知书和 2 份索赔函。

被告东马油脂(广州保税区)有限公司辩称:一、被告已经向原告支付了涉案保险费;二、熊丽波不是被告的职员,没有得到被告的授权,也不是被告代理人;三、未付保险费清单作为证据存在瑕疵,未经被告确认。因此,请求法院驳回原告的诉讼请求。

被告东马油脂(广州保税区)有限公司在举证期限内没有提供任何证据。

经审理查明:

2003 年 9 月 14 日、9 月 16 日、9 月 19 日、10 月 4 日,原告分别签发 14 号、10 号、13 号、26 号保单,承保由马来西亚拉哈德达图运至中国黄埔港的散装红棕榈油的货物运输险,被保险人均是被告,保险费分别为 3 370.74 美元、3 831.11 美元、704.22 美元、2 765.20 美元,赔款偿付地点均为中国广州。在原告签发 26 号保单之前,被告向原告传真一份投保单,该投保单记载的内容与 26 号保单的内容相一致,该传真件显示投保人即被告的传真号码为 38797013。

另外,被告还为其 2003 年 12 月 6 日自马来西亚拉哈德达图启运往中国黄埔的 9 101.059 吨散装红棕榈油向被告投保,货物发票金额为 4 277 497.73 美元,投保加成 10%,投保单装载运输工具一栏载明"M. V. 'DOLPHINA' VOY. 005"。

2003 年 9 月 19 日、10 月 9 日,原告分别开具了 10 号、13 号、14 号、26 号保单的保险费发票,保险费发票记载的保险费分别为 31 714.31 元、5 829.60 元、27 903.32 元、22 890.60 元。11 月 7 日,原告开具 36 号保单的保险费发票,发票记载的保险费为

58 425.75 元。该 5 份保险费发票已经交给被告。

2003 年 9 月 30 日,被告向原告发出出险通知书和索赔函称,13 号保单项下的货物短少,损失估计为 4 018.41 元,要求原告核实并赔偿。10 月 20 日,被告又向原告发出出险通知书和索赔函称,26 号保单项下的货物短少,损失估计为 1 828.03 元,要求原告核实并赔偿。

以上事实,原、被告双方均无异议,本审判员予以确认。

对于当事人有异议的事实,本审判员认定如下:

原告提供了 36 号保单以证明其承保了被告的货物,应收保险费 7 057.87 美元,被告对此提出异议。本审判员认为,36 号保单的内容与被告确认的投保单的内容可以相互印证,所记载的保险费也与被告确认的 36 号保单的保险费发票记载的保险费相当,该保单可以采信,被告提出异议,却不能提供相反的证据,不予支持。据此,可以认定原告向被告出具了 36 号保单。

原告为证明已经将保险费发票交付被告,但被告尚未支付保险费的事实,提供了保单及发票签收表、熊丽波的名片、保险费发票收回函和未付保险费清单。被告对此提出异议,认为熊丽波无权代表被告,保险费已经支付。本审判员认为,根据未付保险费清单的记载,该清单经熊丽波签字后通过传真(号码为 00862038797013)发给原告的,该传真号码与熊丽波名片上记载的传真号码,与经原、被告双方确认的 26 号保单投保时所使用的号码完全一致,可以采信,据此可以认定,熊丽波曾代表被告与原告联系涉案保单的保险事宜,并于 2003 年 12 月 17 日签字确认涉案 5 份保单的保险费尚未支付。保单及发票签收表上熊丽波的签字与未付保险费清单上熊丽波的签字可以相互印证,在没有相反证据的情况下,可以确认熊丽波于 2003 年 11 月 20 日收到了 13 号、14 号、26 号、36 号保单及其发票。被告对上述事实提出异议,却不能提供相反证据,不予支持。保险费发票收回函系原告单方制作的,未经被告确认,不予采信。

本审判员认为:本案是一宗海上货物运输保险合同保险费纠纷。由于涉案货物系从马来西亚拉哈德达图运往中国黄埔,因此,本案是一宗涉外纠纷。由于合同双方并未就本案应适用的实体法律做出约定,根据《中华人民共和国海商法》第二百六十九条的规定,应当适用与合同有最密切联系的国家的法律。涉案保险合同双方当事人的住所地均在中国,在中国境内投保,运输的目的港是中国黄埔港,约定的赔款偿付地点为中国广州,据此可以认定中国是与涉案保险合同有最密切联系的国家,应当适用中国法律。

被告是否支付保险费是本案当事双方争议的焦点。被告以保险费发票是付款凭证为由主张已经向原告支付了涉案保险费,原告则认为,被告向原告预借保险费发票,但尚未支付保险费。本审判员认为,没有证据显示被告对熊丽波代表被告与原告联系涉案保险事宜提出过任何异议,且被告在货物出险后向原告索赔,这说明熊丽波代表被告与原告联系保险业务的行为得到了被告的认可。没有证据显示被告曾通知原告熊丽波已经无权代表被告办理保险业务,因此,熊丽波向原告确认涉案保险费未付的行为可以视为是被告的行为。根据上述认定的事实，被告收到保单和保险费发票的时间是 2003 年 11 月 20 日，确认保险费未付的时间是 2003 年 12 月 17 日，显然，被告以持有保险费发票为由主张已经支付保险费不能成立。根据《中华人民共和国海商法》第二百三十四条关于"除合同另有约定外，被保险人应当在合同订立后立即支付保险费"的规定，被告应当在原告签发涉案保单后立即向原告支付保险费。保险费发票所记载的保险费人民币金额与保单所记载的保险费美元金额大致相当，被告对保险费发票所记载的币种、金额均未提出异议，原告依据保险费发票所记载的币种和金额主张保险费应予支持。

原告请求被告支付上述保险费自保险费发票开具之日起的利息，被告认为利息应当自起诉之日起算。本审判员认为，原告先出具涉案保单，再向被告开具保险费发票，因此，原告主张的利息起算点迟于被告应当支付保险费的时间，应予支持。

综上，依照《中华人民共和国海商法》第二百三十四条的规定，判决如下：

一、被告向原告支付 10 号保单项下的保险费 31 714.31 元及其自 2003 年 9 月 19 日起至本判决确定的付款之日止按照中国人民银行同期流动资金贷款利率计算的利息；

二、被告向原告支付 13 号保单项下的保险费 5 829.60 元及其自 2003 年 9 月 19 日起至本判决确定的付款之日止按照中国人民银行同期流动资金贷款利率计算的利息；

三、被告向原告支付 14 号保单项下的保险费 27 903.32 元及其自 2003 年 9 月 19 日起至本判决确定的付款之日止按照中国人民银行同期流动资金贷款利率计算的利息；

四、被告向原告支付 26 号保单项下的保险费 22 890.60 元及其自 2003 年 10 月 9 日起至本判决确定的付款之日止按照中国人民银行同期流动资金贷款利率计算的利息；

五、被告向原告支付 36 号保单项下的保险费 58 425.75 元及其自 2003 年 11 月 7 日起至本判决确定的付款之日止按照中国人民银行同期流动资金贷款利率计算的利息。

本案受理费 4 512 元，由被告东马油脂（广州保税区）有限公司负担。原告预交的案件受理费，本院不另清退，由被告支付原告。

以上给付金钱义务，应于本判决生效之日起 10 日内履行完毕。

如不服本判决，可在判决书送达之日起 15 日内，向本院递交上诉状，并按对方当事人的人数提出副本，上诉于广东省高级人民法院。

复习思考题

1. 什么是风险?风险有哪些特征?
2. 什么是保险?保险具有哪些职能?
3. 保险合同应包含哪些主要内容?
4. 货物运输保险有何作用?货物运输保险的基本内容是什么?
5. 运输保险的险种有哪些?
6. 货物运输保险如何赔偿处理?
7. 什么情况下保险责任可以免除?
8. 理赔工作时主要审核的内容有哪些?
9. 汽车装运一车白糖 400 包,每包重 50 公斤,保险金额 200 000 元,承保短少险,运抵目的地后,发生短少 1 000 公斤,保险公司应赔偿金额是多少?

11 进出口通关业务

海关作为国家进出境的监督管理机关,对于保护国家的经济发展具有重要的作用。在进出境的过程中,海关对国际货物的运输速度有重要的影响,所以对于从事国际货物运输服务的企业与人员必须对货物的通关与检验、检疫流程非常的熟悉,才能在保证我国对外经济贸易快速发展的同时确保货物的高速流通。

11.1 海关管理概述

海关是国家发展到一定阶段的产物,而海关机构是随着国家机器的不断完善才逐步健全起来的。

从我国在春秋时期出现的"关市之征"开始,历代统治阶级把征收关税作为海关的一项重要工作常抓不懈。尤其在封建社会中后期,国内更是关卡林立,苛捐杂税繁重,海关出现了阻碍社会生产力发展和对外正常交往的消极现象。中国海关正式命名于1685年(康熙二十四年),当时清政府在漳州(厦门)、广州、宁波和江南(上海)设立海关,称为闽海关、粤海关、浙海关和江海关。

二次世界大战结束后,海关管理的内涵和外延不断扩大,除了继续与各国的对外贸易保持密切的联系之外,还与军事、外交、科技、教育、文化、旅游等领域息息相关。海关管理的内容和模式不断革新,出现了由一国的管理模式向国际间的相互协调发展的趋势,如欧盟海关、世界海关组织、世界贸易组织的出现和成功运作,起到了协调国际贸易和关税制度的作用,促进了现代国际贸易的发展。

11.1.1 海关的基本概念

海关是各国设在关境上依法处理进出境事务的国家行政监管机关。进出境事务指进出境的运输工具、货物、行李物品、邮递物品和其他物品的管理。关境也称税境或海关领土,是一个国家的海关可以全面实施海关法规的地域,简言之,就是一个国家的海关法所适用的范围。

《中华人民共和国海关法》规定:"进出境运输工具、货物、物品,必须通过设立海关的地点进境或出境。"此规定说明由设关地点进出境并办理规定的海关手续是运输工具、货物、物品进出境的基本要求，也是进出境运输工具负责人、货物的收发货人、物品的所有人的一项基本义务。作为海关监管的直接对象，进出境运输工具、进出境货物和物品所包含的具体内容为：

1）出境运输工具

进出境运输工具指用以运载人员、货物、物品进出境在国际间运营的各种境内或境外的船舶、车辆、航空器和驼畜。

① 船舶：包括机动和非机动的进出境海上、国界江河上往来的船舶；转运、驳运进出境旅客或货物的船舶；兼营境内外旅客或货物运输船舶以及其他进出境船舶。

② 车辆：包括进出境的客车、货车、行李车、邮政车、汽车、发电车、轨道车和其他进出境的机动车、非机动车辆等。

③ 航空器：主要指运载进出境旅客或进出口货物的民用飞机。

④ 驼畜：旨在运进出境旅客或进出口货物的马、驴、牛、骆驼等用于运输的牲畜。

2）进出境货物

进出境货物主要包括：一般进口货物，一般出口货物，保税货物，暂时进口货物，特定减免税货物，过境、转运和通运货物以及其他进出口货物。另外一些特殊货物（如通过电缆、管道运输进出境的货物）和无形的货物（如附着在货物上的软件等）也属于海关监管的对象。

3）进出境物品

进出境物品指进出境的行李物品、邮递物品和其他物品。以进出境人员携带、托运等方式进出境的物品为行李物品；以邮递方式进出境的物品为邮递物品；其他物品主要包括享有外交特权和豁免权的外国机构或者人员的公务用品或自用物品以及通过国际速递出境的快件等。

11.1.2 海关监管的范围

海关监管是指海关代表国家依照海关法律、法规对进出境运输工具、货物和物品实行监督管理，从而直接或间接产生法律后果的行政行为。海关监管的对象是海关依法行使其监管权所指向的目标或所作用的客体。

1）地域效力范围

（1）海关监管区

《海关法》规定：海关监管区是指设立海关的港口、车站、机场、国界孔道、国际邮件交换局和其他有海关监管业务的场所，以及虽未设立海关，但是经过国务院批准进出境的地点。

海关监管的特定空间范围主要包括：设有海关的对外开放的口岸（口岸指供人员、货物、交通工具出入国境（关境）的港口、机场、车站、通道等）；设有海关机构或未设立海关机构的非对外开放口岸，但有海关监管业务的场所或地点；未设立海关但是经过国家批准的临时进出境地点。

口岸原来的意思是指由国家指定的对外通商的沿海港口。但现在,口岸已不仅仅是经济贸易往来(即通商)的商埠,还包括政治、外交、科技、文化、旅游和移民等方面的往来港口。随着陆、空交通运输的发展,对外贸易的货物、进出境人员及其行李物品、邮件包裹等,可以通过铁路和航空直达一国腹地。因此,在开展国际联运、国际航空邮包邮件交换业务以及其他有外贸、边贸的地方,国家也设置了口岸。简单地说,口岸是由国家指定对外往来的门户,是国际货物运输的枢纽。从某种程度上说,它是一种特殊的国际物流结点。口岸可以从不同的角度分类,常用的分类方法有:

① 按批准开放的权限划分。按照批准可将口岸分为一类口岸和二类口岸。一类口岸是指国务院批准开放的口岸(包括中央管理的口岸和由省、自治区、直辖市管理的部分口岸)。二类口岸是指由省级人民政府批准开放并管理的口岸。

② 按出入境的交通运输方式划分。可将口岸分为港口口岸、陆地口岸和航空口岸。

(2) 领海和毗连区

我国领海为邻接我国陆地领土和内水的一带海域,宽度从领海基线起为12海里。毗连区指沿海国为了有效地防止走私,实行防疫,执行移民的目的而在邻接其领海的海域所划定的行使管辖权的区域。我国毗连区为领海以外邻接海一带的海域,宽度为12海里。领海是海关监管区,海关可依法行使常规监管任务;毗连区不是海关监管区,但可以根据政府授权,执行某些特殊任务。

(3) 延伸意义的领土

指一国领域以外的船舶或飞机。如我国航行在公海或外国领海的船舶。出境即超出我国领域的船舶或飞机,在办结海关手续后,即脱离我国海关的监督,我国海关货运监管法律不再对其发生法律效力,它如果进入外国的领域,就应当适用该国海关法,接受该国海关监管。

2) 对人的效力范围

通关是一个涉及海关、进出口货物报关人、承运人及其代理人等多角色运作过程。与进出口货物、物品和运输工具相关的主体是海关监管的间接对象,具体包括:

(1) 进口货物的收货人,出口货物的发货人;

(2) 进出口货物收发货人的代理人;

(3) 保税货物的经营人或其代理人;

(4) 运载进出境货物运输工具的负责人;

(5) 运载过境、转运、通运货物的运输工具负责人;(过境:由境外启运,在中国边境不论是否换装运输工具,通过中国境内陆地继续运往境外的货物。转运:仅指由外国启运,到中国设立海关的地点换装运输工具后,不通过中国陆地再往国外运。通运:由外启运,由船舶或航空器载运进境并由原装运输工具继续运往境外的货物。)

(6) 转关运输货物的承运人;

(7) 经电缆、管道或其他特殊方式输送进出境货物的经营单位,必须定期向指定的海关申报和办理海关手续。

3) 时间效力范围

海关对于不同的监管对象,其监管的时间效力是不同的。

(1) 运输工具

对于境外运输工具,是从进境起到出境止。对于境内运输工具:

① 从经营国际航行业务起到结束此项业务止;

② 在境内承担海关监管货物的,从启运地装载货物开始至货物运抵指运地卸货为止。

(2) 进出口货物、物品

① 进口货物从进境起到办结海关手续止;

② 出口货物从申报起到出境止;

③ 过境、转运、通运货物从进境起到出境止;

④ 暂时进口货物、物品从进境起到出境止;

⑤ 保税货物从进境起到复运出口或办结海关手续止。

(3) 特定用途的减免税货物

在海关规定的时间内,海关可以随时检查其实际使用情况。

11.1.3 我国海关的职责与权利

1987年,第六届人大常委会第十九次会议审议通过的《中华人民共和国海关法》对海关的性质做了明确定义:中华人民共和国海关是国家进出关境监督管理机关。具体包括以下两层含义:

(1) 海关是代表国家在进出境活动中行使监管职能的行政管理和执法机关。

海关通过对其职能范围内的社会经济活动进行监管,维护国家法律的尊严,并依法对各种违法行为进行处罚。因此,海关具有行政监管和行政执法双重职能。

(2) 海关的监管对象是进出境的运输工具、货物、行李物品、邮递物品以及上述货物的有关人员的行为。

与一般行政机关相比,海关管理具有较强的涉外性,即海关的行政行为是国家权力意志的表现,对内维护国家法律和政策,对外捍卫国家主权和利益。因此,海关必须严格依法行政,保持高度的一致性,并依法独立行使职权。

1) 我国海关的职责

我国海关的职责相当广泛。近年来,为了适应海关业务发展的需要,并且能够和国际相接轨,其承担的职责正在不断调整和深化。具体来说,我国海关的职责包括基本职责和延伸职责,如表11.1所示。

(1) 基本职责

① 监督管理。海关通过报关登记、审核单证、查验放行、后续管理等环节,对进出

境的运输工具、货物和物品进行监督管理。进出境货物指的是各种贸易方式和各种运输渠道的进出境货物,这些货物占了监管的主要部分。各地海关视情况不同,监管的重点有所不同。

表 11.1 海关职能

传统型海关		现代型海关	
业务职责	运作特点	业务职责	运作特点
监督管理	守卫型管理	业务范围扩大到环保、社会安全、缉毒、知识产权保护、反偷渡、战略武器控制等	强调方便、效率、服务
征收关税	单向交流		双向交流
查缉走私	封闭式管理		开放式管理,参与国际竞争
海关统计	科技手段落后		,科技手段先进

② 征收关税。关税是国家税收的一种,海关征收的关税分为进出口货物关税和进口行李邮递物品关税两种。除关税外,海关还代政府其他部门征收进口环节税,如增值税、消费税、对台直接贸易调节税、船舶吨税以及按规定征收海关规费、监管手续费、滞报金等。关税具有对进出口货物的调节作用,同时也是国家财政收入的可靠来源之一。

③ 查缉走私。走私是指进出境活动的当事人或相关人违反《海关法》及有关法律、行政法规,逃避海关监管、偷逃应纳税款、逃避国家有关进出境的禁止性或者限制性管理、非法运输、携带、邮寄国家禁止、限制进出口或者依法应当缴纳税款的货物、物品进出境,或者未经海关许可并且未缴应纳税款、交验有关许可证件,擅自将保税货物、特定减免税货物以及其他海关监管货物、物品、进境的境外运输工具在境内销售的行为。走私是破坏国家经济秩序和社会环境,损害国家利益和危害社会主义现代化建设的违法行为。海关对经由海、陆、空途径进出口货物、运输工具和物品执行缉私任务。

④ 海关统计。海关统计是国民经济统计的重要组成部分,是对外贸易实际进出口的权威统计。海关统计的作用是使政府部门及时了解对外贸易的实际情况,包括进出口的规模、发展趋势以及存在的问题。这样为国家的宏观调控提供了信息依据,起到了咨询作用。

(2) 延伸职责

随着世界经济呈现出多元化和区域化的趋势,各国在贸易、投资、技术转让、服务贸易、人员往来等方面的合作日益密切,国际贸易以数倍于世界生产总值的速度增长,海关业务量剧增。因而,各国加强了海关监管和服务的力度,海关的职能从征税、缉私等传统领域转向环保、社会安全、知识产权保护、缉毒、反偷渡、战略武器控制等现代化领域拓展。

2) 我国海关的权力

(1) 检查进出境运输工具、查验进出境货物、物品,对违反海关法或其他有关法律、法规的可以扣留。

(2) 查阅进出境人员的证件，查问违反海关法或其他有关法律、法规的嫌疑人，调查其违法活动。

(3) 查阅、复制与进出境运输工具、货物、物品有关的合同、发票、账册、单据、记录、文件、业务函电、录音录像制品和其他资料；对其中与违反海关法或其他有关法律、法规的进出境运输工具、货物、物品有过牵连的，可以扣留。

(4) 在海关监管区和海关附近沿海、沿边规定地区，检查有走私嫌疑的运输工具和有藏匿走私货物、物品嫌疑的场所，检查走私嫌疑人的身体；对走私嫌疑人，经关长批准，可以扣留移送司法机关，扣留时间不超过 24 小时，在特殊情况下可以延长至 48 小时。

(5) 进出境运输工具或个人违抗海关监管、逃逸的，海关可以连续追至海关监管区和海关附近沿海沿边规定地区以外，将其带回处理。

(6) 海关为履行职责，可以配备武器。

3) 我国海关机构和现状

《国务院关于改革海关管理体制的决定》指出：全国海关建制归中央统一管理，成立中华人民共和国海关总署作为国务院直属机构，统一管理全国海关和人员编制、财务及业务。各地海关受所在省、市、自治区人民政府监督指导。法制建设方面，1987 年颁布实施了《中华人民共和国海关法》，修订后的海关法于 2001 年 1 月 1 日起实施。国际合作方面，1983 年，我国加入了世界海关组织。1987 年加入了《关于简化和协调海关业务制度的国际公约》及《京都公约》。1991 年加入了《商品名称及编码协调制度公约》科技运用方面。1988 年，海关总署开发了 H883 报关自动化系统。2003 年，在建立"电子海关"方面，基本完成了全国海关计算机系统的联网应用，海关数据实现了共享。在建立"电子口岸"方面，海关总署与公安部、税务总局、外管局等 12 个部委共同完成了口岸电子执法系统平台建设，初步实现了海关与外汇、税务等行政管理部门的跨部门数据交换和联网核查。在建立"电子总署"方面，建立和完善了政务信息化系统、通关决策管理系统、执法评估系统、关税分析监控系统等，初步实现了科学决策及业务监控分析的信息化，提高了海关总署科学决策和监控分析的水平。通关改革方面，各地海关参照国际海关通行做法，因地制宜，在旅检、货检、船检、邮检等环节采取措施，努力为企业创造人畅其行、物畅其流的通关环境。

11.2 报关管理

1) 报关的概念

报关是履行海关进出境手续的必要环节之一。指的是进出境运输工具的负责人、货物和物品的收发货人或其代理人，在通过海关监管口岸时，依法进行申报并办理有关手续的过程。

报关涉及的对象分为进出境的运输工具和货物、物品两大类。由于性质不同，其报关程序各异。

运输工具如船舶、飞机等应由船长、机长签署到达、离境报关单,校验载货清单、空运或海运单等单证向海关申报,作为海关对装卸货物和上下旅客实施监管的依据。

货物和物品则应由收发货人或其代理人,按照货物的贸易性质或物品的类别,填写报关单,并随附有关的法定单证及商业和运输单证报关。

2) 报关行为的分类

报关是一项十分复杂和专业性比较强的工作,尤其是进出境货物的报关,需要既熟悉法律、税务、国际贸易、商品等各方面知识,又要掌握海关法律、法规和海关业务制度的专业人员办理。在进出口业务中,为了提高通关效率,节省通关费用,一些进出口货物的收发货人并不自行办理报关手续,而是委托一些具备了报关资格、同时了解国际贸易的报关单位办理有关货物的进出口报关手续,并对其支付相应的代理手续费。《中华人民共和国海关法》规定:"进出口货物,除另有规定外,可以由进出口货物的收发货人自行办理报关纳税手续,也可以由进出口货物收发货人委托海关准予注册的报关企业办理报关纳税手续。"这一规定从法律上明确了进出口货物的报关行为可以分为自理报关和代理报关两类。

(1) 自理报关

自理报关是指进出口货物的收发货人自行办理报关手续的法律行为。进出口单位一般是在本企业进出口行为发生比较频繁的情况下,自行招聘合格的报关员,自行办理进出口报关业务。根据我国海关目前的规定,自理报关企业必须具备对外贸易经营权和报关权,并且拥有一定数量合格的报关员。

(2) 代理报关

代理报关是指进出口货物收发货人委托其他企业代理其进出口报关手续的法律行为。在这里,接受他人委托办理进出口报关手续的企业成为报关企业。这一类报关企业一般是由熟悉报关业务的报关员组成,其从事代理报关业务必须经过海关批准且向海关办理注册登记手续。根据报关时使用的形式不同,代理报关行为又可以分为直接代理和间接代理两种。直接代理是指报关企业接受进出口货物收发货人的委托,以委托人的名义办理报关手续的法律行为。既然是以委托人名义办理报关手续,委托人就应该具备对外贸易经营权和报关权,这是构成直接代理报关的先决条件。在直接代理报关条件下,报关企业承担对报关行为合理、审慎的义务。间接代理指报关企业接受进出口货物收发货人的委托,以自己的名义办理报关手续的法律行为。报关企业以自己的名义报关,这时的进出口货物的收发货人可能并没有进出口经营权和报关权,因此不可能成为报关人。例如,某大学委托某专业外贸公司进口实验设备并报关,在报关时,外贸公司只能以自己的名义来报关就属于这种情况。在间接代理的条件下,报关企业对报关行为应承担与进出口货物收发货人相同的法律责任。

3) 报关企业的管理制度

(1) 报关企业的定义

报关企业是指已完成在海关注册登记手续,取得办理进出口货物报关资格的境内法人。货物进口或者出口时,企业向海关报关,需要承担重大的经济和法律责任。企业的报关行为必须真实、准确,符合国家法律的规定。因此,企业必须具备承担相应的经济、法律责任的能力。一旦产生经济法律责任,国家能够依法追究,使国家的利益不受损失。国家规定,报关企业必须是境内法人,必须完成海关注册登记,这是实现上述原则的重要保证。

(2) 报关注册登记的管理制度

报关注册登记,又称海关注册登记,是指进口货物的收货人、出口货物发货人或他们的代理人向海关提供规定的法律文书,申请报关资格,经海关审查核准,准予办理报关业务的管理规定。

根据海关报关管理规定,目前可以向海关办理报关注册登记的企业有:

① 专门从事报关服务的企业,通常称为报关行或专业报关企业等。

② 经营国际货物运输代理、国际运输工具代理等业务,并接受委托代办进出口货物报关的企业,如对外贸易运输公司、外轮代理公司等。

③ 有进出口经营权的企业,如各类经国家批准的对外贸易公司、工贸公司、三资企业等。

上述三类企业以外的其他企业和单位,不能向海关申请办理报关注册登记。这些企业如需要进出口货物时,应根据海关报关管理的规定,委托相应的代理报关企业办理进出口货物报关手续。

(3) 报关企业的分类

目前,海关把报关企业分为自理报关企业、专业报关企业和代理报关企业三种类型。

① 自理报关企业

自理报关企业是指具有进出口经营权,并在海关履行注册登记手续,只为本企业(单位)办理进出口货物报关手续的境内法人的企业。

对于自理报关企业的定义,我们可以从以下四个方面来理解:

a. 自理报关企业本身有进出口经营权。自理报关企业一般是经国务院、外经贸部或地方经贸部门批准设立,具有经营进出口业务的企业(单位)。具体包括:

a) 外贸专业进出口总公司及其子公司;

b) 有进出口经营权的工贸(农贸、技贸)公司;

c) 有进出口经营权或部分经营权的其他全国性和地方性的各类进出口公司;

d) 有进出口经营权的生产企业、企业联合体、外贸企业和生产企业的联合公司;

e) 信托投资公司、经济技术开发公司、技术引进公司和租赁公司;

f) 中国成套设备进出口公司、各地区、各部门国际经济技术合作公司、对外承包工程公司;

g) 外商投资企业(包括合资、合作经营企业和外商独资企业);

h) 免税品公司、友谊商店、外汇商店、侨汇商店;

i) 经海关认可,直接办理进出口手续的经营对外加工装配和中小型补偿贸易企业;

j) 其他经常有进出口业务的企业(如某些进出口服务公司、展览公司、中国电影合作制片公司等)。

b. 自理报关企业必须是已在海关办理报关注册登记手续的企业。上述企业如要经营进出口业务,办理进出口货物的通关手续,必须要在海关办理自理报关企业的注册登记手续,以取得进出口货物的报关权。

c. 自理报关企业只能为本企业进出的货物办理报关业务。除特殊情况外,自理报关企业在海关办理注册登记手续后,只能为本企业进出的货物向海关办理报关纳税等事宜,不能为非本企业进出口的货物办理代理报关纳税等事宜。自理报关企业也可以根据需要委托专业报关企业或代理报关企业为本企业进出口货物办理报关纳税等事宜。

d. 自理报关企业是具有境内法人地位的经济实体。自理报关企业是经合法程序设立,具有独立法人地位的经济实体,可直接进行进出口货物的报关活动。因此,自理报关企业要对其报关行为而产生的一切后果承担法律责任。

② 专业报关企业

专业报关企业是指依照《中华人民共和国海关对专业报关企业的管理规定》所规定的程序设立,主要从事接受进出口货物经营单位和运输工具负责人以及他们的代理人的委托,办理进出口货物和进出境运输工具的报关、纳税等事宜,具有境内法人地位的经济实体。专业报关企业又通称为报关公司或报关行。

对于专业报关企业的定义,我们可以从以下三个方面来理解:

a. 专业报关企业必须是经过规定的程序设立的。根据《中华人民共和国海关对专业报关企业的管理规定》,海关是各类报关企业的报关资格审定和报关注册登记的主管机关。设立专业报关企业,需要经过申请——审批——注册登记这一程序。企业必须按照程序向海关提出申请,并提交海关规定的各种文件资料。海关必须按照规定的程序审核批准。不经过上述规定的程序就不能取得报关资格。

b. 专业报关企业的基本业务范围是代理委托人办理进出口货物的报关、纳税等事宜,主要工作内容包括:填制进出口货物报关单、报关数据的预录入、陪同海关验货、对货物进行税则归类、计算税费、交纳税费、提货、提供报关事宜咨询服务等等。此外,根据企业的业务能力,海关也可以允许它们从事代理外贸企业、加工贸易企业、三资企业向海关办理申请企业注册登记、申请减免税、生产合同备案登记等海关手续。这里应强调的是,专业报关企业没有进出口经营权,不能从事进出口业务。

专业报关企业代理其他企业办理海关手续,必须由进出口货物的经营单位出具正式的委托书,以明确委托人与被委托人双方的经济法律责任。我们在这里所称的"经营单位"包括:

a) 国家主管部门批准有进出口经营权的企业,如专业外贸公司、工贸公司;

b) 外商投资企业；

c) 经济特区政府批准的在特区范围内有进出口经营权的企业；

d) 有权进出口货物的单位，如政府机关、学校、科研机构、军事部门；外国常驻商社、团体、银行、新闻单位等驻华机构；各国驻华使、领馆等外交机构；执行国务院各部、委为我邻近国家兴建项目而办理货物进出境报关手续的单位；临时性少量进出口货样的单位等。

c. 专业报关企业必须是具有境内法人地位的经济实体，通常称为独立法人。它们应当有自己的名称、组织机构和经营场所，有独立财务，实行自主经营、自负盈亏，对外能承担经济法律责任。一旦发生违法情事，专业报关企业就要承担相应的经济法律责任。

专业报关企业在开展进出口货物报关活动中，应严格遵守以下报关行为规则：

a) 专业报关企业可在所在关区各口岸办理报关纳税等事宜，如需办理所在关区以外口岸报关事宜的，由所在地海关报上级海关核准后，报海关总署审批。

b) 专业报关企业在报关时，需向海关出示委托人的正式委托书。委托书应载明受托专业报关企业的名称、地址、代理事项、双方责任、权限和期限，委托人的名称、地址、法人代表、企业性质及经营范围等内容，并应加盖委托单位公章。

c) 专业报关企业应按海关要求协助海关与委托人联系，提供委托人及报关纳税等有关文字记录资料。

d) 专业报关企业不得出借其名义，受其他人委托办理进出口货物报关纳税等事宜；亦不得借用他人名义办理进出口货物报关纳税业务。

e) 专业报关企业应按海关规定设立专职报关员办理报关纳税等手续，并应对报关员的报关行为承担法律和经济责任。

f) 专业报关企业申报进口的货物，自海关填发税款缴纳证的次日起7日内应代委托人缴纳税款，逾期由海关按规定征收滞纳金。超过3个月仍未缴纳税款的，由海关依照《中华人民共和国海关法》第三十七条的规定处理。

g) 专业报关企业应依法建立账册和营业记录。真实、正确、完整地记录其受托办理报关纳税等事宜的所有活动。完整保留委托单位提供的各种报关单证、票据、函电，接受海关稽查。

h) 专业报关企业的收费项目及标准应经物价部门批准并对外公布。

专业报关企业的代理报关、纳税行为是一种行政法律性质的行为，其代理活动必然产生一定的法律后果，直接影响海关对进出口货物进行监管以及征收税费等行政执法行为的发生和进行。因此，专业报关企业以其报关活动直接与海关发生联系而产生了相应的权利和义务，并且以其独立法人的地位承担报关活动中产生的一切法律责任。

专业报关企业在报关活动中的法律责任，根据其行为的性质和轻重，可以分为以下情况：

第一，专业报关企业在办理报关纳税等事宜中，发生走私、偷逃税款等违反海关法行为的,由海关按照《中华人民共和国海关法》和《中华人民共和国海关法行政处罚实施细则》的规定处理,并取消其报关资格。企业负责人、报关部门主管人员及发生违法行为的报关员在一定期限内不得再从事报关工作。

第二,如果专业报关企业受委托人的欺骗,向海关报关时发生伪报、瞒报行为的,由海关按照法律的规定追究报关企业的经济责任。报关企业与委托人之间的经济纠纷由双方自行诉诸法律解决。法律规定的刑事责任,由司法部门对犯走私罪的直接责任人进行追究。

如果专业报关企业违反国家法律,被工商行政管理机关吊销营业执照的,由海关取消其报关资格。

第三,专业报关企业如有下列情事之一,由所在地海关暂停其6个月以内报关权:
a) 违反《海关法》和其他有关法规,但不构成走私行为的;
b) 对报关员管理不严,多人次被取消报关员资格的;
c) 拖欠税款和不能履行纳税义务的;
d) 经海关年审不合格或未经海关同意不参加年审的;
e) 违反海关规定,有变更未经核准,停业未经备案,出借其名义或借用他人名义报关纳税,未建立账册和经营记录,未完整保留有关单证、票据、函电,不接受海关稽查等情事的。

③ 代理报关企业

代理报关企业是指经营国际货物运输代理、国际运输工具代理等业务,并接受委托代办进出口货物的报关纳税等事宜,依照《中华人民共和国海关对代理报关企业的管理规定》履行在海关注册登记手续的境内法人。

对于代理报关企业的定义,我们可以从以下四个方面来理解:

a. 代理报关企业必须是国际货物运输代理企业或是国际船舶代理企业。这两类企业分别是由对外经贸部或交通部批准成立的。它本身并没有进出口经营权,只是由于其经营特点和业务需要,可能要受其承揽承运货主的委托进行代理报关活动。他们的代理报关活动是在我国实行严格计划经济的体制下形成的,但随着专业报关市场的发展和报关体制的改革,将逐步减少。除上述两类企业外,其他任何部门审批的企业均不能申请成为代理报关企业。

b. 代理报关企业必须是经过规定的程序设立的。代理报关企业和专业报关企业一样,也必须要经过申请——批准——注册登记这一法定的程序,才能被海关确认其为代理报关企业。需特别指出的是,申办代理报关企业只需向所在地海关申请,经所在地海关审核批准,并核发注册登记证书即可开展代理报关业务,无须报海关总署审核批准。

c. 代理报关的报关范围只能接受有权进出口货物单位的委托,办理由本企业承揽、承运货物的报关纳税等事宜,超出上述范围的属于非法报关,海关将不予受理。代理报关业务只是代理报关企业主要经营业务的配套业务。因此,与专业报关企业相比,代理报关企业的代理报关业务范围受到的限制要大一些。代理报关企业在接受委托办理报关手续前，应与委托人签订正式的委托协议。为了保护双方的权益，委托协议应特别载明代理事项、极限和期限，以及双方应承担的法律责任等。

d. 代理报关企业是具有境内法人地位的经济实体。经营代理报关业务的企业，如外轮代理公司、国际货物运输公司等是由行业主管部门批准经营有关业务、由工商行政部门批准成为独立法人企业的经济实体。因此，代理报关企业在接受办理报关纳税等事宜时，要遵守海关的法律规定，并对所代理申报的各项内容的真实性和合法性负责，并承担相应的法律责任。

代理报关企业在开展进出口货物报关活动中，应严格遵守以下报关行为规则：

a. 代理报关企业应在所在关区各口岸办理报关纳税等事宜。特殊情况，经所在地上一级海关商得异地海关同意，报海关总署核准，方可在异地办理报关业务。

b. 代理报关企业只能接受有权进出口货物单位的委托，办理本企业承揽、承运货物的报关纳税等事宜。

c. 代理报关企业在报关时，必须向海关出示下列文件：

a) 本企业法定代表人签名的授权办理本次报关纳税等事宜的责任授权书；

b) 承揽、承运该批进出口货物的协议书；

c) 委托人的报关委托书。委托书应载明委托人和被委托人双方的名称、海关注册登记编码、地址、法定代表人姓名以及代理事项、权限和期限、双方责任等内容，并加盖双方公章。

d. 代理报关企业不得以任何形式出让其名义供他人办理进出口货物报关纳税等事宜。

e. 代理报关企业应按海关规定聘用报关员，并对报关员的报关行为承担法律责任。

f. 代理报关企业应按海关对进出口企业财务账册及营业报表的要求建立账册和报关营业记录。真实、正确、完整地记录其受托办理报关纳税等事宜的所有活动。在海关规定的年限内完整保留委托单位提供的各种单证、票据、函电，并接受海关稽查。

g. 代理报关企业应按海关要求协助海关与委托人联系，提供委托人与报关纳税等有关的文字记录资料。

代理报关企业的报关纳税行为，也是一种具有行政法律性质的行为。同样，代理报关企业要以其独立法人的地位对因其代理报关纳税等活动而产生的后果承担法律责任。

a. 代理报关企业如有下列情事之一的，海关暂停其6个月以内报关权。

a) 违反海关监管规定的行为；

b) 对报关员管理不力，多次被取消报关员资格的；

c) 拖欠税款或不履行纳税义务的；

d) 经海关年审不合格或未经海关同意延迟参加年审的；

e) 以任何形式出让其名义供他人办理进出口货物报关纳税等事宜；

　　f) 未按规定建立财务账册或报关营业记录，或账册及报关营业记录不真实、不正确、不完整的。在海关规定的年限内不能完整保留委托单位提供的各种单证、票据、函电，不接受海关稽查，未能按海关要求积极协助海关与委托人联系，不能提供委托人与报关纳税等有关的文字记录资料的；

　　g) 因其他原因需暂停报关权的。

　　b. 代理报关企业如有下列情事的，海关取消其报关权，并缴销《代理报关企业注册登记证书》。

　　a) 原有情况发生变化，已不具备申办代理报关注册登记必备条件的；

　　b) 有上述 a. 款情事之一，情节严重的；

　　c) 有走私行为的；

　　d) 被工商行政管理部门吊销《企业法人营业执照》的；

　　e) 有其他原因需取消报关权的。

　　c. 如果代理报关企业受委托人的欺骗，向海关报关时发生伪报、瞒报行为的，由海关按照法律的规定追缴报关企业的经济责任。代理报关企业因被海关暂停或取消报关权所发生的与委托人之间的经济纠纷，责任自负。

　　d. 代理报关企业在办理报关纳税等事宜中，有违反《海关法》行为的，除按上述第a、b. 款的规定处理外，还要按照《海关法行政处罚实施细则》的规定处理，并追究法定代表人的法律责任。代理报关企业在海关规定期限内不履行海关补税和处罚决定的，海关除依法追缴和向人民法院申请强制执行外，可直接从注册资金中扣缴。

11.3　一般贸易货物通关制度

　　通关是进出境运输工具的负责人、货物的收发货人及其代理人、进出境物品的所有人向海关申请办理进出口手续，海关对其呈交的单证和申请进出境的货物、运输工具和物品依法进行审核、查验、征缴税费、批准进口或出口的全过程。

11.3.1　进出口货物的通关程序

　　一般所说的基本报关程序主要是申报——查验——征税——放行四个环节，这四个程序属于海关的现场管理。随着海关管理方式逐步的变化，海关的后续管理既海关稽查也是货物通关的程序之一（如表 11.2 所示）。

　　1) 申报

　　申报是进出境运输工具的负责人、货物和物品的收发货人或其代理人，在通过海关关境口岸时，必须填写《进出口货物报关单》向海关申报，并呈交海关规定的单证和证件，以使海关依法根据这些单证和证件进行查验、征税和放行。申报分为口头申报和书面申报。申报与否，是否如实申报，是区别走私与否，违规与否的重要界限之一。

2）查验

查验是海关对已接受申报的进出境货物、运输工具和物品，根据法定的单证，进行实际的检查，以检查申报的内容是否属实。

3）征税

根据《海关法》的规定，进出口货物由海关依法征收关税，关税分为进口关税和出口关税。进口货物的收货人，出口货物的发货人都是关税的纳税义务人。

表 11.2　报关程序

	报关员职责	海关职责
1. 申报	1. 填写进出口货物报关单 2. 交验与进出口货物相关的其他法律、商业单证	1. 对报关单进行编号登记，并批注接受申报日期 2. 查阅报关单证是否齐全、正确、有效 3. 审核报关单内容
2. 查验	1. 派人员到场会同查验人员查验货物 2. 报关员负责搬移、开箱及重封货物 3. 应查验人员的要求随时提供必要的单证	1. 进行实际查验，确定单货、单证是否相符 2. 到监管区以外查验，并收取规费
3. 征税	1. 答复或提供海关人员所提出的问题或所需的文件 2. 凭海关开出的银行缴款书到银行交纳关税、增值税和消费税	1. 审价 2. 分类估价、核算到岸价格，依关税税率计征，依法减免 3. 开出银行缴款书 4. 征收关税、增值税和消费税
4. 放行	1. 领取放行单、提单、发票正本及其他应归还的单证 2. 到海关监管仓库提货	1. 审核关税、增值税、消费税及规费是否缴讫 2. 审核应附单证是否核销 3. 审核各项通关程序是否已完成无遗漏 4. 经办人在报关单及提单加盖放行章
5. 稽查		1. 在规定期限内依法对与进出口有关的企事业单位的会计账册、凭证、报表等资料进行稽查 2. 审核有关企事业单位有无违反海关法规行为

4）放行

放行分为正常放行、担保放行和信任放行。放行是海关经过审单、查验等环节，在有关的单证上签印放行，以示海关监管的结束（现场监管）。货物、物品放行后方可提取装运出境，有关的运输工具方可驶离关境。

5）稽查

海关稽查是指海关自进出口货物放行之日起 3 年内或者在保税货物、减免税货物的海关监管期限内，对被稽查人的会计账册、会计凭证、报关单以及其他有关资料和有关进出口货物进行核查,监督被稽查人进出口活动的真实性和合法性。海关在规定期限内依法对与进出口有关的企事业单位的会计账册、凭证、报表等资料以及货物产品、商品等相关的进出口货物实行稽查,以审核有关企事业单位有无违反海关法规行为,确定其进出口活动合法性的一项有力举措。实行稽查制度,使海关监管模式发生了实质性的变化。在监管对象上:从以货为监管单元转变为以企业为监管单元;在监管方式上:从单一的口岸监管向口岸直查和企业账册稽查相结合转变;在监管目标上:从以随机确定一定比例的核查向以风险分析为基础的分类管理转变。

11.3.2 进出口货物的申报制度

1) 申报的定义

申报是进口货物的收货人,出口货物的发货人或其代理人在进出口货物时,在海关规定的期限内,以口头、书面或电子数据交换方式向海关报告其进出口货物的情况,并随附有关货运和商业单证,申请海关审查放行,并对所报告内容的真实、准确性承担法律责任的行为。

作为进出境货物通关的第一个环节,海关在接受申报时,将严格审核有关单证,主要包括:确认报关企业及报关员是否具备报关资格,有关证件是否合法有效;报关时限是否符合海关规定,是否需要征收滞报金;货物的进出口是否符合国家有关规定;报关单的填制是否完整、真实、准确,单证是否相符、齐全、有效;确定进出口货物的征、免税性质等。

2) 申报的程序

① 进口货物接到进口提货通知,出口货物需备齐出口货物。

② 委托报关者需办理报关委托手续,代理报关者需接受报关委托。

③ 准备报关单证。一般情况下,报关应备单证除进出口货物报关单外,还应具备包括基本单证、特殊单证和预备单证等在内的三大单证(如表11.3所示)。

表11.3 报关单证

单证性质	单证含义	单证内容
基本单证	与进出口货物直接相关的商业和货运单证	发票、装箱单、提(装)货凭证、出口收汇核销单、海关签发的进出口货物征免税证明等
特殊单证	国家有关法律规定并实行特殊管制的证件	配额许可证管理证件、各类特殊管理证件等
预备单证	海关认为必要时查阅或收取的单证	贸易合同、货物原产地证明、委托单位的工商执照证明、委托单位的账册资料及其他有关单证等

④ 填制报关单及其他报关单证。报关单是向海关报告其进出口货物情况,申报海

关审查、放行货物的必要法律文书,是对进出口货物进行全面监控处理的主要依据,是海关统计的原始资料。填写报关单要求做到向海关如实申报、填写项目要准确、齐全、清楚;填写必须真实,做到单证相符、单货相符。报关单填写的具体要求请参看《中华人民共和国海关进出口货物报关单填制规范》。

⑤ 对于在实行报关自动化系统处理《进(出)口货物报关单》的海关进行申报时,报关单位及报关员应将报关单上的申报数据、内容进行预录入。

⑥ 向海关递交报关单,海关接受报关,并审单。

3) 申报应注意的问题

① 报关地点

a. 进口货物应当由收货人或代理人在货物的进境地海关办理报关手续;

b. 出口货物应当由发货人或代理人在出境地海关办理报关手续;

c. 经向海关申请,进口货物可以在设有海关的指运地,出口货物可以在设有海关的启运地办理报关手续(转关运输);

d. 经电缆、管道或其他特殊方式输送进出境的货物,要由报关单位定期向指定的海关报关;

e. 过境、转运、通运货物由于不属于在国内消费的货物,海关规定由运输工具的负责人向进境地海关申报。

② 报关资格

a. 进出口货物的收发货人是有权经营进出口业务的企业;

b. 有权经营出口业务的收发货人已向海关办理了报关注册登记手续;

c. 专业、代理报关企业已经向海关注册登记,委托人还应是有权经营进出口业务的企事业单位;

d. 报关员是报关单位指定,经海关培训考核认可的。

③ 报关期限

报关期限是货物到口岸后,法律规定收发货人或其代理人向海关报关的时间限制。

a. 进口货物的报关时限。对于一般进口货物,自运输工具申报进境之日起 14 日内。对于转关运输,自运输工具申报进境之日起 14 日内向进境地海关申请转关运输;自货物运抵指运地之日起 14 日内。

b. 出口货物的报关时限:装货的 24 小时以前。

④ 滞报金的征收

征收滞报金是以经济手段加速通关的一种措施。进口货物自运输工具申报进境之日起第 15 日开始,至报关单位向海关申报办理货物进出口手续之日止。按日征收,征收额为进口货物到岸价格的 0.5‰,起征点为￥50。但是也有免征的情况,免征的范围有:

a. 收货人自运输工具申报进境之日起超过 3 个月未向海关申报,海关将货物提取变卖处理;

b. 向海关提供担保,先提取货物并在担保期限内办理申报手续的;
c. 被海关扣留的进口货物在被扣留期间;
d. 应征滞报金不满￥50的。

11.3.3 进出口货物的查验制度

查验是海关在接受报关单位的申报后,依法为确定进出境货物的性质、原产地、货物状况、数量和价值是否与货物申报单上已填报的内容相符,对货物进行实际检查的行政执法行为。通过核对实际进出口货物与报关单证来验证申报环节所申报的内容是否一致,通过实际的查验来实现申报审单环节所不能发现的有无瞒报、伪报和申报不实等走私违规问题;可以验证申报审单环节提出的疑点,为征税、统计和后续管理提供可靠的监管依据。

查验一般在海关监管区内的进出口口岸码头、车站、机场、邮局或海关其他监管场所。对进出口大宗散货、危险品、鲜活品等,经过进出口收发货人的申请,海关可结合装卸环节,在作业现场查验。在特殊情况下,海关可派员到规定时间和地点以外的工厂、仓库等地点查验,但申请人要按规定缴纳规费。

查验的方法包括彻底查验、抽查方法和外形查验三种。在查验的过程中要求海关填写《海关进出口货物查验纪录》,查验记录包括查验时间、地点、进出口货物的收发货人的情况,货物的运输包装情况,查验过程中存在的货物残损既造成残损的因素,提取货样的情况,查验的结果等。并且货物的收发货人或代理人必须到场,海关认为必要时,可以先行开验、复验和提取货样。

报关员在向海关申报前,应对即将申报的进出口货物有一定的了解,对各种单证进行初步的审查,有不清楚或者不符合规定的应及时向当事人了解。

海关查验进出口货物时,报关员必须到场,并且按照海关的要求负责搬运、开拆、重封货物;报关员要随时答复海关查验人员提出的问题或提供海关需要的相关单证,配合海关;海关在查验中发现的走私违规情况,报关员应积极配合海关进行调查;对要求海关人员到监管区以外办理海关手续的,要事先申请;对海关在查验进出口货物造成损坏时,报关员应向负责查验的海关提出赔偿的要求,并办理有关手续;报关员还要交付海关规费和监管手续费。

由于海关关员的责任造成被查验货物损坏的应当赔偿直接经济损失。直接经济损失的金额根据被损坏货物及其部件的受损程度确定,或者根据修理费确定。但是在查验过程中有的损坏不属于海关赔偿的范围,主要有以下几种情况:

(1) 由于收发货人或代理人搬移、开拆、重封或者保管不善造成的损失。
(2) 易腐、易失效货物在海关正常工作程序所需要时间内发生的变质或失效。
(3) 海关正常检查时产生的不可避免的磨损。
(4) 在海关查验之前或之后已经发生的损坏。
(5) 由于不可抗力造成的损失。

如果海关在查验进出口货物造成损坏的,由海关检查人员填写《中华人民共和国海关查验货物、物品损坏报告书》。进出口货物收发货人或代理人收到报告书后,可与海关共同协商确定被查货物的受损程度,必要时可凭公证机构出具的鉴定证明确定。受损程度确定后,以海关审定的完税价格为基数确定实际的赔偿金额。赔偿金额以修理费计算的,则按实际修理费确定赔偿金额。赔偿金额确定后,由海关填发《中华人民共和国海关损坏货物、物品赔偿通知单》。

11.3.4 进出口货物的征税

1) 关税的概念与分类

关税是指由海关代表国家,按照《海关法》等法律、法规的规定,对国家准许进出口的货物、进出境的物品征收的一种税。关税的征收主体是国家,国家将征收关税的权利授予了海关,其他任何单位和个人均不得行使征收关税的权利。1985年3月7日,国务院发布《中华人民共和国进出口关税条例》。1987年1月22日,第六届全国人民代表大会常务委员会第十九次会议通过《中华人民共和国海关法》,其中第五章为《关税》。1987年9月12日,国务院根据海关法重新修订并发布《中华人民共和国进出口关税条例》。

由于关税主要是对进出口商品征税,其税负可以由进出口商垫付税款,然后把它作为成本的一部分加在货价上,因此关税属于间接税;关税的税收主体(纳税人)是本国进出口商,税收客体(课税对象)是进出口货物。关税的种类按照不同标准分为以下几类:

(1) 按照征收的对象或商品流向分类,可分为进口税、出口税、过境税。

(2) 按照征税的目的分类,可分为财政关税、保护关税。

(3) 按照差别待遇和特定的实施情况分类,可分为进口附加税(反补贴税、反倾销税)、差价税、特惠税、普遍优惠制。

(4) 按照征税的一般方法或征税标准分类,可分为从量税、从价税、复合税、选择税。

(5) 按照关税保护的程度和有效性分类,可分为名义关税、有效关税。

2) 关税的计算

《中华人民共和国进出口关税条例》规定,进口货物以海关审定的成交价格为基础的到岸价格作为完税价格。完税价格即对进出口货物计征应交税款时所使用的价格。

到岸价格包括货价,加上货物运抵中华人民共和国关境内输入地点起卸前的包装费、运费、保险费和其他劳务费等费用。上述规定说明,完税价格必须以货物实际的成交价格为基础,完税价格在数值上等于货物到达我国口岸的到岸价格。不真实或者不准确的申报价格不能作为完税价格,海关有权不予接受。

由此可知,成交价格与到岸价格的关系实际上与货物的成交方式有密切的关系,进口货物以我国口岸价格(CIF 我国口岸)成交的,经海关审核即以这个价格作为完税价格。

由于世界各国对出口一般都不征税或很少征税,因而对出口商品的估价方法比较简单。我国进出口关税条例规定对出口货物的完税价格进行审定的原则是:出口货物应当以海关审定的货物售予境外的离岸价格,扣除出口关税后作为完税价格。由海关以该货物的成交价格以及该货物运至中华人民共和国境内输出地点装载前的运输及相关费用、保险费为基础审核确定。离岸价格不能确定的,完税价格由海关确定。

(1) 进口关税税款的计算

计算进口关税税款的基本公式是:

$$进口关税税额 = 完税价格 \times 进口关税税率$$

在计算关税时应注意以下几点:

① 进口税款缴纳形式为人民币。进口货物以外币计价成交的,由海关按照签发税款缴纳证之日国家外汇管理部门公布的人民币外汇牌价的买卖中间价折合人民币计征。人民币外汇牌价表未列入的外币,按国家外汇管理部门确定的汇率折合人民币。

② 完税价格金额计算到元为止,元以下四舍五入。完税税额计算到分为止,分以下四舍五入。

③ 一票货物的关税税额在人民币 10 元以下的免税。

进口货物的成交价格,因有不同的成交条件而有不同的价格形式,常用的价格条款,有 FOB、CFR、CIF 三种。现根据三种常用的价格条款分别举例介绍进口税款的计算。

第一种:以 CIF 成交的进口货物,如果申报价格符合规定的"成交价格"条件,则可直接计算出税款。

例 1 某公司从德国进口钢铁盘条 100 000 千克,其成交价格为 CIF 天津新港 125 000 美元,求应征关税税款是多少?

已知海关填发税款缴款书之日的外汇牌价:100 美元 = 683.26 人民币元(买入价),100 美元 = 693.18 人民币元(卖出价),税款计算如下:

审核申报价格,符合"成交价格"条件,确定税率:钢铁盘条,归入税号 7310,进口关税税率为 15%。

根据填发税款缴款书日的外汇牌价,将货价折算人民币。当天外汇汇价为:外汇买卖中间价 100 美元 = (683.26 + 693.18) ÷ 2 = 688.22 人民币元,即 1 美元 = 6.882 2 人民币元,完税价格 = 125 000 × 6.882 2 = 860 275 人民币元。

计算关税税款即:860 275 元人民币 × 15% = 129 041.25 人民币元

第二种:FOB 和 CFR 条件成交的进口货物,在计算税款时应先把进口货物的申报价格折算成 CIF 价,然后再按上述程序计算税款。

进口货物以境外口岸价格(FOB 境外口岸)成交的货物,应当另加从境外发货或者交货口岸运到我国口岸以前所实际支付的运杂费、保险费作为完税价格。

完税价格 = (FOB + 运费) / (1 - 保险费率)

进口货物以离岸价格加运费(CFR 中国口岸)成交的货物,应当另加保险费作为完税价格。

完税价格=CFR/(1-保险费率)

例2 我国从国外进口一批中厚钢板共计200 000公斤,成交价格为FOB伦敦2.5英镑/公斤,已知单位运费为0.1英镑,保险费率为0.25%,求应征关税税款是多少?

已知海关填发税款缴款书之日的外汇牌价:1英镑=11.268 3人民币元(买入价),1英镑=11.885 7人民币元(卖出价),根据填发税款缴款书日的外汇牌价,将货价折算人民币。当天外汇汇价为:外汇买卖中间价=(11.268 3+11.885 7)人民币元÷2=11.577人民币元,即1英镑=11.577人民币元,完税价格=(FOB价+运费)/(1-保险费率)=(2.5+0.5)/(1-0.25%)=3.007 5人民币元。

计算关税税款:根据税则归类,中厚钢板是日本原产货物适用于最惠国税率,最惠国税率为10%。则:该批货物进口关税税款=3.007 5人民币元×200 000公斤×10%=60 150人民币元

(2) 出口关税税款的计算

计算出口关税税款的基本公式是:

$$出口关税税额=完税价格×出口关税税率$$

货物完税价格=FOB-出口税=FOB÷(1+出口关税税率)

出口货物以FOB价成交的,可直接按照上述公式进行计算,如果是以其他贸易条件成交的,需要将货价折算成FOB价,再进行计算。

11.3.5 进出口货物的放行制度

1) 放行的含义

放行是指海关在接受进出口货物的申报,经过审核报关单据,查验货物,征收税费,对进出口货物做出结束海关现场监管决定的工作程序。

海关在决定放行进出口货物后,须在有关单证上(报关单或者装货单)签盖"海关放行章",进出口货物的收发货人凭此办理提取货物或装运出口货物的手续。

通关货物被海关放行将意味着货物在历经申报、查验和缴税手续后,可解除进出境阶段海关的现场监管,允许收、发货人到监管仓库提取进口货物或将出口货物装至运输工具并运离关境。其中,对于一般进出口货物,由于放行时其海关手续均已办妥,应缴税款也已缴纳,因此通关手续已全部办结,放行即等于结关。但对于保税货物、减免税货物和暂准进出口货物,解除进出境阶段的海关现场监管,允许货物被收、发货人提取或装运,并未办结海关手续,因而仍需接受海关的后续管理。

海关在口岸放行环节的工作重点是对通关程序的申报、查验、征税几个环节的工作进行复核。复核的内容:

(1) 进出口货物的通关程序是否合法,手续是否齐全,各项签章是否完整、有效。

(2) 进出口货物的申报单证是否齐全、有效,有无遗漏。

(3) 海关查验进出口货物的记录和批注时间准确，符合规范。
(4) 货物缴纳税费的情况。
(5) 属于担保放行或缓税处理的进出口货物的手续是否合法。
(6) 有关监管货物的登记、备案记录是否完整正确。
(7) 构成走私违规的行为是否已经处罚。

2) 放行的相关手续

(1) 签印放行

对于一般进出口货物，报关人如实向海关申报并如数缴纳税款和有关费用，海关关员在有关进出口货运单据上签盖"放行章"，进口货物凭此到海关监管仓库提货进境，出口货物凭此装货启运出境。

(2) 签发《进出口货物证明书》

经海关查验放行的合法进出口货物，应报关人或货物人的要求，海关可以出具《进出口货物证明书》，证明某项货物经海关监管符合实际进出口。

(3) 签发出口退税报关单

对于需出口退税的货物，出口货物的发货人应在向海关申报出口时，附一份出口退税专用报关单。海关放行后，在报关单上加盖"验讫章"和已向税务机关备案的海关审核出口退税负责人的签章，退还报关单位，送交退税地税务机关。

(4) 签发进口付汇、出口收汇报关单

对于属于进口付汇、出口收汇的进出口货物的报关单，海关在办结放行手续后，出具一份盖有海关验讫章的电脑打印报关单，并在报关单右上角加盖防伪标签，交进口或出口单位专门用于办理出口收汇和进口付汇的手续。

3) 出口货物的退关

出口货物的退关是指已申报出口的货物，在海关查验放行后，因故未能装入出境运输工具，出口申报人申请办理退运出海关监管区，而不再出口的行为。申报退关货物发货人应当在退关之日起三天内向海关申报，经海关核准后方能将货物运出海关监管区。已征收出口税的退关货物，可以在缴纳关税之日起一年内，提出书面申请，陈述理由，连同纳税收据向海关申请退税。

出口货物发货人应向海关递交《出口货物报关单更改申请》。

对全部未出口的，海关审批后，按照退关处理，重新办理出口报关手续。

对部分货物未出口的，海关对原申报出口的货物作全部退关处理，然后再对实际出口的货物办理重新申报手续。

4) 进出口货物的担保

进出口货物的担保是担保人因进出口货物税款或某些证件不能及时备齐而申请海关先予以放行时，以向海关缴纳保证金或提交保证函的法定方式向海关保证在一定期限内履行其在通关活动中承诺的义务的法律责任。

(1) 海关接受担保的范围

① 暂时进出口货物。

② 正在向海关申请办理减免税手续,而货物已经运抵口岸,亟待提取或发运,要求海关缓办进出口纳税手续的。

③ 国家限制进出口货物,已经领了进出口许可证,因故不能及时提供的。

④ 进出口货物不能在报关时交验有关单证,而货物已运抵口岸,亟待提取或装运的,要求海关先放行货物,后补交有关单证。

⑤ 经海关同意,将海关未放行的货物暂时存放于海关监管区以外场所的。

⑥ 其他特殊情况,经海关总署批准的。

(2) 海关不接受担保的范围

① 进出口国家限制进出口的货物,未领到进出口货物许可证或有关许可证已经失效的。

② 受国家有关规定管理的进出口货物,如进出口金银、濒危动植物、文物等,不能向海关交验有关主管部门批准文件或证明的。

(3) 担保方式

担保方式主要有两种方式:交纳担保金和提交保证函。

担保金是由担保人向海关缴纳现金,以确保担保人履行义务的一种形式。保证金的金额为有关货物的进出口税费之和。但要注意:对要求减免税的进出口货物在未办结有关海关手续前,报关人申请担保要求先放行货物的,只能以保证金的形式申请。其他申请担保的情况,可以根据情况选用保证金或保证函的形式。在担保期限内,申请担保人要求办理有关货物的进口手续的,经海关同意后,可将保证金抵作税费,并多退少补。

保证函是担保人按照海关的要求向海关提交的,有明确的权利义务的一种担保文件。要注意:出具保证函的担保人必须是中国法人。对属应税货物以保证函形式申请缓缴关税的,必须由申请单位的开户银行或上级机构出具保证函。

(4) 担保的期限

在一般情况下,担保期不超过20天,否则,由海关对有关进出口货物按规定进行处理。暂时进口货物的担保期限按照海关的规定执行,一般是货物进口之日起6个月内。

(5) 担保人的法律责任

根据海关规定,申请担保人必须在担保期满时向海关办理销案手续,对未能在担保期满时,向海关办理销案手续的,海关按以下规定处理:

① 将担保金抵作税款的,责令报关人按规定补办进口手续,并处以罚款。

② 责令担保人缴纳税款或通知银行扣缴税款,并处以罚款。

③ 暂停或取消报关人的报关资格。

11.4 保税货物的通关制度

保税制度是一种国际上通行的海关制度,在世界大多数国家的对外经济贸易中得到广泛的应用,对国际贸易活动的发展起到了重要促进作用。我国保税制度的应用在改革开放以后得到了蓬勃快速的发展,成为我国对外经济贸易的一个重要组成部分,本节将介绍保税制度的基本概念、主要形式及其在经济发展中的促进作用。

11.4.1 保税制度概述

1) 保税制度的定义

保税制度是指经海关批准的境内企业所进口的货物,在海关监管下在境内指定的场所储存、加工、装配,并暂缓缴纳各种进口税费的一种海关监管业务制度。

保税制度是基于国际经济贸易发展的需要而产生的。随着各国之间经济贸易交往的增多,专门从事国际间商品转口贸易的商人,在进口某一批货物时往往很难确定其销售的最终流向,若销往其他国家而复运出口,商人为降低成本,则希望能允许将货物置于免纳进口各税的状态下储存一段时间;若准备进入本国市场,商人也希望能将纳税时间推迟到货物实际进入国内销售时。为了适应国际转口贸易的需要,照顾进口商的利益,产生了"保税"这样一种不同于一般贸易作法的海关监管制度。

几百年来,国际间经济贸易的范围更加广泛,方式更加多样,由于各国的资源、技术、劳动力情况不同,除了一般商品贸易外,还出现了加工装配、补偿贸易、寄售、租赁等新型灵活贸易方式,这一切都大大丰富了原先保税制度的内容,使保税由单一为商品贸易服务扩展成为加工制造、技术引进、国际转口服务贸易提供便利的海关监管制度。

2) 保税制度的主要形式

在国际海关组织海关合作理事会主持制定的《京都条约》中,涉及保税形式的有两个基本制度:

(1)《海关保税储存制度》

这项制度是指进口货物在海关监管下储存于指定场所,无须缴纳进口税的一种海关制度。这种保税储存形式为进口货物在不须缴纳进口税状态下较为长期储存提供了便利,使货物储存人有充分时间在国内或国外推销货物。

海关合作理事会订立的海关监管原则中,对保税储存状态下的货物"准许的活动"规定为:"有权处置货物的人员在货物存库期间,可以检查货物、提取货样、进出仓库等保存货物所必需的操作。海关当局还可允许对货物进行开包、分包、分类、分级、重包和混合。"

可以看出,《海关保税储存制度》是一种以仓库为依托,以货物储存为主要内容,为国际商品贸易服务的一种海关保税形式。

(2)《暂准进口在国内加工的制度》

这项制度是指"准许某些货物有条件地暂时豁免进口税进入关境的一种海关制度。这些货物应是为某一特定目的进口,并在规定的时间内以进口时的原状或经特定制造、加工或修理后复运出口。"这种制度对货物为特定目的而暂时进入境内使用或加工制造提供了便利。在这一制度下货物进口目的虽有不同,但原则上都要复运出口,可以在原状复运出口或加工制造后的产品复运出口。申请实施这一海关制度通常须有担保,并须受到海关某种形式的监管。

可见,《暂准进口制度》提供了一种超出单纯国际商品贸易,为使保税制度由储存扩展为使用或加工制造,为世界各国充分利用本国资金、技术、劳动力资源发展国际加工贸易的海关保税形式。

综上所述,国际上海关保税制度所涉及的范围包括国际商品贸易、进口使用和加工制造,其表现形式主要有三大类型:

第一种:商品贸易型。如保税仓库、保税货棚(栈)、保税陈列场等。

第二种:加工制造型。如保税工厂、加工贸易、出口加工区等。

第三种:商品贸易与加工制造混合型。如保税区、自由港、自由贸易区等。

11.4.2 我国保税制度的发展

实行改革开放政策以来,我国现代化建设的步伐不断加快,对外经济贸易迅速发展,外向型经济的比重不断提高,各种吸引国外资金、引进先进技术的新型灵活的贸易方式相继产生,对保税制度的发展产生了巨大的推动作用。1981年,海关总署制订了《海关对保税货物的保税仓库监管暂行办法》,此后又发布对加工装配、进料加工、补偿贸易、保税工厂、保税集团和保税区的一系列管理办法和规章,为我国保税制度快速健康的发展提供了法律保障。我国海关本着促进对外经济贸易发展的指导方针,积极促进对外加工贸易,并批准建立了大量的保税仓库和保税工厂,有力地促进了我国对外开放和对外经济贸易往来。保税制度已成为我国海关一项主要的业务制度。

保税制度的产生,对促进国际贸易和各国经济发展起到了重要推进作用,被经济学家称为"世纪经济维他命"。保税制度的广泛实施,对于我们这样一个人口多、资金缺、技术低的发展中国家,具有特殊的意义。其促进作用主要有:

(1) 有利于吸收国外资金、技术和管理经验

通过保税制度扩大利用外资的渠道,解决我国发展经济中的资金短缺问题,充分挖掘本国生产潜力,引进和借鉴先进技术和管理经验,提高我国的加工制造水平,提高产品在国际市场的竞争能力。

(2) 有利于充分发挥我国劳动力资源丰富的优势

大力发展对外加工贸易,既能增加劳动力就业机会,发展和繁荣本国经济,又能为国家增加外汇收入。

(3) 有利于降低出口产品成本,增强产品在国际市场的竞争能力

由于进口原材料是在不纳税状态下进行加工制造,大大减少了企业资金占用,降低了产品成本,提高了企业的经济效益,也大大促进了出口的增长。

我国的保税制度借鉴参照了国际上通行的做法,其主要类型与海关合作理事会《京都条约》中的内容基本一致。但考虑到我国是发展中国家,我国保税制度的重点是促进对外加工制造业的发展,以充分利用国外资金、技术、发挥本国劳动力资源优势,加快国

民经济建设的步伐。

我国海关目前保税制度的主要形式有：

第一类为国际商品贸易服务的：保税仓库、保税区、寄售代销、免税品商店。

第二类为加工制造服务的：来料加工、进料加工、保税工厂、保税集团、保税区。

保税制度在国际贸易中的广泛应用，使这一制度所涉及的保税货物成为进出口货物中的一个重要组成部分。保税货物的通关程序与一般进出口货物有着明显区别。

从1990年5月国务院批准建立第一个保税区，到2016年初，我国已建有31个保税区。

从保税区的实践可以看出，统一高效的体制优势和管理优势推动了国际物流业快速发展，保税区物流业发展所需要的外部基础设施条件也已经基本形成，国际物流服务网络初步具备了较好的市场基础。保税区物流业的发展正在从起步阶段向功能提升和加快发展的新阶段迈进。

11.4.3 保税货物的定义与特征

1) 保税货物的定义

保税货物的一般含义是指"进入一国关境，在海关监管下未缴纳进口税款，存放后再复运出口的货物。"由于各国实行保税制度的目的不同，各国海关保税制度所涉及的范围也有差异，因此，各国对保税货物的解释也不同。

《中华人民共和国海关法》第二十三条对"保税货物"的定义是："经海关批准未办理纳税手续进境，在境内储存、加工、装配后复运出境的货物。"该定义的内涵，应从形成条件、内在特征、存在基础和保障措施四个方面理解：首先，该定义明确了保税适用的是在境内储存、加工、装配后再出口为目的的临时性进口是保税的形成条件；其次，关税是通关管理的核心内容之一，而关税征收最主要的因素，源之于货物进境后是否投入境内的经济循环，因此，暂缓纳税便成为临时进口储存、加工、装配货物区别于其他通关货物暂准(时)进出口货物除外的鲜明特征；再次，既然保税货物是以临时进口储存、加工、装配作为形成条件的，那么，货物在境内储存、加工、装配期间，维持其原有的复出口经营目标，未被投入境内使用或销售，将是其保税形态的基础。一旦货物改变了原有经营目标，自然将丧失保税的基础；最后，为了监管进境的储存、加工、装配货物实现其复出口的经营目标，确保进出口关税政策和措施有效实施。海关以严密的担保和监管机制作为保障，使"暂缓纳税"得到切实保全。

2) 保税货物的特征

从海关法的定义可看出保税货物具有以下三个特征：

(1) 特定目的

我国《海关法》将保税货物限定为为两种特定目的而进口的货物，即进行贸易活动(储存)和加工制造活动(加工、装配)。将保税货物与为其他目的的暂时进口的货物(如工程施工、科学实验、文化体育活动等)区别开来。

(2) 暂免纳税

《海关法》第五十九条规定：经海关批准"暂时进口或暂时出口的货物，以及特准进口的保税货物，在货物收发货人向海关缴纳相当于税款的保证金或者提供担保后，准予暂时免纳关税。"保税货物未办理纳税手续进境，属于暂时免纳，而不是免税，待货物最终流向确定后，海关再决定征税或免税。

(3) 复运出境

这是构成保税货物的重要前提。从法律上讲，保税货物未按一般货物办理进口和纳税手续，因此，保税货物必须以原状或加工后产品复运出境，这既是海关对保税货物的监管原则，也是经营者必须履行的法律义务。

我国为了扩大对外开放，吸引外资和引进先进技术，曾制订了一系列进口优惠政策，如对外商投资企业进口机器设备予以免税，对企业技术改造项目所引进先进技术设备予以减税等。由于这些货物与保税货物一样在进口时均不缴纳税款，使有的企业、单位容易将二者混淆，不了解海关对这两类货物不同的办理程序和管理方法，以致出现违法违规情况。下面从四个方面来看保税货物与减免税货物的区别：

① 性质不同

减免税货物是国家对特定地区、特定企业、特定用途的进口货物，为支持、鼓励其在国内使用或消费给予的税收优惠；而保税货物则是以复运出境为前提，不是在国内最终使用或消费，而是为了支持、鼓励其出口而给予的保税优惠。

② 货物范围不同

减免税货物的范围主要是固定资产投资部分，如机器设备、仪器、仪表等；保税货物则集中于流动资产部分，如原材料、零部件、元器件等。

③ 海关手续不同

减免税手续和保税手续均须在进口货物前到海关办理，但前者是办理减免税申请，海关签发征免税证明；后者是办理保税合同登记备案，海关核发加工贸易登记手册。

④ 海关监管方式不同

减免税货物和保税货物均属于海关监管货物，经营者均需承担有关法律义务。但海关对前者实行时效管理，以监管年限为解除监管的依据，经营者承担不得擅自转让、出售的法律义务；海关对后者实行核销管理，以复出口为解除监管的依据，经营者不仅要承担不得擅自转让、出售的法律义务，还要履行复运出口的义务。

11.4.4 保税货物的通关

保税货物的通关程序与一般进出口货物有着明显区别。它不是在某一个时间上办理进口或出口手续后即完成了通关，而是从进境、储存或加工到复运出境的全过程，只有办理了这一整个过程的各种海关手续后，才真正完成了保税货物的通关。

1) 保税进出口通关制度的管理特征

货物按保税方式通关手续所经历的通关过程及货物经海关放行后的状态反映了该

项通关制度的管理特征：

（1）暂时进出口时暂缓办纳税手续

关税的征收一般取决于两个因素：一个是对征税对象进入关境内经济循环这一经济行为实施的经济措施；另一个是用经济手段阻挠国外经济对国内经济的冲击。保税管理下的货物进境后主要用于临时储存或加工出口产品，原则上复出口前并不投入境内的经济循环，因此对国内经济基本上不产生冲击。

（2）原则上暂时免受进出口国家管制

如前所述，储存加工货物的临时进口性质，对国内经济基本不产生冲击，反之却对保证国际贸易和收支平衡以及促进出口做出一定贡献，因此，除国家需实施特别经济保护或货物进口有悖于国家安全公共卫生、社会文化首先的要求以外，通常不适用贸易的禁限措施。但货物一旦将其最终去向确定为内销或超过规定的储存、加工时限，不仅有关税征收的要求，同时也必须按一般进口申领进出口国家管制的许可证件。

（3）进出境通关现场放行后，货物尚未结关

鉴于货物因暂时进出口而未办纳税手续和未交进出口国家管制的证件，因此，在办妥进出境通关现场的海关放行手续时，其通关手续仍未完结。这种放行结关也意味着有关货物仍属海关监管货物范畴，并在加工、储存直至核销结案期间，报关人还须继续承担办结通关手续的义务。

（4）在货物的最终去向确定时，办理相应的通关手续

保税货物虽然原则上须复运出口，但实际上还有内销、结转保税等经济用途。无论其去向如何，均应按去向所确定的进出境经济用途办理相应的通关手续。

（5）核销后结案

在保税通关制度下，海关给予的通关便利是以受益人证明其规定的义务已经履行的前提下实现的。这项义务就是复出口或按其他通关制度办理最终手续，这种证明行为在通关业务中被称为核销。只有在对暂时进出口加工或储存的货物与复出口或办理最终手续的货物在外观、技术特征及数量上关系加以确认后，海关的监管才能解除，通关手续才意味着办结。

2）保税货物通关的基本手续

（1）保税货物的通关流转过程

所谓保税货物的通关流转过程是指保税货物进境后，随着所有权或使用权的转移而产生的实物形态的移动过程。这种过程与保税通关制度规定的通关手续的先后步骤有着密切关联。

① 保税加工货物的生产经营过程。这个经营过程包括直接生产过程（加工或装配）和流转过程（料件进口、成品复出口），从保税加工所需的料件进境到完成产成品的复出口须依次经过 3 个阶段。

a. 料件的进口阶段。在该阶段，经营者在发行加工贸易合同的同时须向海关办理登记备案手续，并在货物运抵口岸时办理进口手续，提取料件运至加工企业；

b. 直接加工阶段。在该阶段,进口料件经过或装配,逐步改变它的性质、形态,最后生产出所需的制成品;

c. 成品复出口阶段。在这个阶段,保税加工的经营人,按照对外所签合同的约定,办理货运、出口等手续后将制成品复运或返销出口。

② 保税储存货物储运流转过程。通常自境外运抵我国口岸并存入各类保税仓库的货物均会因经营需要在保税仓库储存一段时间,待货物出库时,其最终的去向除保持原状(或经简单处置)复运出境外,有时也转为内销和转作加工贸易料件等。这些货物在"保税"期间亦有一个动态流转与静态储存结合的过程。

(2) 保税货物通关的程序

保税进出口通关制度对保税加工和保税储存货物所规范的通关手续与上述保税货物的通关流转状况不无关系。程序的主要目标就是确保保税货物在加工、储存后复出口。对不再能复出口的,则要求按照相应的通关制度重新办理进出口手续。这个程序按顺序由4个阶段组成:

① 加工贸易合同的确认登记备案(保税储存货物免办)

在这一阶段,报关人(或经营者)的主要任务是在合同经主管部门批准后,料件尚未进口前携带合同、批件等向所在地海关申请办理登记备案手续,由海关确认贸易性质、经营条件后取得该合同货物进出口的《登记手册》。这是报关人(或经营者)与海关建立通关事务法律关系的开始。

② 申报进口

在这一阶段,报关人的主要任务是在保税加工或储存的货物实际进境时,持海关核发的保税经营凭证(保税加工的《登记手册》或保税仓库的《登记证书》)及其他报关单证向海关申报,办理加工料件或保税储存货物进口手续。

③ 按最终去向申报出口或办理其他海关手续

在这一阶段,报关人的主要任务是根据保税加工成品、保税储存货物的复出口或转为内销、结转二次保税等最终去向,分别按相关通关制度的规定向海关办理出口或其他相应的海关手续。

④ 结案报核

在这一阶段,报关人(或经营者)的主要任务是核对保税加工货物进、出数量和实际消耗,核对保税储存货物进库、出库及最终去向的数据后,在规定的时限内向所在地海关报核,经海关审核确认后结束海关监管。

除上述4个阶段外,对新建的保税仓库和专门从事保税加工业的保税集团、保税工厂等,按规定还必须在实际经营保税前办妥保税经营的注册登记手续,以获得保税经营的资格证书。

【案例】进出口货物申报不实,报关企业是否应承担法律责任

2015年8月10日,华讯电子设备有限责任公司(以下简称华讯公司)委托新远国际运输代理有限公司(以下简称新远公司)以一般贸易方式向某海关申报进口缝合机3

台,申报价格每台15.4万美元。某海关经查验发现,当事人实际进口缝合机6台,少报多进3台,涉嫌漏缴税款人民币47.7万元。某海关遂对此立案调查,并查明如下事实:2015年8月6日,华讯公司在收到外商寄来的6台缝合机发票、装箱单和通过因特网发送的3台缝合机发票的电子邮件后,委托新远公司以一般贸易方式办理报关事宜。华讯公司业务员在向新远公司移交报关单据时未仔细核对,只将3台缝合机发票的电子邮件、6台缝合机的装箱单及到货通知提供给报关企业驻厂客服人员;而新远公司驻厂客服人员认为报关时不需要装箱单,只将收到的3台缝合机的发票及到货通知传真给该公司报关员。新远公司报关员收到上述发票和到货通知后,向货运公司调取了6台缝合机的随货发票和记录缝合机编号、发票号码和运单后,也未认真核对从货运公司调取单证与华讯公司提供资料有关内容是否一致,便直接以3台缝合机的数量向某海关办理申报进口手续,致使申报内容不符合进口货物的实际情况。

据案件调查所掌握的证据情况,某海关认为,本案进口货物收货人华讯公司并无以伪报、瞒报方式逃避海关监管、偷逃应缴税款的主观故意,涉案缝合机进口数量申报不实(少报多进)是由于该公司业务员及新远公司报关员未认真核查有关单证、工作疏忽所致;根据《海关法》和《海关行政处罚实施条例》的有关规定,华讯公司以及受华讯公司委托从事涉案货物报关业务的新远公司应承担相应的法律责任。2015年8月22日,某海关根据《海关行政处罚实施条例》的规定,对华讯公司做出科处罚款人民币20万元的行政处罚决定;另根据《海关行政处罚实施条例》第十七条的规定,对报关企业新远公司罚款人民币8万元,并暂停该公司15天报关业务。

行政复议情况:

华讯公司对海关行政处罚决定未提出异议,但报关企业新远公司不服海关对其做出的罚款8万元同时暂停15天报关业务的行政处罚决定,于2015年9月20日向某海关的上一级海关申请行政复议。新远公司在《行政复议申请书》中提出以下申辩事由:第一,华讯公司是涉案缝合机的国内收货人,负有向海关如实申报的法定义务,某海关已就进口货物申报不实对华讯公司做出罚款决定,不应再基于同一事由给予该公司行政处罚;第二,该公司与华讯公司对造成本案进口缝合机申报不实一事均有过错,但该公司是受华讯公司委托办理报关事宜的,由此产生的一切法律后果均应由委托人华讯公司承担,该公司工作差错所导致的后果应由其与华讯公司根据双方签订的委托报关协议在民事法律层面协商解决,该公司对此不应承担海关法所规定的法律责任。综上,新远公司认为,某海关对其做出的行政处罚决定缺乏事实根据和法律依据,请求复议机关依法撤销某海关上述处罚决定。

复议机关经审理认为,本案华讯公司未将报关所需全部单证提供给报关企业新远公司确属造成进口缝合机申报不实的原因之一,但新远公司对此并非全无过错。该公司在办理报关业务过程中未对华讯公司提供报关资料进行审查,未将上述资料与从货运公司调取的单证进行核对也是造成进口货物申报不实的一个重要原因。新远公司的上述行为违反了《海关法》的有关规定,应承担相应法律责任。被申请人某海关依据《海关行政处罚实施条例》第十七条之规定对该公司做出的行政处罚决定认定事实清楚,证据确凿充分,适用依据准确,应予支持。2015年10月10日,复议机关对本案做出行政复议决定,维持某海关对新远公司做出的上述行政处罚决定。

复习思考题

1. 什么是海关？海关监管的范围有哪些？
2. 保税制度的基本形式有哪几种？
3. 保税进出口货物的海关监管特征是什么？
4. 一般贸易进出口货物通关的基本程序是什么？
5. 进出口货物放行的相关手续有哪些？
6. 进出口货物申报的基本程序是什么？
7. 什么是海关稽查？稽查制度的出现对于传统的海关管理有什么影响？
8. 如何确定进口货物的完税价格的？

参 考 文 献

1. 丁波,夏立国. 运输商务管理. 南京:东南大学出版社,2009.8
2. 武德春,武骁. 港航商务管理. 北京:机械工业出版社.2009.01
3. 唐秋生,刘玲丽. 交通运输商务管理. 北京:人民交通出版社,2006.1
4. 刘作义,郎茂祥. 运输商务. 北京:中国铁道出版社,2016
5. 汤银英. 陶思宇. 交通运输商务. 成都:西南交通大学出版社,2016.1
6. 王龙 交通运输商务管理. 哈尔滨:哈尔滨工业大学出版社.2009.08
7. 李津. 运输商务管理. 北京:国防工业出版社,2005.7
8. 杨路明. 客户关系管理. 北京:电子工业出版社,2004.5
9. 朱稼兴. 电子商务大全. 北京:北京航空航天大学出版社 2003.1
10. 李永生. 水路运输与港口商务管理学. 北京:人民交通出版社.2007.07
11. 高怡新. 电子商务网站建设. 北京:人民邮电出版社,2005.1
12. 樊建廷. 商务谈判(第二版). 大连:东北财经大学出版社,2001.1
13. 孙熙安. 运输代理. 北京:清华大学出版社,北京:北京交通大学出版社,2006.4
14. 姚新超. 国际贸易运输与保险. 北京:对外经济贸易大学出版社,2006.8
15. 周江雄,,庞燕. 国际货物运输与保险. 长沙:国防科技大学出版社,2006
16. 顾永才,陈幼端. 国际物流与货运代理. 北京:首都经济贸易大学出版社,2007.4
17. 张清,杜扬. 国际物流与货运代理. 北京:机械工业出版社,2006.1
18. 陈戊源. 集装箱码头业务管理. 大连:大连海事大学出版社,1998
19. 朱晓宁. 集装箱运输与多式联运. 北京:中国铁道出版社,2005
20. 胡骥. 对外贸易运输与保险. 成都:西南交通大学出版社,2006
21. 冯媛媛. 运输实务. 北京:对外经济贸易大学出版社,2004
22. 李秀华. 国际货物运输实训. 北京:对外经济贸易大学出版社,2003.9
23. 严启明. 国际货物运输. 北京:对外贸易教育出版社,1994.8
24. 杨志刚. 国际货运代理业务指南. 北京:人民交通出版社,1997.6
25. 张蕾丽,刘志学. 国际贸易与国际物流. 武汉:华中理工大学出版社,1997.3
26. 顾丽亚. 国际物流. 北京:人民交通出版社,2005.7
27. 杨明. 国际物流管理. 北京:高等教育出版社,2005.7
28. 陶明,杨永康,刘国华,赵优珍. WTO与海关实务. 上海:上海人民出版社,2001.4
29. 温耀庆. 进出口通关实务.北京:中国物资出版社,2005.1
30. 许可,夏斯顺. 海关通关实务. 北京:对外经济贸易大学出版社,2001.11
31. 李志刚. 客户关系管理理论与应用. 北京:机械工业出版社,2006.9
32. 张旖、尹传忠. 港口物流. 上海:上海交通大学出版社,2012
33. 《报关员资格全国统一考试指南》编写组. 报关员资格全国统一考试指南. 北京:中国铁道出版社,2005.4
34. 周文泳. 现代仓储管理. 北京:化学工业出版社,2010.1
35. 杨志刚. 国际集装箱多式联运实务与法规. 北京:人民交通出版社,2001.8

36. 陈洋. 集装箱码头操作. 北京:高等教育出版社,2001.6
37. 程言清. 港口物流管理. 北京:电子工业出版社,2007
38. 李洪奎. 仓储管理. 北京:机械工业出版社,.2007
39. 王斌义. 港口物流. 北京:机械工业出版社,2011
40. 邓春姊,卢改红. 仓储管理. 南京:南京大学出版社,2016.2
41. 陈金山. 国际货运代理. 北京:科学出版社,2009.8
42. 肖建辉. 国际货运代理实务. 北京:清华大学出版社,2012.01
43. 胡利利,王阳军,唐艳红. 国际货运代理操作. 北京:化学工业出版社,2017.10
44. 崔爱平. 国际物流与货运代理运作. 上海:复旦大学出版社,2013.10
45. 刘丽艳、张荣等. 集装箱与多式联运. 北京:清华大学出版社,2017.02
46. 周艳,白燕,屠琳桓,刘华琼. 危险品运输与管理. 北京:清华大学出版社,2016.09
47. 严季,刘浩学. 危险货物道路运输从业人员培训教材(基础篇). 北京:人民交通出版社,2014.4
48. 李爽,于湛波,张宇慧. 商务谈判. 第3版 北京:清华大学出版社,2015.10
49. 王玉苓. 商务礼仪. 北京:人民邮电出版社,2014.12
50. [美]罗伊J. 列维奇. 商务谈判. 第6版 北京:机械工业出版社,2016.10
51. 崔书堂,朱艳茹. 交通运输组织学. 南京:东南大学出版社,2008
52. http://www.mzyfz.com/html/765/2011-08-04/content-122841.html
53. https://baike.1688.com/doc/view-d39141091.html
54. http://www.doczj.com/list_9/175
55. https://zhidao.baidu.com/question/202133662.html
56. http://www.exam8.com/zige/sifa/law/200611/1359030.html
57. https://www.xzbu.com/2/view-4917302.htm
58. http://www.doc88.com/p-8038020667669.html
59. http://jpkclist2.shedu.net/gjhy/index.asp?cp=cg&ArtID=46&CurrentPage=1
60. http://old.ccmt.org.cn/shownews.php?id=6175
61. http://www.66law.cn/goodcase/24708.aspx
62. http://www.customs.gov.cn/publish/portal0/tab49685/info66254.htm
63. https://wenku.baidu.com/view/fbe0ce0add36a32d7375818f.html?from=search
64. https://wenku.baidu.com/view/d3c6fe18b7360b4c2e3f643f.html?from=search
65. https://wenku.baidu.com/view/79335200a6c30c2259019e35.html?from=search
66. https://wenku.baidu.com/view/240e8b87dbef5ef7ba0d4a7302768e9950e76e43.html?from=search
67. https://wenku.baidu.com/view/27aae694b90d6c85ed3ac664.html?from=search